느림의 반격

느림의 반격

"속도의 무한경쟁 속에서
영원한 승자는 없다"

장영렬 지음

좋은땅

딸이 보내온 한 통의 편지

무더운 여름날에 불쾌지수를 낮춰 주는 반가운 편지 한 통을 받았다. 손으로 직접 쓴 주소에 우표를 붙여 아일랜드에서 딸이 보낸 것이다. 너무 반가웠다. 손으로 직접 쓴 편지는 군대시절 학생들로부터 위문편지를 받아 본 후 처음이다. 특히 사랑하는 딸이 보낸 편지라 더욱 기뻤다. 무더운 여름날에 더위를 없애 주는 청량제였다. 내용의 일부를 간단하게 소개하면 다음과 같다.

'사랑하는 아빠와 엄마께!'

그동안 아빠 엄마와 떨어져 홀로 해외에서 공부하고 연주활동을 하느라 너무 바쁘게 생활하다 보니 나 자신을 돌아볼 시간조차 갖지 못했어요. 매일 새벽부터 밤늦게까지 시간에 쫓기고, 경쟁에 시달리고, 너무 바쁜 나날을 보낸 것 같아요.

잠시 도심을 벗어나 아일랜드의 아름다운 풍광 앞에서 여유 있는 시간을 갖게 되니 마음이 저절로 평온해진 것을 느껴요. 모든 스트레스가 얼음 녹듯이 사라졌어요. 정말로 자유, 그 자체를 느낄 수 있어요.

아빠와 엄마도 함께 왔으면 좋았을 텐데, 정말 미안해요. 그리고 편지를 쓰면서 곰곰이 생각을 해 보니 아빠와 엄마께 '고맙습니다'라는 말씀을 드린 적이 없는 것 같아 너무 죄송해요. 마음속으로는 항상 감사드리고 있어요. (생략)'

딸아이는 지금 혼자 떨어져 외국에서 생활을 하고 있다. 처음은 이메일로 소식을 들었다. 가끔 무료 인터넷 전화로 시간을 정해서 통화를 한다. 내용은 주로 무슨 일은 없는지, 무엇이 필요한지 등의 상당히 사무적이다. 딸아이는 마음은 깊으나 말수가 적어 더욱 그렇다. 그런 딸아이가 보낸 이 편지는 나에게 많은 것을 생각하게 했다. 손으로 직접 써서 보낸 편지의 위력을 실감하게 했다. 그동안에 받은 이메일이나 인터넷 전화하고는 전혀 다른 느낌의 감동이었다. 바로 디지털 만능시대에 아날로그의 힘을 알게 해 준 한 통의 편지였다. 딸이 보내온 이 편지는 나에게 다음과 같이 몇 가지를 느끼게 했다.

첫째는 딸아이가 전화나 이메일로는 마음속에 지닌 이야기를 하지 못했지만, 편지를 손으로 종이에 직접 써 내려가면서 그 이야기를 할 수 있었다는 점이다. 이것이 바로 아날로그와 디지털의 차이라고 생각한다. 바쁜 시간 속에 편의를 위해 디지털 기능을 사용하고는 있지만, 우리는 항상 아날로그를 그리워하고 있다. 즉 지금 우리의 머리는 디지털이지만 가슴은 아직도 아날로그다.

둘째는 도회지에서 시간에 쫓겨 바쁘게 생활하면서 받은 딸아이의 스트레스가 조용한 자연 속에서 스스로 치유되었다는 점이다. 이것에서 인간의 마음속에는 자연 회귀본능이 있다는 것을 알 수 있었다. 나 역시 나이가 들수록 점차 고향이나 자연에 대한 향수를 느낀다. 인간성을 회복하려는 것이라고 볼 수도 있다. 인구의 집중으로 혼란이 가중되고 있는 수도권은 많은 사람들이 지방에서 올라왔다. 우리는 벌어먹고 살기 위해 바쁜 생활을 하다가 무엇인가를 잊어가고 있다는 것을 깨닫기 시작한다. 그것을 찾으려고 하는 것이 인간성 회귀로 연결된다. 즉 인간다운 삶의 회복이다. 그래서 '슬로우라이프(slow life)' '다운시프트(down shift)' 운동 등이 일어나고 있다.

셋째는 딸아이는 간단히 컴퓨터에서 키보드로 입력하여 편지를 쓰면 편리하지만, 손으로 쓰는 불편을 감수했다. 그리고 입력한 편지를 이메일로 보내면 되지만, 직접 우체국에 가서 우표를 붙여서 보내는 불편도 감수했다. 또한 나 역시 컴퓨터에서 키보드 몇 번 누르면 되는 것을 편지를 받아 봉투를 잘라 꺼내서 읽는 불편을 감수했다. 그러나 이 불편은 많은 감동을 가져다주었다. 딸아이는 키보드가 아닌 손으로 편지를 쓰면서 엄마와 아빠의 고마움과 사랑을 한 번 더 생각했다. 그리고 키보드에서 엔터를 쳐서 보내는 것보다 직접 우체국에 가서 우표를 붙이는 정성을 통해 고마움을 표시하면서 가슴이 뿌듯했을 것이다. 나 또한 직접 편지를 받으면서 느꼈던 감동, 딸아이의 정성스런 글을 읽으면서 다시 한 번 느꼈던 행복감은 잊을 수 없다. 이것이 바로 불편이 주는 매력이라는 생각이 들었다.

딸아이가 보내온 편지를 받고 느낀 점은 나만 그러할까? 모르긴 해도 아마 자식을 둔 부모는 거의 비슷했을 것이다. 그리고 앞에서 언급한 '디지털 시대의 아날로그', '레트로', '스트레스 치유', '불편의 매력', '다운시프트', '슬로우라이프'라는 키워드는 속도의 무한경쟁 속에서 '빠름'에 찌

느림의 반격

든 마음으로 살고 있는 우리 모두가 '치유'를 위해 필요로 하는 '느림'일지도 모른다.

그렇다면 시류(時流)를 역행(逆行)하는 이 '느림'의 키워드 속에 세상을 살아가는 지혜와 즐거움, 그리고 새로운 비즈니스가 분명히 있을 것이다. 이 책은 시류를 역행하여 거꾸로 생각하게 하는 이 키워드를 이해하기 쉽게 정리해 보았다. 이 책을 읽으면서 '영원한 승자가 없는 속도의 무한경쟁 속에서 머리와 가슴의 언밸런스 시대에 살고 있는 우리가 한번 거꾸로 뒤집어 생각해 보면 어떨까?', 또한 '느림으로 빠름에 찌든 우리의 마음을 치유해 보는 시간을 가져 보면 어떨까?'라는 생각을 해 본다.

'광교산 산자락에서' 장영렬

차례

제1부
밸런스 맞추기

1장

디지털 만능시대의 풍속도

모두 묵언(黙言) 수행 중

'삑삑-'

'띠릭 띠릭-'

지하철 안에서 들려오는 소리다. 사람들의 대화는 사라지고 기기 소리만 들린다. 왼쪽에 앉아 있는 사람은 핸드폰으로 애인과 카톡으로 대화하고 있다. 오른쪽에 앉아 있는 사람은 노트북으로 회사 고객에게 이메일을 보내고 있다. 앞에 서 있는 여학생은 핸드폰으로 재미있는 영화를 보고 있다. 그 옆의 남학생은 음악을 듣고 있는 모양이다. 젊은 연인도 대화 대신 이어폰을 한 쪽씩 나누어 끼우고 음악을 듣고 있다. 이전에는 시끄러웠던 지하철이 고요 그 자체다. 물론 출근시간도 너무 많은 사람들 틈에서 기계음만 들리는 것은 똑같다. 사람의 목소리는 대화가 아닌 '오늘 조금 늦겠습니다' 등의 핸드폰 통화다.

나의 학창 시절 통근열차의 풍속도와는 아주 딴판이다. 그때의 통근열차는 시장통처럼 떠들썩했다. 교복을 입은 까까머리 학생들에게는 각 학교의 뉴스를 입에서 입으로 전파하는 구전 뉴스센터다. 각 학교의 학생들이 모여 오늘 자기 학교에서 일어났던 화제로 왁자지껄 떠들어 대면 순식간에 퍼진다. 시장에 물건 팔러 가기 위해 전대를 찬 시골 아주머니들에게는 정감이 넘치는 동네 사랑방이다. 어느 마을 어느 집에서 무슨 일이 있었는지, 산 밑의 외딴집 아들과 어느 집 딸이 결혼을 했는지 등의 각 마을에서 일어난 애경사, 시장에 무엇을 팔려 가는지, 어제 얼마를 벌었는지 등을 구성진 목소리로 왁자지껄했다. 또한 젊은 남녀에게는 데이트 장소다. 매일 똑같은 시간에 같은 열차를 타고 다니면서 자연스럽게 만나 애기를 나누다 보면 사랑이 싹트게 된다. 이처럼 통근열차는 지금과 달리 정이 넘치는 대화방이었다.

'따륵, 결재가 완료되었습니다'
'딸칵, 송금이 완료되었습니다'

회사의 사무실도 마찬가지로 조용하다. 웬만한 보고는 일일이 찾아다니지 않고 인트라넷으로 한다. 보기 싫은 상사의 얼굴을 볼 필요가 없다. 결재도 이전처럼 결계판을 들고 찾아다니면서 꾸중을 들어가며 할 필요가 없다. 전자결재 시스템으로 다 해결된다. 회사도 직접 대면해서 대화하면서 일하는 기회를 디지털 기기가 다 빼앗아 갔다. 특히, 코로나19는 비대면 사회로의 변화를 가속화시켰다. 코로나19로 재택근무가 활성화되었고, 거래처도 직접 찾아가는 일이 아주 줄어들었다. 대화는 이메일이나 메신저를 활용하고, 세금계산서 발행이나 대금결재도 인터넷에서 모두 수행한다. 회사의 회의도 각 지방에서 올라와 본사 회의실에 모여 하지 않고, 이제는 영상으로 화상회의를 한다. 점심시간이나 휴식시간도 이제는 모여서 차 마시며 노닥거리는 대신에 컴퓨터와 논다. 컴퓨터 앞에 앉아 바둑을 두고, 포커를 하고, 게임을 한다. 말이 필요가 없다.

　나의 사원 시절 사무실 분위기와는 완전히 다르다. 아침에 출근하면 서로 얼굴을 보며 밝게 인사하고 업무를 시작했다. 무슨 일이 발생하면 모두가 회의실에 모여 머리를 맞대고 해결방안을 모색했다. 보고도 인트라넷이 아닌 직접 대면보고를 했다. 회의도 화상이 아닌 직접 얼굴을 보며 한다. 거래처도 직접 방문하여 상품을 설명하고 수주를 했다. 이러한 과정에서 미운 정 고운 정 들면서 동료나 거래처 담당자의 성격이나 개인적인 사정까지 속속들이 알게 된다. 디지털 기기는 회사에서 동료 간의 정이 사라지게 만든 장본인이 되었다. 이제 사무실은 컴퓨터 자판 두드리는 소리만 들린다. 효율성과 속도를 앞세운 디지털 기기가 직원들끼리 대화도 필요가 없게 만들었기 때문이다.

　‘띵동, 세탁이 다 되었습니다’
　‘삐삐, 섭씨 50도입니다’

　가정은 회사보다는 덜하지만 역시 말이 많이 없어졌다. 산 속의 절간과 같이 조용한 집도 있다. 많은 집안일들을 디지털 기기가 대신하고 있다. 빨래나 청소, 음식 준비, 목욕물 데우기 등이 디지털화되었다. 이로 인해 가사에서 해방되어 시간이 많아 가족끼리 대화를 해야 하는데 그렇지 않다. 각자가 자기 방에서 놀기 바쁘다. 애들은 컴퓨터로 게임하기 바쁘고, 엄마는 친구와 채팅하고, 아빠는 디지털 골프에 푹 빠져 있다. 가정도 역시 말이 없어졌다.

이런 가정 분위기는 할아버지가 살아 계셨다면 당장 전원 집합이다. 어릴 때 우리 집은 3대가 함께 사는 대가족이었다. 집안은 가족뿐만이 아니라 동네 어르신들로 항상 시끌벅적했다. 무슨 일이 생기면 모두가 모여 해결했다. 가족회의에서 할아버지가 항상 강조하여 하신 말씀이 '가화만사성(家和萬事成)'이다. 모두가 잘 알고 있듯이 '가정이 화목하면 모든 일이 잘된다'라는 말이다. 이 말은 이전이나 지금이나 항상 중요하다. 이를 위해서 가장 중요한 일이 가족끼리의 대화다. 전문가들도 가정 폭력, 가정의 붕괴, 청소년 범죄의 근본적인 원인으로 가족 간의 대화 부족을 든다. 가정이 즐겁고 화목하기 위해서는 웃음이 필요하고 웃기 위해서는 대화를 해야 한다. 그런데 디지털 기기가 가정에서도 가족 간의 대화를 점차 빼앗아 가고 있다.

지금 집에서나 회사에서든 어디서나 대화가 사라지고 있다. 디지털화 덕분이다. 상대방과의 의사소통은 디지털 기기가 다한다. 우리는 점점 디지털 만능 시대가 만들어 준 디지털 무언족이 되고 있다. 모두가 묵언 (默言) 수행 중이다.

나도 디지털 치매다

"댁의 전화번호가 어떻게 되시지요?"

"어? 기억이 잘 안 나는데, 잠깐만요."

얼른 휴대전화에서 집 전화번호를 확인한 후,

"네, 기다리게 해 죄송합니다. 00-XXX-YYYY입니다."

"부인 주민등록 번호 뒷자리를 말씀해 주시겠어요?"

"잠깐만요…… 잘 모르겠는데….'

재빨리 컴퓨터의 내 인적관리 폴더에 저장해 둔 아내 주민등록번호를 보면서, "2XXXXXX입니다. 죄송합니다만, 요즈음 기억력이 떨어져서요."

얼마 전에 가입한 보험의 만기가 되어 전화로 문의하면서 생긴 에피소드다. 나이가 들어 기억력이 조금은 떨어졌지만, 그것만이 원인은 아닌 것 같다, 휴대전화를 쓰지 않던 시기에는 친구, 거래처 등의 전화번호는 거의 외우고 있었다. 그러나 휴대전화에 자주 쓰는 전화번호를 단축키로 입력해 놓은 뒤부터 외우지 않게 되었다. 또한 필요하면 휴대전화에 입력해 놓은 전화부에서 찾으면 되므로 구태여 외울 필요가 없어졌다.

이는 자주 사용하는 전화번호뿐만이 아니다. 요즈음은 은행의 인터넷 뱅킹이나 포털사이트의 ID나 비밀번호도 기억하지 못해 수시로 불편을 겪는다. 그래서 비밀번호를 잊어버릴 것을 우려해 하나의 번호로 통합해 쓰고 있었다. 그런데 개인정보 유출을 피하기 위해 자주 비밀번호를 바꾸면서 기억의 한계를 느낀다. 바꾼 번호를 잊지 않기 위해 디지털 보관함에 보관하고 있다. 이와 같이 나의 기억력 감퇴는 나 대신에 기억해 주는 디지털 기기에 의존하면서부터 생긴 현상이다.

기억력 감퇴뿐만이 아니다. 간단한 암산도 잘되지 않아 계산기를 찾

느림의 반격

는다. 학창 시절에 암산을 잘해 상도 자주 탔는데, 정말 황당한 때가 많다. 아내와 함께 마트에 가서 물건을 사면서 '컴맹' '넷맹'이라고 놀림을 당하는 아내는 금방 암산으로 금액을 계산해 낸다. 또한 상품 가격도 지난달 가격을 기억해 내 얼마가 올랐는지를 금방 알아차린다. 그러나 나는 암산이 잘되지 않는다. 회사에서나 집에서 사소한 계산도 계산기나 엑셀로 하는 습관이 생긴 뒤부터다.

이런 현상을 처음 느꼈을 때는 나이에 의한 기억력 감퇴로 생각했다. 그러나 훨씬 나이가 어린 직원들도 나보다 증세가 심한 것을 알았다. 또한 어느 온라인 취업사이트 설문조사 결과에서도 응답자 중 63.5%가 '디지털 치매를 경험했다'고 응답한 것을 보았다. 이들은 증상으로 '외우는 전화번호가 거의 없을 때(65.7%)', '휴대전화나 디지털 기기가 없으면 불안할 때(57.8%)', '단순한 암산도 계산기로 할 때(46.8%)', '손 글씨보다 키보드가 편할 때(45.9%)', '가사를 끝까지 아는 노래가 없을 때(35.2%)' 등의 순간에 디지털 치매라는 생각이 든다고 했다. 이 기사를 보고 나도 디지털 치매에 걸렸다는 것을 알았다.

이와 같은 디지털 치매는 디지털 만능시대에 정보를 대신 기억해 주는 디지털 기기의 의존도가 높아지면서 생긴 현상이다. 전자계산기를 사용하면서 암산 능력이 떨어지고, 휴대전화의 번호저장 기능 덕분에 전화번호 기억능력이 떨어졌다. 또한 내비게이션 보급으로 지도를 보는 능력이 크게 떨어졌다.

이러한 디지털 치매는 일반 치매와 달리 뇌세포가 파괴되어 나타나는 병리적인 현상은 아니다. 컴퓨터, 휴대폰 등의 디지털 기기에 지나치게 의존하면서 기억력과 계산 능력이 크게 떨어진 상태를 말한다. 우리의 뇌는 사용하지 않으면 퇴화한다. 우리가 디지털 치매에서 벗어나기 위해서는 기억하는 습관을 길러 기억용량이 줄어들지 않게 해야 한다. 또한 책을 많이 읽고, 논리적 사고나 추론 능력을 키우는 아날로그적인 방법도 병행해야 한다고 전문가들은 말한다.

사소한 오류에도 업무마비로 아우성

아침에 출근을 하니 사무실이 평상시와는 달리 난장판이다. 기분 좋은 아침에 모두들 짜증스런 얼굴로 야단들이다.

'아니, 갑자기 무엇이 문제야!'
'최 과장, 서비스 회사에 전화했어?, 언제 들어온대?'
'급히 본사에 데이터 보내야 하는데 큰일 났네!'
'인터넷이 안 되니 아무 일도 할 수가 없어.'

알고 보니 인터넷이 다운된 것이다. 정보를 검색하고, 자료를 찾고, 커뮤니케이션을 하고, 자료를 송부하는 등의 업무의 상당 부분을 인터넷에 의존하고 있다. 이런 상황에서 인터넷이 안 되니 거의 공항상태에 빠지는 것은 어쩌면 당연한 일일지도 모른다.

이런 일은 종종 일어난다. 이럴 때면 오늘 아침과 같이 업무가 마비된다. 대부분의 직원들은 복구될 때까지 마냥 넋 놓고 기다리고만 있다. 어쩔 수 없다는 생각이다. 한참 후에 서비스 직원이 방문하여 인터넷을

느림의 반격

복구했다. 원인은 연결선에 장애가 생긴 것이다. 바로 이 선 하나로 회사 업무가 마비되었다. 이것은 약과다. 전기가 정전될 때면 더 큰 혼란이 온다. 디지털 만능 시대도 전기가 아킬레스건이다.

신입사원 시절이 생각난다. 그때는 지금과 같이 '무엇이 문제여서 일을 할 수가 없다'라는 이유를 댈 수가 없었다. 신제품 개발 프레젠테이션도 하얀 모조지에 마카로 쓴 궤도로 설명을 했다. 그러니 전기가 나가도 아무 상관이 없다. 요즈음 같으면 전기가 나가면 프레젠테이션을 할 수가 없다. 컴퓨터를 켤 수가 없고, 프로젝터나 스크린도 작동이 안 된다. 바로 중단이다.

이전에는 신제품 발표 프레젠테이션 준비작업도 파워포인트와 같은 소프트웨어나 컴퓨터를 다룰지 몰라도 된다. 약간 글씨 잘 쓰는 사람만 있으면 된다. 쓰다가 잘못 쓰면 다시 쓰면 되고, 점검하다 오자가 발견되면 그 글자만 오려 붙이면 된다. 예나 지금이나 프레젠테이션 앞두고 밤새는 것은 같으나 예전에는 컴퓨터가 아닌 사람이 모든 것을 직접 해야 하는 것이 다르다. 육체적으로는 힘이 들었을지 모르지만, 모두 머리를 맞대고 작업을 하면서 재미도 있고, 정도 들었다. 정말 인간적이었다. 디지털화는 사무의 효율성은 높였지만, 분위기를 삭막하게 만들었다. 또한 업무마비의 위험성도 높였다.

인터넷 고장에 의한 업무마비는 단지 회사만이 아니다. 얼마 전에 발생한 이동통신사의 기지국 화재로 주변지역 회사 및 매장, 식당 등에서 결재 등의 업무 마비를 경험했다. 국가도 마찬가지다. 국가전산망의 오류나 파손은 파급효과가 아주 크다. 특히 디도스(DDoS, 분산서비스거부) 공습으로 민간은 말할 것도 없고, 국가기간 인터넷 사이트들까지 속수무책으로 뚫렸다. 온 나라가 일대 혼란에 휩싸였다. 만일 디도스 (DDoS) 공격으로 금융 시스템이 마비되었다면 우리는 입·출금과 계좌 이체가 불가능했을 것이다. 또한 공공기관의 시스템 공격은 열차·지하철·항공기의 지연발착 및 충돌 등에 따른 교통대란을 야기시킬 수도 있다고 한다. 또한 증권 전산망의 붕괴 등 국가 기간망에 오류가 발생할 경우는 국가 기능의 일시적 마비를 초래할 수도 있다.

우리가 직접 피부로 느낄 수 있는 예를 들어 보자. 만약 우리 가족 중의 누군가가 아파서 병원을 찾았는데 병원의 전산시스템이 다운됐다고 생각해 보자. 우리는 접수부터 진단, 치료 아무것도 할 수 없게 된다. 물론 아픈 곳의 수술도 할 수 없다. 아프다고 아무리 아우성쳐도 소용없다. 이런 부작용은 이미 경험하고 있다. 실제로 금융전산망 장애로 금융서비스가 마비되는 사태도 종종 발생하고 있다. 이로 인해 금융서비스 업무가 중단되는 사태가 가끔 발생하고 있다. 이는 국제관련 업무도 마찬가지다. 여름에 태풍으로 인해 각 국가들을 연결하는 일부 전화와 인터넷 서비스가 먹통이 되어 업무가 일시 마비되기도 했다.

부작용만 지적했지만, 물론 디지털화는 생활의 편리함과 효율성을 극대화시켰다. 컴퓨터 및 모바일에 의한 다양한 인터넷 응용 서비스가 생활화되었다. 따라서 인터넷은 우리 사회의 전반적인 부문에서 중요한 역할을 수행하고 있다. 재택근무와 원격서비스로 출근전쟁이나 교통체증을 사라지게 할 수도 있다. 그러나 부작용 역시 자주 발생하고 있다. 바로 장애나 오작동이 생겼을 때다. 사소한 오류나 파손으로도 회사는 물론이고, 국가나 국제 업무까지 마비를 가져올 수도 있다. 아날로그로 업무를 처리할 때는 없던 위험이다.

사이보그 교육

초등학교 시절에 학년이나 학기가 바뀌는 신학기가 되면 즐거운 일이 하나 있다. 새 교과서를 받는 일이다. 전날부터 마음이 설렌다. 지금이야 초등학교 교과서를 정부에서 무상으로 공급해 주지만 그 당시에는 교과서도 사야 했다. 새 교과서를 살 수 없는 아이들은 형이나 언니에게 교과서를 물려받아야 했다. 그래서 새 교과서를 빌아 온 날이면 하루 종일 그 책들을 대강 넘겨보는 재미에 놀러 나가지도 않는다.

그 당시 연례행사 중의 하나가 새 교과서의 표지를 싸는 작업이다. 행여나 책표지가 닳을까 봐 달력을 뜯어 정성스레 책 표지를 싼다. 그래서 그때 필요한 것이 지나간 달력이다. 때로는 지나간 달력이 부족해 지나지도 않은 달력을 뜯어냈다고 부모님께 야단을 맞기도 한다. 달력을 책 크기에 맞게 가위로 재단을 한 후 책 표지를 싼다. 아트지로 만들어진 달력마저 귀했던 시절이어서 달력을 구할 수 없을 때는 누런 비료 포대를 오려서 책표지를 싼다. 저학년 때는 표지에 할아버지가 붓으로 과목이름, 학년, 반, 이름을 손수 써 주시기도 한다. 참 즐거운 추억이다.

이제 이러한 즐거움을 우리 아이들은 맛볼 수 없게 될 것 같다. 디지털 교과서 등장 때문이다. 얼마 전에 신문기사에서 종이로 된 교과서를 앞으로 디지털 교과서로 바꾸겠다는 교육부의 계획을 읽었다. 책가방 대신에 개인용 컴퓨터를 들고 학교를 가고, 수업 시간에는 책도 공책도 연필도 필요가 없다고 한다. 학생들은 디지털 기기를 통해 교과서와 참고서, 문제집을 보고 모르는 내용을 실시간으로 검색하면서 전자펜으로 수업 내용을 적으면 된다고 한다.

교육부가 발표한 디지털 교과서는 교과서와 참고서, 문제집, 사전, 공책 등의 기능을 모두 담은 TMPC(Tablet Mobile PC)라는 개인용 컴퓨터다. 학습 내용이 문서, 동영상, 애니메이션 등 첨단 멀티미디어 요소로 구성되어 유무선 정보 통신망을 통해 공부를 할 수 있다고 한다.

디지털 시대를 선도할 우리의 어린 꿈나무들을 위해 개발한 새로운 개념의 미래형 교과서라고 자랑했다. 어릴 때부터 디지털 시대에 적응할 수 있도록 하기 위해서라고 한다. 물론 수많은 조사와 전문가들의 심의를 거쳐 내놓은 정책임에 틀림이 없을 것이다. 그러나 전문적인 지식이 없는 문외한인 나의 좁은 소견으로는 더 중요하고 큰 문제를 간과한 것은 아닌지 의심스럽다. 지금도 가정마다 컴퓨터 때문에 아이들과 싸우고 있는 엄마들의 마음을 고려했는지도 궁금하다.

그래서 디지털 교과서를 꿈의 교과서라고 교육부는 말하고 있지만 부작용을 염려하는 사람들도 많다. 의학 전문가들은 디지털 교과서가 인터넷 중독과 눈 건강을 악화시키는 것은 물론 정서적으로 치명적일 수 있다고 했다. 이로 인해 오히려 학습능력을 떨어뜨릴 수 있다고 경고도 했다.

일반적으로 전자책은 처음에는 호기심 때문에 관심을 갖지만, 조금 오래 보면 싫증이 날 수도 있다. 디지털 교과서의 검색 기능도 스스로 생각하기 보다는 모르면 바로 찾아보게 되어 사고능력에도 문제가 있을 수 있다. 그리고 멀티미디어의 강한 자극에 익숙해진 아이들은 일상생활과 교실에서 선생님의 가르침에 집중하지 못하게 될 수 있다고 전문가들은 지적한다.

우리나라는 세계가 인정하는 디지털 강국이다. 어려서부터 디지털에 너무 익숙해 있다. 그래서 그에 대한 폐해도 아주 많이 발생하고 있다. 전문가들은 이점을 염려하고 있다. 그들은 지금 우리 아이들에게 필요한 것은 디지털 교과서가 아니라 직접 만지고, 느끼고, 생각하는 아날로그적 감성과 눈앞의 유혹을 극복하는 힘이 필요하다고 강조한다. 또한 디지털화로 성급해진 심성을 다스릴 수 있도록 하는 것이 중요하다고 말한다. 우리 아이들에게 지금 당장 필요한 것은 더 큰 이익을 위해 당장의 만족을 뒤로 미루는 지혜와 충동을 억제하는 자제력을 길러 주는 아날로그 마인드다.

요즈음 도회지의 삭막함 속에서 놀고 자라는 아이들을 보면서 부쩍 어린 시절이 그리워진다. 나는 어린 시절에 자연 속에서 놀고 컸다. 그 당시에는 대부분 모두가 그랬듯이 별다른 디지털 기기를 사용하면서 논 적은 없다. 자연 속에서 놀면서 지금까지 내가 살아올 수 있는 기본적인 마음이 형성되었다고 생각한다. 그 시절은 무엇을 하든지 자연을 상대로 했기 때문에 그 영향을 받고 자랐다. 지금도 나의 심성을 만들어 준 것은 바로 어린 시절의 고향이라는 생각에는 변함이 없다. 그래서 고향은 나와는 떼려고 해도 뗄 수 없는 관계다.

그러나 현대의 도시화 현상은 아이들에게서 자연과 노는 시간을 박탈하고, 자연을 그들로부터 멀어지게 했다. 우리 아이들은 자연보다는 오히려 디지털 기기 속에서 노는 것이 익숙해졌다. 함께 노는 것보다는 혼자서 게임을 하며 노는 것을 더 즐긴다. 이제 도회지의 아이들에게 자연은 여름방학과 겨울방학에 며칠간 부모를 따라서 가보는 관광지와 같은 존재가 되어 버렸다. 또한 자연과의 친화를 위해 여름방학 숙제로 곤충 채집을 해 오라고 하면 학교 앞 문방구에 가면 끝난다. 이러한 현상은 숙제를 하면서 자연과 대화할 수 있는 기회마저도 이제는 사라졌다.

어떻든 도회지 분위기에 물든 세련된 세대가 갈수록 증가하고 있다. 디지털로 모든 것을 해결하려고 하지만 기계가 가르쳐주지 않은 것이 대부분이다. 지금 우리 아이들에게 필요한 것은 생명의 중요함이다. 또한 살아 있는 것과의 교제와 우리 앞에 놓여있는 자연과의 교제하는 방법을 우리 아이들에게 가르치는 것이 더 중요하다. 디지털 시대에서 살아남기 위한 방편으로 어릴 때부터 디지털 마인드를 주입시키는 것보다 오히려 어린 시절에 아날로그 마인드를 형성해 주는 것이 앞으로 균형이 있는 삶을 사는 데 더 큰 힘이 된다고 생각한다. 특히 자연 속에서 놀면서 스스로 깨우치는 것이 학원에서 배운 시험만을 위한 지식보다는 우리 아이들이 살아가는 데 더 큰 도움이 될 것임이 틀림없다.

나의 어린 시절과 같이 약간만 걸으면 자연을 접할 수 있는 시대와는 달라졌다. 이를 핑계로 부모가 아이들이 디지털 기기 속에서 벗어나지 못하고 인공적으로 커가는 것을 방치하고 있는 것은 아주 큰 문제다. 특히 젊은 세대의 부모들이 인간 사이보그 교육을 하고 있는 것 같아 걱정이다. 자녀에게 초인적인 능력 발휘를 기대하는 부모도 많은 것 같다. 인간이 아닌 디지털 기기를 장착한 사이보그로 만들어 가고 있는 것 같아 염려된다. 그래서 지금이 우리 아이들의 건전한 인성을 만들어 주기 위한 노력이 필요한 시점이라고 생각된다. 이를 위해 가정뿐만이 아니라 학교에서도 학생들이 자연 속에서 살아가는 지혜를 배울 수 있도록 해 주어야 할 것 같다.

종이사전의 비애

어느 날 유학 중인 딸아이로부터 짐이 일부 도착했다. 기숙사 방이 워낙 좁아 조금씩 늘어난 짐을 다 버릴 수는 없어 일부를 선별해 집으로 보냈다. 항공화물은 비싸 돈 생각한다고 배편으로 보낸 것이다. 딸의 짐을 받으면서 애 엄마는 눈물을 글썽인다. 나 역시 코끝이 찡하다. 이것이 부모의 마음인 것 같다.

짐은 공부하면서 모았던 자료와 안 입는 옷과 신발, 그리고 책이 전부다. 어릴 때부터 자기가 쓰던 것을 잘 버리지 않는 습관 때문에 이것저것 모아서 보낸 것 같다. 내가 보기에는 별로 특별한 것이 없었지만 자신이 쓰던 것이라 중요하다고 생각해 버리지 못하고 보낸 것 같다.

짐을 정리하면서 나는 의아한 생각이 들었다. 다름 아닌 영한사전이 짐 속에 들어 있었다. 유학 갈 때 사준 깨끗한 사전이었다. '아니 왜 이것을 보냈지? 잘못 보냈나?', '이 사전은 공부하는 데 꼭 필요할 텐데…' 우편으로 도로 보내 주어야겠다는 생각을 하고 한쪽으로 골라 두었다. 다음 날 아침에 무료 인터넷 전화로 의향을 물었다.

'영한사전을 보냈는데 잘못 보낸 것 아니니?' 내 질문에 대한 딸아이의 대답은 이이였다. '아뻬, 필요 없어요. 인터넷 사선이나 전자사전을 쓰면 돼요.' 딸아이의 대답에 어처구니가 없기도 하고 울컥 화가 나기도 했다. '그래도 사전이 필요가 없다니 말이나 돼? 사전을 찾아 뜻과 예문을 함께 봐야지.' '전자사전도 사전하고 똑같아요. 찾는 데 시간도 훨씬 절약되고요.' 이 말을 듣는 순간 생각해 보니 나도 아이와 같은 습관으로 바뀌고 있다는 사실을 간과하고 한 말이었다. 나 역시 영어 단어를 찾거나 영작을 할 때 이제는 사전을 찾는 것 대신에 인터넷 번역 앱을 이용한다.

나와 비슷한 연령대의 사람들에게 사전은 많은 추억이 서려 있다. 나의 경우에는 초등학교 시절에 웅변대회에 입상하여 부상으로 국어사전을 받아 기뻐하던 일, 중학교 시절에 공부 잘하는 친구 따라서 영어사전을 통째로 외운다고 한 페이지 한 페이지 찢어서 외운 후에 씹어 삼켜 버렸던 일, 사전 빨리 찾기 내기에서 져서 친구에게 빵 사 주던 일 등 회상해 보면 수없이 많다.

그리고 그 시절에는 거의 집집마다 책꽂이 한쪽에 두툼한 사전이 꽂혀 있었다. 졸업식이나 입학식 선물로도 사전을 많이 받았다. 각종 경시대회나 졸업식 때 주는 상장의 부상으로도 사전을 많이 주었다. 변변히 볼만한 책이 없을 때 괜히 사전을 뒤적거리며 단어를 외우기를 시도한 경험도 한두 번쯤 갖고 있을 것이다. 얇은 종잇장의 부드러운 감촉을 지닌 사전은 소년기 추억을 더욱 풍성하게 만들어 주기도 한다.

이러한 사전이 심각한 위기에 빠졌다. 디지털화로 더욱 심화되고 있다. 종이사전은 디지털 전자사전에 밀려 귀찮고 쓸모없는 효율이 떨어지는 교재로 밀려나고 있다. 우리는 자연스럽게 받아들이고 있다. 그러나 우리가 알아야 할 중요한 사실이 있다. 전자사전은 종이사전의 콘텐츠를 갖다 쓰고 있다는 점이다. 이는 콘텐츠를 공급하는 측에서 사전의 어휘를 지속적으로 갱신하지 않으면 결국 전자사전, 인터넷 검색사전 등도 낡은 콘텐츠를 쓸 수밖에 없음을 의미한다. 따라서 종이사전의 퇴출로 인한 출판사의 사전 편집팀의 해체 또는 축소는 온·오프라인을 떠나 사전 자체가 위기임을 말해 준다. 바로 사전의 디지털화는 우리의 추억을 빼앗아갈 뿐만이 아니라 사전의 존폐와도 직접적인 관련이 있다는

생각이 들었다. 이러한 점을 감안하면 종이사전의 비애는 곧 우리 사회
의 학문연구에 큰 문제를 가져올 수 있을지도 모른다.

'관혼상제'의 변질

'9월 9일 13시 H호텔 A홀 ○○○ 장남 결혼'
'10월 10일 22시 ○○○ 부친 별세 S병원 영안실'

요즈음 누구나 핸드폰으로 자주 받는 메시지다. 거기에다 참석하기
어려운 분을 위한 입금계좌까지 친절하게 명기해 놓았다. 처음에 나는
이런 문자 메지지를 받고 당황했다. 아마 아날로그적인 감성을 지닌 세
대는 이러한 문화충격을 받아들이기 어려웠을 것이다. 그러나 지금은
나 역시 아무런 생각이 없이 당연하게 받아들인다.

본래 관혼상제에서 결혼식은 인연을 맺은 남녀가 많은 사람 앞에서 공
개적으로 부부가 되는 신성한 의식이다. 이 의식에의 초대장이 청첩장이
이다. 친척이나 지인을 초청해 사랑의 결실을 맺은 남녀에게 행복을 축
원하고 기쁨을 함께 나누자는 취지로 보낸다. 내가 결혼을 할 때만 해도
결혼식을 가까운 친지에게 알리기 위해서는 직접 찾아뵙고 청첩장을 드
렸다. 그러면서 신부는 어떤 사람이고, 어떻게 만났고… 등의 애기를 나
눈다. 결혼축하의 덕담도 듣는다. 참으로 인간적이고 정이 넘쳤다. 멀리
떨어져 찾아뵙지 못하면 간단한 편지와 함께 청첩장을 보냈다. 그러면
산 넘고 물 건너 축하를 위해 참석한다.

사망 시도 마찬가지다. 사망을 알리기 위해 친지들에게 부고를 돌렸다. 멀리 떨어진 분에게는 전화가 별로 보급되지 않아 우체국에 가서 조전을 보냈다. 시골 우체국에서 조전을 받으면 배달부가 밤낮을 가리지 않고 자전거를 타고 전달했다. 부고나 조전을 받은 친지들은 슬픔에 젖어 애통해 하면서 달려온다. 나도 군대에서 훈련 중에 할머니가 돌아가셔서 조전을 받았다. 군 위병소를 나오면서 임종을 보지 못했다는 죄책감과 할머니와 함께했던 추억이 떠올라 울면서 달려온 적이 있다.

디지털 시대에는 이러한 소통방식이 사라졌다. 알려야 할 문구를 작성하여 기존에 입력해 놓은 휴대전화나 이메일로 송신하면 몇 초면 끝난다. 이러다 보니 어떤 문자 메시지는 보낸 사람이 누구인지 전혀 기억이 나지 않는다. 거래 관계로 한 번 만나 명함을 전한 경우 등일 것이다. 어떻든 많은 사람에게 짧은 시간에 동시에 보낼 수 있어 좋다. 아주 편리하고 시간을 절약할 수 있어 경제적이다. 특히, 코로나19로 인해 더 당연시되어 결혼식과 장례식에 참석하지 못한 사람들을 위해 친절하게 은행 계좌번호까지 알려 준다. 세상이 너무 빨리 바뀌고 있다는 생각이 든다.

이렇게 현실 공간의 마지막 보루처럼 여겨져 온 관혼상제까지 디지털의 공간으로 대체되고 있다. 앞으로는 사이버 공간에서 인터넷 결혼식과 장례식이 보편화될 것이라는 예상까지 나오고 있다. 동영상으로 행사를 중계하고 디지털 머니로 축의금과 부의금을 거두는 풍속도가 생길 가능성이 높다. 우리 조상님께서 하늘에서 혀를 차며 한탄하시겠지만 어쩔 수 없는 현실이 되었다.

그러나 관혼상제는 편리함이 우선순위가 아니라고 생각한다. 우리 사회의 디지털화를 통해 급속히 변화한 풍속도는 인간성 상실까지 우려되기도 한다. 우리에게는 조상대대로 내려온 우리 고유의 풍습과 예절이 있다. 또한 우리는 가족 간, 이웃 간, 동료 간에 정을 나누며 살아왔다. 디지털 만능시대라고 편리성이나 효율성을 이유로 우리가 지키고 계승해야 할 풍습과 예절의 본질까지 무시되어서는 안 된다. 물론 형식은 시대의 변화에 대응하여 조금씩 바뀔 수는 있지만 본래의 뜻을 변질시켜서는 안 된다고 생각한다. 조상으로부터 물려받은 고유한 문화는 우리 삶의 근간이다. 우리는 보존하여 후세에 물려주어야 할 의무가 있다. 관혼상제는 그중에 하나다.

'클릭'으로 씹지 않고 삼킨다

앞에서 말한 것은 극소수이고 세상이 디지털화로 사회적인 문제가 되고 있는 사례는 넘쳐나고 있다. 먼 곳이 아닌 자신이 지니고 있는 기기만 세어 보아도 잘 알 수 있을 것이다. 얼마 전까지는 영화에서만 볼 수 있었던 디지털 기기를 우리는 지금 온몸에 무장하고 살아간다.

휴대폰은 유치원생부터 90대 할머니까지 중독을 불러일으키며 없으면 살아가기 힘든 필수품이 되었다. 테블릿은 유행의 최신 아이콘이 되었다. 휴대용 게임기는 언제 어디서나 게임을 할 수 있게 하여 시간 잡아먹는 하마다. 이제 테블릿이나 노트북도 가볍고 작아져 많은 기능을 대신할 수 있게 되었다. 뿐만 아니라 이제는 스마트폰으로 통화와 게임, 음악이나 영화를 즐기는 것은 물론이고 메일 검색이나 간단한 업무까지도 모두 처리 할 수 있다.

우리의 대다수는 이러한 디지털 기기들의 대규모 공습을 하늘에서 내려온 축복으로 생각한다. 과학기술의 발전으로 물리적인 거리의 개념은 사람들의 머릿속에서 점점 좁아지고 있다. 얼마 전까지는 불가능하다고 생각되었던 수많은 데이터는 부피를 무시하는 공간 속에 저장되고 있다.

물론, 이 거대한 흐름은 폐해를 주장하는 몇몇 사람의 힘으로 막을 수는 없다. 세상은 대다수 사람들의 욕구가 흘러가는 대로 가기 마련이기 때문이다. 디지털의 매력에 중독된 사람들이 늘어나고 있는 한 계속해서 가속화할 것이다. 또한 디지털 기기를 사용하는 사람도 어느 특정계층이 아니라 거의 모든 계층의 사람들이다. 이제 디지털은 우리 안방까지 침투하여 남녀노소를 불문하고 누구나 활용하고 있다. 인터넷이나 카 내비게이션도 대중화되어 어디에서나 사용이 가능하다. 이와 같이 폭넓은 계층의 많은 사람들이 개개인의 라이프스타일과 연관하여 디지털을 사용하고 있다.

우리의 생활의식 자체가 디지털화하고 있다. 이로 인해 우리의 생활 속에서 사용하는 하드웨어뿐만 아니라 소프트웨어 자체도 디지털화가 함께 발달하고 있다. 즉 우리 생활 주변의 모든 것이 디지털화하면 자연스럽게 우리 마인드 자체도 디지털화하고 있는 것이다. 우리는 자기 스스로 알게 모르게 생활 속에서의 사물에 대한 판단과 발상이 디지털화하고 있는 것이다. 예를 들면 아침에 일어나서 전자레인지에 우유를 데워 마신다고 하자. 우유를 전자레인지에 넣고 2분에 세팅을 해두고 기다린다. 이때 우리의 의식은 2분이 경과를 했는지 안 했는지만을 문제시한

느림의 반격

다. 우유가 데워졌는지 덜 데워졌는지는 생각하지 않는다. 2분이 경과했는가라는 사실이 더 중요하다.

음악을 mp3로 들을 때도 레코드판으로 들을 때와는 달리 들으려는 곡을 세팅해 두면 정확하게 나온다. 퇴근 후에 집에 돌아와 목욕을 할 때도 더운 물의 양과 온도를 세팅을 해 두면 센서가 감지하여 알려 준다. 우리는 다른 일을 하다가 삐 소리가 나는가만 확인하면 된다. 삐 소리가 난 후에 목욕탕 속에 들어가 쾌적한 온도의 물속에서 하루의 피로를 푼다. 세탁도 마찬가지다. 세탁기에 세탁할 빨랫감을 넣고 세팅을 해 둔 후에 삐 소리가 나면 꺼내면 된다. 이때도 빨래가 잘 세탁되었는지보다 삐 소리가 나는지만 확인하면 된다.

이는 온(On)과 오프(Off)의 디지털 발상이다. 우리의 사회에서 생활의식의 디지털화를 초래한 원조가 무엇인지가 궁금해진다. 잘은 모르겠지만 3분간 기다리다 먹는 컵라면의 출현이 아닌가 하는 생각이 든다. 요즈음의 교육 시스템도 온과 오프의 디지털 발상을 하게 하는 구조가 아닌가 하는 생각도 든다. 무엇이든 흑백을 확실하게 하는 디지털 발상이 편하고 좋을 수도 있기 때문이다.

이러한 생활의식의 디지털화는 최근에 많은 히트상품의 디지털적인 콘셉트로 더욱 심화되고 있다. 기능추구, 시간절약, 무인화 등이다. 이와 같이 편리한 디지털 세상 속에 살고 있는 세대들은 실제로 씹는 습관을 잃어 가고 있는 것 같다. 디지털 무언족들은 클릭 하나로 삶의 문제들을 씹지 않고 삼키고 있어 우리도 모르는 사이에 디지털 치매에 걸리고 있는지도 모른다.

2장
아날로그는 살아 있다

아내의 고집

'나같이 하면 저런 사고는 절대 일어나지 않았을 텐데….'
'다리 품 좀 팔면 될 텐데 조금 편해지려다 생긴 일이네.'
'예전에는 저런 일이 일어날래야 일어날 수가 없었어.'

TV 뉴스를 보면서 아내가 한 말이다. 어느 은행의 인터넷 뱅킹 사고로 문제가 발생했다는 뉴스 때문이다. 물론, 아내에게는 절대로 일어날 수 없는 일이다. 아내는 인터넷 뱅킹을 사용하지 않기 때문이다. 은행원이 아무리 권유해도 사용하지 않는다. 어느 날은 거래하는 은행의 안면이 있는 은행원이 실적이 필요하다고 하여 어쩔 수 없이 가입하여 보안카드를 받아 왔다. 그래도 사용하지는 않는다.

그 이유는 직접 은행에 가서 입금이나 출금을 하고, 통장에 찍힌 내용을 바로 눈으로 확인하는 것이 가장 안전하다는 확신을 갖고 있기 때문이다. 또한 자기는 누가 뭐라고 해도 자신의 방식이 인간적이어서 좋다고 한다. 기계가 아닌 사람과 대면하고 대화하는 것이 그렇다고 한다.

아내의 이러한 사고를 디지털 시대에 바보 같다고 놀리기도 하지만, 한편으로는 나 역시 공감이 간다. 나도 디지털 기기에 익숙하지 못하기 때문에 자주 골머리를 앓는다. 인터넷 뱅킹의 ID와 비밀번호가 기억이 안 나 헤매는 경우도 종종 있다. 온라인 전용 통장을 만들었다가 인터넷 뱅킹 비밀번호가 기억이 안나 전전긍긍한 적도 있다. 또한 인터넷 뱅킹 으로 송금을 하면서도 혹시나 잘못되면 어쩌나 하고 긴장되어 스트레스 를 받는다. 이전에는 전혀 일어날 수 없었던 일들이다. 이럴 때 아내는 옆에서 '옛것이 좋은 것이여!'하며 놀려댄다.

아내에게는 또 하나의 고집이 있다. 클래식 음악을 들을 때 LP로 듣는 다. LP는 CD나 mp3에 비해 불편하지만 훨씬 심금을 울리는 인간적인 소리를 들을 수 있다고 한다. 이것이 아무리 '지직-' 긁는 소리가 나도 포 기할 수 없는 이유라고 강변한다. 연주자의 감정까지도 들을 수 있는 생 명력이 숨 쉬고 있어 LP를 사랑한다고 한다.

그래서 아내는 클래식 음악 LP 판 마니아다. 여고시절부터 모아 놓은 클래식 음악 LP 판을 애지중지 모시고 있다. 이사할 때마다 가장 조심스 럽게 다루는 것 중의 하나다. 우리 집의 낡은 LP 플레이어가 작동이 잘 되지 않을 때마다 '이제는 CD 플레이어로 바꾸지'라고 하면 '남들이 뭐라 고 하든, 난 LP여!'라고 한다. 아내의 말에 아날로그는 아직은 죽지 않고 살아 있다는 것을 느낄 수 있다.

우리 주변에는 지금도 의외로 아내와 같이 아날로그를 고집하는 사람 들이 많다. 얼마 전에 자료를 찾다가 재미있는 신문기사를 읽었다. 디지 털에 대한 스트레스는 중년과 장년층에만 있는 줄 알았는데 20대와 30

대에도 있다는 것을 알았다. 일반적으로는 그 세대는 디지털 기기에 대한 선호와 호기심이 많은 것으로 생각했는데 의외의 사실이었다.

그들도 하루가 다르게 신기술이 쏟아져 나와 노력을 하지 않으면 '얼리어댑터'가 되기 어렵다고 했다. 첨단 IT 제품을 대하기가 두려울 때가 많다고 고백한다. 그리고 주위 친구들이나 직장 상사에게 '기계치'니 '넷맹'이니 하는 비아냥도 듣기 편치 않다고 했다. 그래도 그들은 전자 사전보다는 종이 사전을 찾는 일이 익숙한 아날로그적인 삶을 즐기는 것이 좋다고 한다.

신문에서 소개한 사례는 다음과 같다. 어느 30세 직장인은 메신저를 사용하지 않는다고 한다. 같은 나이 또래 기준으로 보면 시대를 거슬러 사는 셈이다. 친구의 강권으로 MSN에 가입하여 계정을 만들었지만 로그인을 한 번도 하지 않았다고 했다.

그 이유를 '컴퓨터를 로그인 할 때마다 마음대로 메신저 창이 뜨는 것도 짜증이 나고, 상대가 말을 걸때마다 효과음이 나는 것도 정신이 산란해 싫었다'고 했다. 회사에서 업무상 메신저를 사용해야만 하는 요즘 상황이 그에게는 그다지 달갑지 않았다고 했다. 그에게는 mp3 파일이니 영화를 인터넷에서 다운로드 받아 보는 일도 먼 나라 일이라고 한다. 휴대전화도 통화와 문자 메시지 기능만 사용한다고 했다. 물론 휴대전화에 많은 기능이 있지만 전혀 손도 대지 않는다고 했다.

그는 첨단 제품이 정신없이 쏟아지는데 그때마다 기능을 익히는 것도 귀찮고 소모적이라는 생각이 든다고 한다. 지금처럼 사는 것에 대해 불편함을 느끼지 못하는데 아득바득 신제품이 나올 때마다 쫓아가려는 것 자체가 자신을 구속하는 것이라고 했다. 그래서 아날로그적인 생활방식을 바꿀 생각이 없다고 했다.

소위 말하는 디지털 세대들도 '너무 뒤처지지 않을 만큼, 내게 꼭 필요한 만큼만 새로운 기계들과 친해지려고 한다'는 생각을 지니고 있고, '끊임없이 압축하고 새 트렌드를 쫓아가려는 모습이 한심해 보인다'고 했다. 그들은 '남들이 뭐라고 하든, 어떻게 보든 지금처럼 사는 게 편해요. 지금까지 잘 살아왔지 않아요? 문제될 것이 있나요?'라고 강변한다.

이처럼 우리는 지금 디지털 만능 시대에 살고 있지만, 의외로 아날로그를 고집하는 사람도 있다. 이들은 아내처럼 오히려 '컴맹'이나 '기계치'가 안전하고 인간적이라고 생각한다. 아무리 디지털이 우리를 지배한다고 해도 우리에게 정이 있는 한 아날로그는 죽지 않는다.

악수 한 번의 위력

"이 손 당분간 씻지 말아야지."
"차라리 붕대를 감고 다녀라."

주말에 강남에 있는 서점에 필요한 책이 있어 몇 권 사러 갔다가 여학생들끼리 한 말을 우연히 들었다. 주위를 살펴보니 줄을 서서 저자의 사인을 받고 있었다. 호기심에 다가가서 알아보니 유명 연예인이 책 발간 기념 사인회를 하고 있었다. 그때야 여학생들이 한 말을 이해할 수 있었다. 그들은 책에 저자인 그 연예인의 사인을 받고 악수를 했다. 그 한 번의 악수가 여학생의 마음을 사로잡은 것이다. 아무리 디지털 세대라고 해도 가슴은 아날로그를 갈망하고 있는 것 같다.

그 여학생들은 수많은 디지털기기를 통해서 그 연예인과 접촉할 수 있다. 인터넷을 통해 수시로 활동을 지켜볼 수 있다. 팬클럽에 가입하여 온라인상에서 활동할 수도 있다. 이렇게 마음만 먹으면 디지털 방식을 통해 쉽게 커뮤니케이션도 가능하다. 하지만 가장 아날로그 방식인 악수와는 차원이 다르다. 한 번의 악수는 그 여학생을 소위 말하는 골수팬으로 만들었다. 평생 동안 오늘의 악수를 잊지 않을 것이다. 그 연예인의 따뜻한 이미지를 기억하고 솔선수범하여 그 이미지를 주위에 전파할 것이다.

이렇게 상대방의 마음을 단숨에 사로잡을 수 있는 악수의 기원은 아주 오래되었다. 악수는 원래 '나도 역시 적의가 없다'는 의사표현이었다고 한다. 옛날 칼을 차고 다닐 때는 낯선 사람을 만나면 상대를 적으로 의심하여 본능적으로 몸에 지니고 있는 칼집에 손을 갖다 댄다. 그러다가 상대에게 적의가 없음이 확인되면 칼집에서 손을 떼고, 무기를 잡았던 오른 손을 내밀었는데 이것이 악수의 유래라고 한다. 그것이 19세기 상인들에 의해서 널리 전파되었다. 따라서 악수는 상대방에게 의사표현을 하는 가장 아날로그적인 방식 중의 하나다.

디지털 만능 시대인 지금도 악수는 세계적으로 가장 보편적이며, 공통적인 인사법이다. 악수의 사전적 의미는 '두 사람이, 또는 사람과 사람이 오랜만에 만나거나 처음 대면하여 인사를 나눌 때, 또는 축하하거나 화해하거나 할 때, 반가움이나 친근함을 나타내기 위해 오른손을 마주 내어 잠시 잡는 것'이라고 되어 있다. 이러한 악수는 이제 우리 사회에서 아주 유용한 인사 방식으로 자리를 잡고 있다. 때로는 정치에서 볼 수

느림의 반격

있는 것처럼 기계적인 악수를 반복할 때도 있지만, 악수는 간편한 방법으로 서로에게 친근감을 표현하는 인사가 되었다. 그래서 악수할 때는 여러 가지 의미가 있을 수 있다. 처음 만난 사람과 할 때는 간단한 인사의 용도 정도다. 반면에 회담 등의 긴 대화 후의 악수는 좀 더 의미심장하다. '나는 당신과 생각이 일치한다'라는 뜻이 포함되어 있기 때문이다. 그래서 그 아날로그인 악수는 디지털 시대에도 위력을 발휘하고 있다.

특히 정치인에게 악수는 아주 중요하다. 그래서 정치인늘은 악수하기를 좋아한다. 그들은 악수로 만나고 악수로 헤어진다. 악수가 곧 인사인 셈이다. 정치인들 왜 악수를 많이 하는지에 대해 어느 정치부 기자가 쓴 글을 읽은 적이 있다. 공감이 갔다. 그 기자는 정치인들은 손잡는 데에 익숙한 것 같다고 했다. 예를 들어, 오전 당정 회의 때 반갑게 인사하고 손을 잡았는데, 점심 즈음해서 다시 그 정치인을 만나게 될 경우에 또 "아이구~" 하면서 손을 잡는다고 했다. 그리고 저녁 시간 가까이 돼 다시 만났는데, 그 정치인이 다가와 또 악수를 건넸다고 했다. 그 사람과 하루에 세 번 악수를 한 것이다. 이러한 정치인들의 악수가 우습기도 하고 한편으론 '다 이렇게 호의를 표현하는 것이겠지', '정치적인 제스처겠지'라고 생각했다고 한다. 그런데 가만히 보니 그 악수가 그냥 단순히 손잡는 행동이 아닌 것 같다고 했다. 아침, 섬심, 저녁으로 악수하고 체온을 전하면서, 그 와중에 '싹트는 정'이라는 것이 있다고 한다. 그 기자는 "악수를 열심히 하다 보면 어느새 악수 나눈 이들과 더 친해지는 것 같다는 말이죠. 정만 드는 게 아니라, 한술 더 떠서 '신뢰'라는 것까지 쌓이는 착각까지 들구요."라고 말했다. 그것이 바로 악수의 힘인 것 같다.

이제는 선거에서도 카톡, 문자, 이메일, 블로그, 트위터 등을 활용한 디지털 선거운동이 판을 치고 있다. 요즈음은 스마트폰 보급이 확대되어 정치권에서 선거에 활용할 방안을 모색하고 있다. 특히 새로운 방식인 카톡과 유튜브는 우리나라 일부 정치인들을 중심으로 적극적으로 활용되고 있다. 이러한 디지털 선거운동은 유권자와 언제 어디서나 쌍방향 소통이 가능해 제대로만 활용하면 '저비용 고효율'의 효과를 거둘 수 있는 장점을 가지고 있다.

그러나 지금이나 앞으로도 선거에서 아날로그 선거운동은 여전히 힘을 발휘할 것으로 보인다. 아내와 같이 디지털에 익숙하지 않은 장년층이나 노인의 경우 전통적인 아날로그 방식으로 접근할 수밖에 없다. 그리고 디지털에 익숙한 젊은 층은 선거 날에 놀러 가느라 투표에 참여하지 않지만, 연령대가 높을수록 투표를 하고 놀러 가는 경향이 높아 아날로그 선거운동이 효과적일 수 있다. 특히 선거가 가까워지면 정치권에서 출판 기념회와 의정보고회가 많아지고, 노인정이나 재래시장 등을 방문하는 것도 아날로그 선거운동의 위력 때문이다.

아날로그 선거운동 중 특히 악수는 효과가 크다. 연령대가 높은 유권자일수록 '주민의 공복을 자처하는 후보들이 유권자와의 만남을 게을리한다면 문제가 있다. 민생현장을 누비며 서민의 고충을 열심히 듣는 후보에게 호감이 간다'는 생각을 많이 한다는 조사결과도 나왔다. 이 결과에 따라 선거운동을 하기 위해 민생현장을 방문하면서 가장 많이 사용하는 것이 악수다. 이 악수는 수십 번의 스팸형 이메일이나 블로그보다 유권자 마음을 사로잡는 데 효과적이다. 나 역시 여러 명이 출마한 지방의회 기초의원들의 정보를 잘 알지 못하는 경우가 많다. 이때는 길가에서 "기호 ○번, ○○○입니다. 요즈음 힘드시지요? 힘내세요! 뽑아 주시면 힘이 되어 드리겠습니다"라고 하면서 따뜻한 손을 내밀어 악수를 한 번이라도 한 후보가 여러 번 문자 메시지나 이메일 보낸 후보보다 가장 먼저 떠오른다. 그러면 솔직히 투표에서 그 후보를 찍는다. 아무리 디지털 선거운동이 효율적이라고 떠들어도 악수의 한 번의 위력은 그것을 초월한다.

　신문기사에서 선거에서의 악수의 효과가 크다는 내용을 읽은 적이 있다. 그 기사에서 선거 출마자들은 악수를 해 보면 그 강약으로 지지사인지 아닌지 알 수 있다고 한다. '강'은 물론 확실한 지지자, '약'은 부동표이거나 상대편이라 이쪽에서 힘을 주어 쥔다는 것이다. 이처럼 악수는 손을 잡는 것만으로도 나의 생각이나 이미지가 상대에게 전달된다. 또한 상대의 생각도 나에게 전달되어 상호간의 에너지를 교환한다. 즉 악수는 상호간의 생각이나 이미지를 순간적으로 인식시키는 첫 번째 관문이다. 이와 같이 악수는 디지털 방식으로는 절대로 할 수 없는 순수한 아날로그 방식이다.

　선거철에 후보자들이 하루에도 수백 명과 악수를 하다 보면 손에 건초염이 생겨 젓가락 쥐기도 힘이 들어도 악수를 하는 이유일 지도 모른다. 또한 정치인들은 악수를 하면서 힘을 얻고, 정을 나누면서 각박한 그 문화 속에서 나름대로의 카타르시스를 느끼고 있는지도 모른다. 그렇지만 분명히 악수는 디지털로는 할 수 없는 상호간의 인상을 결정하게 하는 하나의 의식이다. 반갑다고 손잡고, 어려운 일 있을 때 위로하며 손잡다 보면 서로 간에 세상 살아가는 온정이 솟아난다. 이것이 아날로그 방식인 악수의 위력이다.

두 바퀴에 대한 애정

'자동차 청문회, 전자제어장치 공방'

'하이브리드 기술에 의혹 확산… 車 전자화 브레이크 걸리나'

'자동차 전자제어 등 복잡한 첨단 부품에 우려 눈길'

신문에 자주 등장하고 있는 헤드라인이다. 급발진 사고가 자주 일어나면서 리콜문제로 세계가 시끄럽다. 이로 인해 세계 최대의 자동차 메이커인 토요타가 굴욕을 당한 적이 있다. 미국 하원의 토요타 청문회에서 리콜의 문제가 전자제어장치(ETCS)의 결함에 있다는 증언이 나오기도 했다. 언론에서도 전문가의 말을 인용해 디지털화한 자동차 부품이 줄줄이 문제점을 드러내고 있다고 우려를 표명했다. 물론 전자기기 결함이 아니라는 발표는 있었지만, 디지털화한 자동차에서 부품들이 서로 전자파 간섭을 일으켜 갑자기 차가 가속되는 가능성을 제기하면서 '전자화' 자동차의 비극이 확대될 있음을 경고했다.

최근에 급속히 자동차가 디지털 기기 덕택으로 지능화되고 있다. 졸음운전 방지 시스템은 운전자의 눈 깜박임과 동공을 관찰해 졸음운전 시 자동으로 운전자에게 위험을 경고 한다. 레이더 센서로 앞차와의 거리 및 상대속도를 측정하여 차량 간의 적정거리를 자동으로 제어해 추돌을 방지할 수 있다. 원적외선 카메라를 장착해 야간에도 장애물을 미리 인식할 수 있다. 그리고 버튼 하나만 누르면 알아서 자동으로 주차를 한다. 또한 주행속도, 내비게이션, 에어컨 등의 정보를 유리창위에 투시한 헤드업디스플레이를 통해 볼 수 있다. 이제는 디지털 기기 장착으로 자동차 안에서 모든 것을 할 수 있다. 어떻든 운전자는 아주 편안하게 운전을 할 수 있게 되었다.

이렇게 자동차가 도로의 위험상황을 감지해 자동차 스스로 제어할 정도로 지능화되고 있다. 자율주행 자동차 시대도 멀지 않았다. 하지만 이것은 자동차에 장착된 각종 센서와 첨단기술들이 원활하게 작동한다는 전제하에서 가능한 이야기다. 만약 우리가 편리성을 추구해 자동차에 장착한 디지털 장비들이 오작동을 일으킨다면, 기존 기계식 사동차보다 더 큰 사고를 일으킬 수 있다. 최근에 대두되고 있는 전자기기에 의한 급발진 사고가 그 예다. 이미 휴대폰의 전자파가 발전소를 정지시키고 병원과 공항의 정밀장비를 오작동시킨다는 것은 확인이 되었다. 그러나 아직도 자동차 급발진에 대하여는 기술적으로 원인이 무엇인지 규명하지 못하고 있다. 단지 자동차가 첨단화하면서 생겼으므로 전자적인 문제 때문이라는 추론만 한다. 이러는 사이에 해결하지 못하는 고장들이 늘어만 가고 있다.

그래서 아날로그 방식인 기계식이 디지털 방식보다 불편하지만 더 안전하다는 주장도 많다. 예를 들면 사막을 통과하는 자동차 경주에 참가하는 자동차는 사전에 디지털 기기를 다 제거하는 작업을 한다고 한다. 참가자들은 먼저 자동차의 전자제어식 연료분사 장치를 떼어낸 후 지금은 국내 자동차에서는 거의 사용하지 않는 기계식 연료분사 제어장치로 교체한다. 파워 핸들도 동력장치를 모두 떼어내고 사람의 손과 팔의 힘만으로 핸들을 돌릴 수 있도록 한다. 스위치만 누르면 창문의 유리가 오르내리는 파워 윈도우를 수동식 윈도우 장치로 바꾼다. 그 이외에도 자동적 제동장치인 ABS를 떼어내고 구형 방식의 제동장치를 부착하는 등

수많은 작업을 한다고 한다.

그 이유는 경주가 사막에서 이루어지기 때문에 고장에 대비해야 한다. 그들은 디지털 기기보다는 아날로그 방식이 견고하다고 판단한다. 사막의 먼지 등에 전자식이 약할 수밖에 없다. 또한 전자식은 사막이란 환경에서 오작동이 발생할 소지가 크다. 사막에서 기계식은 어느 정도 수리가 가능하지만 전자식은 부품을 교체해야 한다. 예를 들면 자동제어장치가 고장을 일으키면 참가자들은 컴퓨터 칩 등 첨단기술의 부품을 고칠 수가 없다는 것이다. 자동차에 관하여는 수리와 운전 등의 분야에서 나름대로 최고의 경력을 가지고 있지만, 전자제어에 의하여 움직이는 자동장치에 대하여는 사막에서 본인이 직접 수리가 불가능하다는 것이다. 이와 같이 디지털화는 우리의 생활을 편리하게 하지만 고장 발생 시 그 세부적인 전문가 이외에는 거의 손을 대지 못한다는 문제점도 있다. 이렇게 디지털화는 만능이 아니며 많은 폐단도 들어나고 있다.

이러한 시점에 우리가 한번 돌이켜 생각해 볼 만한 것이 두 바퀴의 자전거다. 자전거는 원조 아날로그다. 또한 우리와 아주 친근하다. 유아기에서부터 자전거를 타기 시작한다. 나도 딸에게 아장아장 걷기 시작할 때 세발자전거를 사 주었다. 점점 크면서 자전거 크기가 달라진다. 누구나 쉽게 탈 수 있는 것이 자전거다. 주부는 시장 갈 때, 학생은 학교 갈 때, 운동이 부족할 때, 요즈음은 자전거로 출퇴근하는 일명 자출족도 많다. 그리고 주말이면 동호회 모임 또는 가족 단위로 여유롭게 자전거를 타면서 즐긴다. 정부도 저탄소 녹색성장 정책의 일환으로 자전거 타기를 장려하고 있다. 도시마다 자전거 도로를 만드느라 분주하다. 그리고 환경에 대한 인식의 변화와 건강에 대한 관심이 높아지면서 자전거를 타는 사람들이 많아졌다.

자전거의 유래는 바퀴에서 시작된다. 바퀴는 인류가 이동의 편리를 위해 생각해 낸 것이다. 자전거는 이 바퀴를 이용하여 사람의 힘으로 손쉽고 빨리 이동하기 위해 고안한 것이다. 그 기원은 문헌이나 교회의 그림, 스케치 등이 발견되고 있으나 고증할 만한 정확한 자료나 실물이 없는 실정이다. 그러나 레오나르도 다빈치가 1490년경 페달과 체인이 달려 있는 오늘날의 자전거 구조와 비슷한 모양을 스케치한 것이 발견되었다. 또한 1642년경에 건립된 영국 남부의 시골교회의 스테인드글라스에 자전거를 타고 가는 그림이 그려져 있다. 세계 최초의 자전거로는 1818년 프랑스에서 처음으로 특허를 얻은 칼 폰 드라이스(Karl von Drais) 남작이 발명한 드라이지네를 인정하고 있는 것이 일반적인 추세이다. 현재처럼 고무타이어가 부착되고 어느 정도의 안전성이 고려된 자전거가 등장한 것은 1880년대 후반의 일이다. 그 후 자전거의 변신은 지금까지 많은 사람들을 통해 계속되었다.

우리나라에 자전거가 언제 들어왔는가는 정확하게 알 수 없다. 개화기인 1896년에 예조사랑 고희성이 맨 처음 타고 다닌 것으로 알려지고 있다. 이때 사람들은 자전거를 '괴물차' 혹은 '나르는 새'라고 하며 신기하게 여겼다고 한다. 약 2년이 지난 1898년에 윤치호가 하와이에서 가져온 통타이어 자전거가 두 번째다. 이때 '자행차' 또는 '축지차'라는 별명까지 생겨 큰 화젯거리가 되었다. 1910년 한일합방 이후 일본인들에 의해 자전거가 본격적으로 들어오기 시작했다. 그 후 자전거는 교통수단과 운반수단으로 보급되기 시작하여 지금까지 사랑을 받고 있다. 자전거의 기능과 용도도 다양해져 이동용에서부터 생활형, 경기용, 산악

용, 레저용 등으로 다양해지고 있다.

　이렇게 자전거가 용도별로 다양해진다고 해도 자전거에는 변하지 않는 것이 있다. 자전거를 배울 때 바로 알 수 있는 균형이라는 절대감각이 필요한 두 바퀴가 달린 탈것이다. 자전거 타기에서는 오른쪽 왼쪽이 없는 게 아니라 오른쪽 왼쪽을 번갈아 페달을 밟아 가는 절대균형이 조건이다. 왼쪽으로 넘어지려고 하면 바로 오른 발을 밟아 균형을 가운데로 모은다. 그렇게 하지 않으면 자전거는 곧바로 쓰러진다. 자전거에는 오른쪽 왼쪽을 넘나드는 자유가 있다.

　또한 자전거하면 우리 모두에게 생각나게 하는 것이 땀과 추억이다. 우리 모두가 다 잘 알고 있듯이 자전거는 두 팔과 두 발은 물론 온몸을 다 써야만 앞으로 나아갈 수 있다. 조금만 빠르게 달리면 땀이 줄줄 난다. 이렇게 땀을 흘리며 타는 자전거에 대한 추억을 우리 모두는 하나 정도 가지고 있다. 어린 시절 시장에 가시는 아버지가 타시는 자전거를 자주 탔다. 그때에 아버지 등을 꼭 붙잡고 뒤에 타면서 느끼는 스릴은 지금도 생생하다. 또한 아버지의 그 온기가 지금까지도 따뜻하게 느껴진다. 선물로 아버지가 자전거를 사 주신 날은 너무 기뻐 잠도 자지 못했다. 그 자전거를 학교 운동장에서 밤늦게 몇 번이고 넘어지면서 배운 기억이 지금도 생생하다. 자전거는 우리에게 많은 추억을 만들어 주었다.

　그래서 아무리 최첨단의 디지털 기기가 장착된 자동차가 판을 치고 있다고 해도 아날로그인 자전거의 인기는 시들지 않는다. 최근 자전거 산업이 성장하고 있다. 화석연료를 쓰지 않는 친환경 열풍에 코로나19로 대중교통을 피해 사람들과의 접촉을 최소화한 개인용 이동수단(PM; Personal Mobility)이 급부상한 덕이다. 세계 시장은 물론 국내 시장도 급격한 팽창을 시작했고 업계 주요 기업들은 다양한 라인업 보강을 하고 있다. 학교에서도 '자전거 교실'을 운영하는 곳이 많아졌다. 각 지자체도 자전거 관련 정책을 계속하여 꺼내 놓고 있다. 자전거 활용 정도가 도시의 이미지를 좌우한다고 평가하기도 한다. 더구나 저탄소 녹색성장이 화두가 되면서 정부도 에너지 절약, 자원 재활용 등을 앞세워 자전거 타기 확산에 나서고 있다. 아무리 최첨단 디지털 자동차가 판을 쳐도 아날로그인 자전거의 인기는 갈수록 높아지고 있다.

흑과 백의 무한한 마법

나에게는 삶의 버팀목이 되어 준 사랑하는 아내와 딸, 그리고 내가 힘들어할 때 언제나 지원을 아끼지 않은 소중한 형제들이 있다. 동생들을 위해 헌신하신 맏딸인 누나는 지금은 먼 곳에서 살고 계시면서 동생들의 평안을 위해 예전이나 지금이나 항상 염려하고 기도하신다. 항상 긍정적이고 활동적인 막내인 여동생은 나와 가까운 곳에 살면서 매일 수시로 안부를 확인하고, 형제들에게 무슨 일이 생기면 발 벗고 나서주어 너무나도 고맙다. 중고등학교 시절 수석 입학과 수석 졸업을 하신 형님은 고향의 인재로 서울대학교에 입학하여 건축학 전공으로 박사과정까지 수료하셨고, 미증유의 대형 프로젝트인 인천국제공항 건설 초기부터 젊은 나이에 건축본부장으로 특채되어 공항 건축을 총괄하셨다. 이러한 형님은 내가 어린 시절부터 존경의 대상이었으며, 부모님의 자부심이었고 우리 가족의 자랑이었다. 특히, 나에게 형님은 자상한 상담자이자 정신적인 지주였다. 또한, 우리 조카들 모두 심성이 곧고 올바르게 장성하여 사회의 일원으로 각자의 위치에서 맡은바 임무를 훌륭히 잘해 내고 있어 너무 고맙고 든든하다. 지금 지나간 나의 삶을 돌이켜 생각해 보면, 아내와 딸과 형제와 조카들의 배려와 사랑으로 인해 내 삶에 어려움이 닥쳐도 무한한 마법처럼 헤쳐 나갈 수 있었던 것 같다.

어느 날 형님으로부터 '메트로 판타즈마(Metro Phantasma)'라는 타이틀의 사진전 초대장을 받았다. 형수님이 인사동 갤러리에서 여는 사진전이다. 이전에도 '머문 기억들'이라는 주제로 사진전을 연 적이 있다. 그 당시 전시된 작품 중 한 점을 선물로 받아 우리 집에서 가장 잘 보이는 현관 입구에 걸어 두고 매일 감상하고 있다. 예술성이 높은 흑백사진이다. 요란스런 화려함보다 수수함을 선호하는 우리 집 분위기를 아주 잘 살려 주는 한 점의 작품이다.

토요일 오후 시간을 내어 아내와 함께 형수님의 사진전을 찾았다. 전시된 작품들은 우리의 주변에 있는 공간을 흑백으로 촬영한 사진이었다. 비 오는 날 포장마차에서 새어나오던 작고 축축한 불빛, 떠오르는 태양빛에 차츰 윤곽을 드러내는 커다란 빌딩의 경이로운 자태, 하나 둘씩 불을 밝히는 아파트의 숲과 빈 도시를 지키는 가로등의 거리 등을 카메라에 잡은 것이다. 작품들은 늘 함께 만나는 오래된 친구의 얼굴처럼 낯익고 친숙했다. 우리가 일상적으로 접하는 공간을 사진을 통해 아주 다른 느낌의 예술작품으로 변신시켰다. 또한 흑백은 그 느낌을 더욱 강하게 했다. 만약 이 전시 작품이 디지털 컬러였다면 이러한 감동은 느끼지 못했을 것이다. 디지털 기기로 연출되는 거리의 네온사인, 풀 컬러 LED 등이 우리 눈을 피곤하게 만들고 있어, 오히려 아날로그로 작업한 흑백사진이 감동을 줄 수 있다.

　형수님의 사진전을 평한 사진평론가도 흑백사진의 오묘함을 설파했다. 그는 디지털 컬러의 각 픽셀은 3원색, 즉 R, G, B의 조합으로 이루어지며, 이것은 2의 8승, 즉 256 단계의 색을 지니게 된다고 했다. 따라서 디지털 컬러는 R. G. B의 3원색의 조합에 의해 1,600만 컬러의 다양한 표현도 가능하게 된다. 이러한 무한표현의 컬러색상이 가능한 디지털 시대에 굳이 흑백을 이용하여 디지털 시대의 화려함에 묻혀 잊혀져 가는 모노톤의 향수에 대한 재발견의 시도라고 그는 평가했다.

　물론 작품에 따라서는 화려한 컬러의 표현이 보는 사람의 시각을 자극시키며 강렬한 느낌으로 다가설 수 있다. 반면에 흑색에서부터 순백에 이르기까지의 다양한 계조의 표현이 가능한 모노톤의 색상이 은은함과 고풍스러운 느낌을 주어 무게감을 더해 주는 작품이 될 수 있다고 전문가는 말한다. 특히 지금은 온 세상은 디지털 컬러 그 자체. 비주얼이 강세인 요즘은 더욱 화려한 것들이 눈길을 끌고 있다. 그래서 얼마 전까지는 우리의 가정에는 디지털 카메라 한 대씩은 다 갖고 있다. 지금은 핸드폰에 디지털 카메라가 장착이 되어 있어 누구나 언제 어디서나 풀 컬러 사진을 찍을 수가 있다. 디지털 기기가 만들어 내는 컬러 속에서 한순간도 벗어날 수가 없다. 이러한 환경 속에서 살고 있는 우리에게 흑과 백이 만들어 내는 무한한 변주의 흑백사진이 더 묘한 매력을 풍기는 것도 사실이다.

　흑백사진은 어두운 암상자에 투영된 이미지를 고정시키기 위한 노력에 의해 발명되었다. 그때부터 지금까지 사라지지 않고 명맥을 이어 온 흑백사진은 사진의 역사다. 지난 약 160년 동안 흑백사진은 예술은 물론 우리의 추억을 만들어 준 기록수단이다. 즉 흑백사진은 사진의 기록 방법 중 은으로 영상을 기록하는 가장 오래된 수단이다. 또 지금까지 가장 많은 사진작가들도 흑백필름으로 작업을 해왔다. 그런데 1960년대에 시각 매체가 흑백에서 컬러로 넘어가기 시작했다. 이때부터 컬러텔레비전의 대중적인 보급도 이루어졌다. 인쇄물도 컬러로 바뀌게 된다. 물론 사진도 예외가 아니었다.

컬러로의 전환은 디지털 기술의 발달로 급속히 진전되었다. 이미지가 디지털 방식으로 처리되면서 컬러사진에 새로운 변화가 일어난 것이다. 아날로그 방식으로 색상을 조절하기 위해서는 광원의 조절과 필터의 사용, 필름 현상과 인화 과정을 통해서 어렵게 이루어진다. 그런데 이제는 색상조절은 컴퓨터를 통해서 손쉽게 할 수 있다. 키보드 조작과 몇 번의 클릭만으로 머릿속에서 상상하던 색상들이 모니터를 통해 재현된다. 디지털 시대에 컬러사진은 자연의 색이 아니다. 빛에 의해 필름상에 형성된 색상도 아니다. 컴퓨터가 마음대로 색상을 만들어 낸다. 아주 편리하다.

이렇게 편리한 디지털 기기가 만들어낸 컬러도 완전한 아날로그의 결정체인 흑백사진의 마법을 따라올 수는 없다. 형수님의 전시회 작품에서도 볼 수 있듯이 우리 주변에서 볼 수 있는 사물들도 흑백으로 묘사되면 신비스러운 느낌을 주기도 한다. 또는 새롭게 느껴지기도 한다. 이는 우리가 실제로 보고 느끼는 현실 속의 이미지와 다르기 때문일지도 모른다. 우리가 현실 속에서 느끼는 이미지는 컬러다. 그런 의미에서 흑백사진은 그 자체로 초현실적 이미지라고 할 수도 있다. 흑백사진은 우리가 어릴 적 흑백 TV에서나 본 듯한 모습의 추억을 떠올리게 한다. 그러나 흑백 아닌 디지털 컬러만 경험한 요즈음 세대들에게 흑백 이미지는 더욱 신비롭게 느껴질 수도 있다.

지금과 같이 호주머니 속에 누구나 휴대전화나 디지털 카메라를 넣고 다니며 디지털 이미지를 생산해 내고 있는 디지털 이미지 과잉시대에는 흑백의 마법이 더욱 필요하다. 흑백사진만을 고집하는 어느 사진가는 자극 과잉시대가 오히려 아날로그 중흥기라는 주장했다. 그는 다음과 같은 말을 했다. "디지털 기기 보급이 아무리 늘어나도 아날로그 사진이 완전히 없어지지는 않을 것이다. 지금이 오히려 아날로그 쇠퇴가 아닌 부흥기라고 생각한다. 현란한 디지털 이미지시대에 사는 현대인에게는 아날로그 흑백은 안식처 같은 곳이기 때문이다." 그는 앞으로도 계속해서 흑백사진을 찍겠다고 말했다. 아날로그적 감성이 더 필요한 시대이기 때문이라고 주장한다. 그와 같은 사람들이 있는 한 아무리 디지털 사진술이 발달해도 아날로그 흑백 암실은 계속해서 보존될 것이다. 무늬만 흑백이 아닌 진정한 흑백사진을 얻기 위해서는 아직도 꼭 필요하기 때문이다. 그리고 그들의 열정으로 만들어 낸 아날로그의 결정체인 순흑과 순백의 흑백사진의 마법은 첨단 디지털 시대에도 그 위력을 영원히 발휘할 것이다.

딸의 어린 시절 소원

우리 가족은 나를 위시하여 아내도 아날로그족이다. 집 안에는 디지털 기기가 적은 편이다. 아내는 클래식 음악 LP 판 마니아다. 음악도 턴테이블이 있는 오디오로 듣는다. 컴퓨터를 거의 이용하지 않는다. 청소도 청소기보다는 물걸레를 쓴다. 나 역시 전형적인 아날로그 지향형이다. 요즈음 성인이면 대부분이 가지고 있는 운전면허증도 없다. 면허증을 따면 분명히 차를 살 것이므로 아예 싹부터 잘라 버렸다. 덕분에 많이 걷고, 대중교통에 의존한다. 집도 교통이 편리하고 대형마트나 생활편의점이 많은 값 비싼 지역이 아니라 조용하고 공기가 좋은 산자락에 산다. 아내는 집에서 명상 호흡과 요가를 즐긴다. 우리는 헬스클럽에 가지 않을 뿐 아니라 집안에 흔한 실내 운동기구도 전혀 없다. 우리 부부는 매일 새벽 집 근처 산에 올라가 맑은 공기 마시며 약수터에서 물 한 잔 마시고 설치되어 있는 운동기구를 이용해 운동을 한 후 내려온다.

딸도 아날로그족인 부모덕에 어린 시절 디지털 혜택을 거의 받지 못하고 자랐다. 어릴 때 흔한 게임기 하나 사 주지 않았다. 그래서 게임 대신에 주로 독서를 했다. 영어 테이프 보는 시간을 제외하고는 TV를 잘 보지 않아 대신에 많은 책을 읽었다. 그리고 어린 시절 산 가까운 곳에 살아 유아원이나 유치원에 가는 것 대신에 동네 언니들 따라 산과 냇가에서 뛰어놀았다. 자연스럽게 딸도 어쩔 수 없이 자연친화적인 아날로그족이 될 수밖에 없었다. 그래도 불평하지 않고 잘 따라 준 딸이 대견스럽고 고마웠다. 어린 시절부터 이러한 집안 환경 때문인지 딸은 생각이 깊고 독립심과 인내심이 강했다.

딸아이는 공부도 잘해 학교성적도 우수했지만, 예능에도 재능이 있어 그림도 잘 그려 미술대회에서 상을 수상하기도 했다. 특히, 아내 덕분인지 어릴 때부터 음감이 뛰어나 음악에 재능이 있다는 말을 자주 들어 바이올린을 배우기 시작했다. 바이올린 레슨도 사교육비를 줄이기 위해 비용이 저렴하지만 훌륭한 교수님들이 직접 가르치는 가톨릭음악원과 예술의전당 영재아카데미에서 주로 배웠다. 딸이 중학교 입학 시점에 내가 미국에서의 사업제안을 받아 가족 모두 미국으로 들어가기 위해 딸의 중학교 입학을 취소했다. 그러나 미국 회사에 문제가 발생해 내가 미국행을 포기하자 딸은 검정고시를 준비했다. 딸아이는 초등학교 졸업 후 2년 만에 고입과 대입자격 검정고시에 합격을 한 후 곧 바로 수능과 대학 입학시험을 보았고, 어린 나이에 서울대학교 음대에 최연소로 들어가 바이올린을 전공했다. 서울대 재학 중 영국왕립음악원(Royal Academy of Music)에 장학생으로 입학해 우수한 성적(1st Class Honours)으로 졸업을 했고, 그 후 혼자 힘으로 미국의 최상위 음악대학인 인디애나대학교 제이콥스 음대(Indiana University Jacobs School of Music)에서 장학생으로 석사학위를 취득했다. 그 후 유럽에서 활동하기 위해 홀로 프랑스로 건너가 파리 에꼴 노르말(Ecole Normale de Musique de Paris)에서 장학생으로 최고 연주자 과정을 졸업했다.

딸아이는 졸업 후 브뤼셀 필하모닉(Brussels Philharmonic)과 스타방에르 오케스트라(Stavanger Symphony Orchestra) 등 유럽의 유수 오케스트라에서 각국 순회 연주활동을 했다. 또한, 세계적으로 유명한 슐레스비히 홀슈타인 뮤직 페스티벌(Schleswig Holstein Music Festival)에 3회 연속 초청을 받아 독일, 이태리, 영국, 폴란드, 헝가리, 체코, 스페인, 터키 순회연주를 했고, 그 외에도 베르비에 페스티벌(Verbier Festival), 앙기엔 국제 페스티벌(Enghien International Festival) 등의 초청 연주자로도 활동을 했다. 특히, 딸은 연주 실력을 인정받아 조슈아 벨(Joshua Bell), 제이미 라레도(Jaime Laredo), 필립 그라핀(Philippe Graffin), 리

디아 모르드코비치(Lydia Mordkovitch), 마티아스 부흐홀츠(Matthias Buchholz) 등 저명한 연주자들과 실내악 협연을 하기도 했다. 그리고 유럽에서 영화음악 녹음에도 참여했으며, 아카데미 음악상 등을 수상한 영화음악의 거장 한스 짐머(Hans Zimmer)와 세계영화음악제에서 인셉션(Inception) 스코어 연주에 참여하기도 했다. 지금은 프랑스에서 연주활동을 하면서 학생들을 가르치고 있고, 프랑스 회사에서 교육 및 글로벌 비즈니스 자문역할도 병행하고 있다.

딸아이는 문화외교에 관심이 많아 음악과 예술을 외교 등 사회 다른 분야에 접목시키고자 'The String Trio East-West'를 결성해 리더로 유럽연합본부 등 국제단체와 주영한국대사관 주최 음악회 등에서 연주활동을 했으며, 독일 IDC(Institute for Cultural Diplomacy)의 문화외교과정 및 제네바대학교(University of Geneva)와 레이던대학교(Leiden University)의 외교과정을 이수했다. 그리고 이를 실천하기 위해 사회적 소외계층 어린이에게 음악을 통한 희망의 꿈을 만들어 주기 위한 자금 마련을 위해 자선음악회를 열었다. 이 자금으로 아프리카 탄자니아의 고아원을 직접 찾아가 어린이들에게 악기를 기부하고, 레슨을 한 후돌아와 이를 계기로 자신이 직접 비영리단체를 설립했다. 이 비영리단체 운영을 보다 더 효율적이고 체계적으로 수행하고 더 많은 소외계층 어린이에게 희망의 꿈을 꾸도록 지원하기 위해 하버드대학교(Harvard University) 교육대학원 특수연구과정(Specialized Studies Program)에서 교육정책과 음악을 기반으로 뇌·인지과학, 심리학 등을 테크놀로지와 융합한 교육방법을 2년간 연구하면서 음악과 다른 분야와의 접목을 시도했다. 현재 프랑스에서 관련 분야 사람들과 이 연구 분야의 비즈니스 모델을 준비하고 있기도 하다.

　이렇게 어릴 때부터 스스로 자기주도적 시간관리 및 공부 방식으로 자신의 길을 정해 가고 있는 딸아이는 학원과 학교를 다니지 않아 우리 사회에서 문제가 되고 있는 사교육 병이나 고3병을 전혀 앓지 않았다. 부모 입장에서는 경제적으로도 큰 도움이 되었다. 그 당시에는 몰랐지만 지금 돌이켜 보면 딸의 독립심과 인내심, 총명함, 언어 습득능력은 어린 시절의 명상과 독서, 클래식 음악 듣기와 연주, 그림그리기, 사시주노식 학습, 자연친화적인 환경 등 아날로그 습관에서 배양되지 않았나 하는 생각이 든다.

　이렇게 자란 딸의 클래식 음악 전공으로 자연히 나도 그에 대한 관심이 높아졌다. 악기나 디지털 음악에 관한 기사도 꼼꼼히 읽게 된다. 얼마 전에 복고적인 아날로그 음악듣기 운동을 펼치고 있는 목사님의 기사를 보고 공감이 갔다. 그 목사님은 "블랙디스크로 불리는 LP의 국내 생산이 중단돼 아날로그가 사라지는 현실이 안타깝다. 잔잔한 선율의 고전음악은 암환자들에게 항암제 못지않은 치료제다. 디지털 CD는 사람의 기운을 떨어뜨리고 스트레스를 많이 준다. 아날로그는 치유효과를 갖지만 같은 곡도 디지털로 녹음해 듣게 되면 결과는 180도 달라진다. LP를 듣는 환자들은 긴장이 완화되고, 에너시가 발산돼 건강한 몸으로 변화된다. 하지만 기계음을 담은 CD, mp3 등 디지털로 들을 때는 근력이 현저히 떨어지고 스트레스가 가중될 뿐이다."라고 주장했다. 그는 자신이 운영하는 치유센터에서 환자들이 주로 클래식 음악을 듣도록 하고 있다. 내가 의사나 전문가가 아니기 때문에 목사님의 주장을 정확하게 판단할 수는 없지만 그럴 수 있을 것이라는 생각은 든다.

그는 아날로그의 우월성을 입증하는 근거로 다음과 같이 말했다. "아날로그와 디지털은 사인파에 큰 차이가 있다. LP는 끊어짐이 없지만 적은 용량에 저장량을 늘리기 위해 '0'과 '1'의 부호 조합으로 제작된 CD는 계단모양으로 끊어져 얼핏 듣기에 같은 소리로 들리지만 자연음과 기계음을 엄격히 구분하는 우리 몸의 세포에는 부정적 영향을 주게 된다. 독일 첨단 요양시설인 필더클리닉의 경우 음악치료사가 배치돼 각종 악기와 아날로그 음악을 통한 예술요법으로 환자들을 치료하기도 한다. 우리나라에서는 이미 고물상에 버려진 LP 턴테이블을 대부분 유럽 사람들은 아직까지 가정에서 소유하고 있으며, 아날로그를 여전히 즐기고 있다."고 강조했다. 이는 아무리 디지털 음악이 넘쳐 나도 아날로그 음악은 여전히 살아 있다는 증거다.

우리 사회는 CD와 mp3로 대표되는 디지털 음악이 낮은 제작비용과 깨끗한 음질, 간편한 휴대성 덕분에 디지털 음악이 대세로 자리를 잡은 지 오래다. 이런 와중에 LP레코드와 카세트테이프 같은 아날로그 음악은 어느덧 설 자리를 잃어버렸다. 첨단과학 문명의 혜택을 누리고 있는 오늘날에 과연 아날로그 음악은 그 생명력이 끝난 것일까? 오래전에 이러한 주제로 대구 MBC가 창사특집으로 다룬 적이 있었다.

그 특집은 〈생명의 소리, 아날로그〉라는 다큐멘터리로 디지털 음악과 아날로그 음악이 생명체에 미치는 영향을 검증했다. 그 특집에서 정신치료에 세계적인 권위자 존 다이어몬드 박사는 "모든 아날로그 음악은 치유적일 수 있다. 하지만 같은 음악도 디지털 PCM으로 녹음되면 부정적 영향을 가지게 된다. 그 때문에 지금까지 음악을 치료에 써 오는 동안 디지털 음악을 사용한 경우는 절대로 없다."라고 주장했다. 그는 음악에

느림의 반격

는 생명에너지를 증가시키고 스트레스를 줄여 주는 힘이 있다고 했다. 또한 디지털 음악이 우리 인간에게 부정적인 영향을 미칠 수 있다는 것을 800만 번에 걸친 임상실험을 반복하여 이론화하는데 성공했다고 주장했다.

또한 그 특집에서 디지털 문화의 상징으로 떠오르고 있는 mp3가 우리 청소년들에게 어떤 영향을 주고 있는가를 검증했다. 그 검증에서 근육에 흐르는 에너지를 측정하는 검사, 즉 근전도 검사 결과에서 LP음악을 들을 때 활성화 정도가 가장 높았고, mp3가 가장 낮았다. 바로 mp3를 들었을 때 근육의 강도가 떨어지는 경향성이 입증된 셈이다. LP음악은 감정과 행동에 관계되는 자율신경계에도 긍정적인 영향을 미치는 것으로 나타났다.

특집에서 LP와 CD의 소리 파형을 비교해 보면, LP는 끊어짐이 없는 완벽한 사인(sine)파로서 자연 본래의 음을 그대로 기록하고 있음을 보여 주었다. 반면에 CD는 원래의 소리를 잘라 그 일부만을 데이터화해서 기록하고 있기 때문에 끊어진 계단 모양의 소리 파형을 보여 주었다. 그리고 아날로그 음이 디지털로 변환할 경우 많은 정보들이 손실된다고 했다. 이러한 현상은 첨단 디지털 매체인 mp3에서 더욱 극명하게 드러났다. 아날로그 음이 잔잔하게 흘러가는 강물이라면 디지털 음은 그 강물을 여러 개의 알루미늄캔에 담아 이어 붙인 것에 비유할 수 있다고 했다. 물처럼 부드럽게 흐르는 소리와 인위적으로 분할된 소리 중 어느 것이 더 자연에 가까운 소리인지는 쉽게 짐작할 수 있다. 그 특집은 디지털 음악이 우리 몸을 피로하게 하는 것이 당연한 현상이라고 결론을 지었다.

악기도 디지털 영향을 많이 받고 있다. 원래 바이올린은 100% 손으로만 만드는 악기다. 아름다운 울림을 위해서는 나무로 된 몸통 안쪽을 부위마다 다른 두께로 깎아 줘야 하는데 기계로는 이런 굴곡을 맞추기 어렵기 때문이다. 그러나 최근에 기계로 만들고 있는 보급형 바이올린은 대량생산을 위해 프레스 공법을 활용한다. 프레스 공법은 바이올린 몸판의 굴곡을 본뜬 쇠판에 열을 가해 나무를 찍어 제작하는 방식이다. 프레스 공법은 대량생산에는 용이하지만 시간이 흐를수록 변형이 일어난다. 또 일정하고 좋은 질의 음색도 기대할 수 없다. 이런 점 때문에 아무리 디지털 만능 시대라고 해도 좋은 바이올린은 숙련된 장인이 가장 아날로그 방식인 손으로 만들고 있다.

세계적으로 유명한 클래식 명기들도 모두 기계가 아닌 장인들의 손에서 나왔다. 또한 이들 명기의 수는 한정돼 있어 매년 값도 높아지고 있다. 소더비 측은 18세기 바이올린 제작자 주세페 과르네리가 만든 바이올린 경매의 낙찰가를 공개하지 않았지만, 지난 2006년 뉴욕 크리스티 경매에서 기록한 최고가 약 35억 원을 훨씬 초과한다고 밝혔다. 그런데 2022년 6월 런던 타리지오 경매에서 1714년에 제작한 스트라디바리 바이올린은 약 200억 원(US $15.34million)에 낙찰되었다고 한다. 이처럼 명기로 소문난 바이올린이나 첼로 등 현악기는 기본적으로 가격이 수십억 원을 호가한다. 그 이유는 명기로 불리는 악기의 소리가 일반 악기와 비교해 월등히 다르기 때문이다. 전문 연주자는 물론 클래식을 전공하지 않은 사람들도 바로 구분할 수 있을 만큼 명기의 음질은 깊이와 여운이 있다.

특히 이탈리아 크레모나 지역에서 18~19세기에 스트라디바리(Stra

divari)와 과르네리(Guarneri), 과다니니(Guadagnini) 등 3대 가문에서 제작한 악기를 명품으로 꼽는다. 스트라디바리의 경우 1100여 개의 악기를 제작했는데, 지금 남아 있는 것은 바이올린이 약 540개, 첼로 50개, 비올라 12개, 기타와 하프가 각각 3개 정도다. 그리고 과르네리와 과다니니는 이보다 훨씬 적어 각각 200~300개가 남아 있다고 한다. 그런데 현대과학으로도 이들 명기가 좋은 소리를 내는 비결은 밝혀내지 못하고 있다. 첨단 디지털 기기로도 장인들이 손으로 만든 이들 명기를 재현하지 못하고 있다.

그래서 클래식 음악을 전공하는 사람들은 아쉬워하고 있다. 첨단 디지털 기술로 명기를 재현할 수 있다면 아마 가격이 낮아졌을 것이다. 그러면 많은 음악가들도 명기로 명연주를 할 수 있을 것이다. 그러나 유감스럽게도 아날로그 방식인 장인의 손에 의해서만 명기가 탄생되기 때문에 그렇게 할 수가 없다. 명기의 숫자는 한정되어 있고, 가격은 너무 비싸 명기로 연주를 할 수 있는 연주자는 극소수다. 따라서 디지털 만능시대에서도 클래식 연주자의 꿈 중의 하나는 아날로그 명기로 연주를 해보는 것이다. 내가 들어줄 수가 없었지만 딸의 어린 시절 소원 중의 하나도 바로 명기로 연주해 보는 것이었다. 이는 아무리 디지털이 발달해도 모든 아날로그를 대체할 수는 없다는 증거다.

라이프스타일의 회귀

흔히 우리는 지금을 디지털 전성시대라고들 말한다. 우리 주변의 기기가 디지털로 바뀌면서 생활방식까지도 디지털로 바뀌고 있다. 우리는 디지털의 편리함을 맛보면서 디지털 만능시대에 도취되었다. 디지털이 아니면 상품도 될 수가 없다. 나와 같이 디지털을 능숙하게 조작할 수 없으면 원시인이라는 말을 들을 정도로 세상은 디지털화하고 있다.

이제 방송도 아날로그의 경우에는 채널이 한정되지만, 디지털 위성방송으로 다채널 시대가 되었다. 컴퓨터나 휴대전화는 말 할 필요도 없고, 스틸카메라 및 비디오카메라도 디지털로 바뀌었다. 발광다이오드나 액정 숫자로 모든 생활이 감염되어 버렸다. 세상이 마치 디지털 신드롬 양상으로 변했다.

디지털의 편리함 속에 우리의 삶이 용해되고 있는 것이다. 이런 편리함이란 순기능 뒤에는 디지털 폐인처럼 이미 사회문제로 비화되었거나 검색엔진을 통해 더 이상 비밀이 없는 삶 등의 역기능도 있다. 이런 역기능에 대한 보상심리는 여전히 우리 삶에 아날로그적인 부분을 남겨놓는다. 완전한 아날로그 삶이 아니라도 디지털이 우리를 속일 때마다 인간은 어쩔 수 없는 아날로그임을 내비친다. 전자메일을 해킹당해 정신적 상처를 받은 사람들 중 일부는 꼭꼭 눌러쓴 편지와 우체통을 그리워한다. 쉬지 않고 울려대는 휴대폰에 질린 사람들은 아련한 삐삐의 추억에 빠져든다. PC로 문서를 작성하다 몽땅 날린 경험이 있는 사람들 역시 원고지를 떠올리게 된다. 이런 상황들은 아직 디지털이 완전하지 못하다는 사실의 반증이다.

그래서 아날로그가 그 위치를 모두 박탈당해 버린 것은 아니다. 희귀동물과 같이 멸종위기에 처해 있다고 볼 수도 없다. 나의 아내가 LP를 사랑하는 것처럼 아날로그는 아직도 살아 있다. 분명히 끈질긴 모습으로 살아가고 있다. 그것도 숨죽이고 살아가고 있는 것이 아니고, 디지털의 모자라는 부분을 보완하는 형태로 병존하고 있다.

또한 디지털은 천재다. 천재는 때로는 재능을 자랑만 해서 역겨울 수가 있다. 그대로 두면 종말로 치닫게 된다. 아날로그의 생존가치도 바로 여기에 있다. 다음 세대를 향해서 세상은 디지털화에 박차를 가하고 있다. 박차를 가하면 가할수록 아날로그의 중요도는 더 높아진다. 아날로그는 사라지는 것이 아니라 디지털의 좋은 일생 반려자로 소생하고 있다.

그래서 요즈음 우리 주변을 살펴보면 아날로그적 라이프스타일로 회귀하려는 움직임이 나타나고 있다. 그중의 하나로 여성들이 수예와 편물, 봉제 및 수제과자 만들기 등을 하는 사람들이 증가하고 있다. 또 밖에서 맛보았던 음식을 집에서 직접 만들어 먹는 경향도 높아졌다. 그리고 레저도 남녀 모두가 오토캠프, 바비큐, 리조트에서의 휴양 등의 자연 친화형을 즐긴다. 또한 근처의 산보와 자연산책, 릴렉스할 수 있는 욕실을 원하는 경향이 높아졌다. 정원을 꾸미고, 애완용 동물을 기르는 것도 좋아 한다. 이러한 움직임은 디지털도가 높은 일상생활의 피로를 자연과 애완동물로 풀려고 하는 것이라고 볼 수 있다. 나 역시 오래전부터 반려묘와 함께 친구처럼 생활하면서 마음의 위안을 받고 있다.

자연에 대한 욕구도 점차 강해지고 있다. 식생활에서도 자연식품, 유기농 식품, 무농약 채소 등 안전하고 건강에 좋은 것을 선택하려는 의식이 높아졌다. 그리고 생활 속의 의식으로 온정을 원하고, 부부 공통의 취미와 가족 선물을 중요시하는 경향이 강해졌다. 하드측면의 생활 디지털화가 불가피하게 진행되는 속에서 이러한 경향을 미리 예측할 수 있는 사람일수록 생활 속에서 여유, 자연, 애완동물, 수공품 등의 라이프스타일의 아날로그화를 더 원하고 있다.

디지털 머리를 아날로그로 고치는 힐링이 중요한 키워드가 되고 있다. 자연의 소리, 새소리, 클래식 등의 힐링뮤직, 향기, 아로마테라피, 튜울립세라피, 바디소닉 등이다. 생각해 보면 골동품이나 가드닝, 그리고 아날로그 여행도 모두 힐링과 연관이 있다. 스트레스로 찌든 디지털 사회에서 필요한 것은 이 힐링효과다.

특히 디지털 시대의 대량생산은 값을 싸게 하여 누구나 사용할 수 있도록 한 이점이 있지만, 희소가치라는 아날로그의 장점을 상쇄시키는 우를 범했다. 지금 그 반동이 일어나고 있다. DIY나 핸드 크래프트도 조용하게 그 붐을 과시하고 있다. 종래의 뜨개질뿐만이 아니라 염색, 도예 등에 관심을 갖고 배우려는 사람들이 급증하고 있다. 심지어는 자기 집은 자신이 직접 짓겠다는 사람들도 나오고 있다. 그리고 비효율적이고 사용하기 불편하다고 사라졌던 생활용품이나 전통용품들이 다시 재탄생하고 있다. 젊은 층도 인테리어 소품으로 전통용품을 많이 사용하고 있다. 이러한 전통적인 용품 속에 있으면 마음이 편안해지기 때문이다. 이는 디지털 상품에서 느낄 수 없는 안락함이 있다. 생활 소도구의 아날로그 선호현상은 일시적인 유행으로 끝나지는 않을 것이다.

3장

디지털과 아날로그의 언밸런스

준비 작업은 디지털, 결정은 아날로그

"A안과 B안 중에 결정을 해야 하는데 어느 쪽으로 해야 합니까?"

"A안은 기능은 다양하나 디자인이 떨어집니다."

"B안은 디자인은 뛰어나나 실용성이 문제입니다."

"B안은 또한 실제 제작에 현재의 기술로는 어려운 점이 있습니다."

"A안도 다양한 기능을 살리기 위해서는 제작비가 높아 문제가 있습니다."

"그러면 A안과 B안을 상호 보완할 수는 없을까요?"

디지털 기기 신제품 제작회의의 내용이다. 각 팀에서 지금까지 준비해 온 내용을 관련자들이 모여 컴퓨터 화면을 보면서 회의를 하고 있다. 준비는 컴퓨터로 다 했다. 그러나 컴퓨터가 최종 결정은 하지 못한다. 아무리 디지털로 준비를 했다고 해도 사람들이 모여 회의를 하고, 점검을 한 후에 최종 결정권자가 결정을 해야 디지털 기기도 상품으로 탄생할 수 있다. 바로 디지털 만능시대도 최종 결정은 사람의 두뇌가 한다.

내가 광고회사에 처음 입사할 때만 해도 컴퓨터가 별로 없었다. 거의 모든 준비를 수작업으로 했다. 광고주로부터 광고할 제품에 대해 직접 찾아가서 오리엔테이션을 받으면 기획(AE)이 먼저 브리프를 작성한다. 브리프란 일종의 약식 기획서이다. 브리프는 보통 광고할 제품의 시장 상황, 타깃, 경쟁사 분석 등을 적는다. 브리프의 핵심은 콘셉트 부분이다. 즉 '무엇을 말할 것인가?'다. 이 부분을 놓고 제작팀과 회의를 한다. 즉, 기획(AE), 디자이너, 카피라이터, PD가 한 팀이 되어 머리를 맞대고 브레인스토밍(brainstorming)을 한다. 며칠 밤낮으로 광고쟁이들의 소위 말하는 아이데이션(ideation)이 계속된다. 그 결과가 나오면 각자의 전문성을 살린 세부작업에 들어가게 된다.

초창기에는 AE는 기획서를 손으로 써서 여직원에게 넘겨주면 여직원이 타자기로 한 자 한 자 쳤다. 디자이너도 시안을 직접 손으로 그렸다. CF의 스토리보드도 소위 마카라는 것으로 일러스트레이터가 직접 그렸다. 손으로 그린 시안을 보드에 붙이면 카피라이터가 카피를 직접 보드에 썼다. 광고주에게 프레젠테이션을 하기 위해서는 기획서 주요 내용을 발췌하여 궤도를 만들었다. 이 궤도 역시 직접 손으로 썼다. 이렇게 준비한 궤도와 광고 시안을 광고주 앞에서 설명을 한다. 최종 결정은 주로 광고주의 최고책임자가 했다. 모든 과정이 직접 사람의 손으로 준비하고, 결정도 사람이 하는 전형적인 아날로그 방식이었다.

지금은 이 모든 과정에 컴퓨터가 활용된다. 광고주로부터 제품 오리엔테이션도 직접 가서 들을 필요가 없다. 인터넷으로 자료를 받으면 끝난다. 기획(AE)의 자료수집도 인터넷을 활용하여 손쉽게 한다. 아이데

느림의 반격

이선도 회의실에 모일 필요가 없다. 인트라넷, 화상회의 등을 통해서 할 수 있다. 기획서 작업도 타자기 대신 컴퓨터로 작업을 한다. 디자이너도 손으로 그리는 대신에 포토샵이나 일러스트 등의 컴퓨터 프로그램을 활용하여 작업을 한다. PD도 직접 그리는 대신에 애니메이션 등을 활용하여 준비를 한다. 광고주 앞에서 프레젠테이션도 궤도가 아닌 빔 프로젝트로 한다. 이제는 광고주에게 찾아가지 않고 화상으로도 가능해졌다. 모든 준비 작업을 컴퓨터로 한다.

내가 처음 광고회사에 입사한 시기의 광고제작을 위한 준비 작업과 현재의 준비 작업을 비교해 보았다. 초창기에는 모든 과정이 손으로 직접 하는 전형적인 아날로그 방식이었다. 그리고 최종 결정은 광고주 최고책임자가 했다. 지금은 오리엔테이션에서 광고주 프레젠테이션까지의 모든 작업이 컴퓨터를 활용한다. 모든 준비 작업이 디지털로 이루어진다. 그러나 최종결정만은 광고주 최고책임자가 한다. 여기서 알 수 있듯이 준비 작업을 아날로그 방식으로 하든 디지털 방식으로 하든 최종결정은 사람의 두뇌가 한다는 점이다. 디지털 시대에 살고 있는 우리가 잊기 쉬운 중요한 포인트다.

그러나 디지털 만능 시대에 살고 있는 우리는 디지털 기기가 사회를 움직이고 있다고 착각하기 쉽다. 그러나 그것은 말 그대로 착각이고, 실상은 전혀 그렇지 않다. 세상의 모든 중요한 결정은 이전과 똑같이 사람의 두뇌가 한다. 아무리 지금보다 더한 디지털 만능의 시대가 된다고 해도 이 진리는 바뀌지 않을 것이다. 최후의 결단은 반드시 사람의 직감에 의해 이루어진다.

마이크로소프트사를 창업한 디지털의 권위자인 빌 게이츠도 '마이크로소프트는 함께 일하는 구성원들의 영감에 의해 움직인다. 만약 어떤 핵심 역할을 하는 20여명이 다른 기업으로 빠져 나간다면, 우리 회사는 바로 쓰러질 것이다. 아무리 인터넷 전성시대가 되더라도 마지막 결단은 사람의 두뇌가 담당할 것임을 확신한다.'고 말했다.

디지털 기기가 우리 사회의 모든 분야까지 침투되고 있는 것은 사실이다. 이러한 현상은 더욱 가속화될 것이다. 이 시점에서 우리는 디지털 기기가 대신할 수 없는 차별화된 뇌의 능력을 개발하는 것이 중요한 과제다. 바로 창의력이 그 열쇠다. 디지털의 대표주자인 컴퓨터도 역시 인간의 창의력의 산물이다. 이러한 인간의 창의력은 무한한 것을 만들어 낼 수 있다. 따라서 디지털화가 진전될수록 역으로 인간 두뇌의 역할이 더 중요하다는 사실에 공감한다.

디지털의 옷, 아날로그의 몸

우리 생활이 이제는 디지털 문화가 낯설지 않고 오히려 생활의 중심이 되어 버렸다. 그렇지만 디지털과 아날로그는 상존하고 있다. 새로운 첨단 미디어가 판을 치고 있지만, 나는 아침에 일어나면 눈을 비비며 신문을 먼저 찾는다. 지하철 안에서도 전자책을 읽고 있는 사람이 있지만, 아직도 내용에 도취되어 침을 묻혀 가며 책장을 넘기면서 책을 보는 사람도 많다. 또한 인터넷에서 세상을 논하지만, 촛불집회에 직접 참석하여 자신의 주장을 표현하기도 하는 사람도 있다. 그리고 화상전화로 멀리 떨어진 부모님의 안부를 수시로 묻기도 하지만, 명절이면 수많은 인파가 고향의 부모님을 찾아뵙고 오랜만의 상봉에 기쁨의 눈물을 짓는다. 이것이 우리들의 현재 모습이다.

회사에서도 전자결재가 성행하고 있다. 많은 회사가 전자결재 시스템을 도입하여 비용과 시간을 절약하고 있다. 그러나 최종결정은 단순히 전자표시 '예스, 노'로 하지 않는 경우가 많다. 특히 중대한 결정을 해야 하거나 복잡한 문제를 풀기 위해서는 전자결재로 하기는 힘들다. 관련자에게 전화를 걸어 설명하거나 당사자가 만나서 얼굴을 보면서 상의하여 최종결론을 내는 것을 자주 경험한다. 이는 디지털은 편리하지만 마음까지 읽지는 못하기 때문이다.

그러나 오늘날 0과 1의 디지털이 연속된 아날로그 세상을 지배하고 있는 것은 사실이다. 극단적으로 말하면 판단을 내릴 때는 0과 1의 명확한 결과만을 생각한다. 친구 아니면 적, 사랑 아니면 미움, 선 아니면 악이라는 이분법이 삶을 지배한다. 0과 1을 공부한 젊은 층은 그런 사고방식에 익숙하다. 그래서 그들은 판단을 언제나 '애매함'보다는 '명확함'을 원한다. 이 방식은 컴퓨터 세계의 논리고 프로그램이다. 이 척도를 다른 영역에도 적응시키려고 시도하니 많은 부작용이 나타나고 있다. 물론 체계가 완벽한 세상이 된다면 일 자체가 아주 편리하고 쉽게 진행될 수 있다. 그러나 우리가 그것 때문에 다른 무엇인가를 잃어버린다는 것을 알지 못하고 있다.

이와 같은 기능 만능주의로 흑백이 확실한 디지털 발상으로는 단순히 양자로 나눌 수 없는 부분도 있는 것이 사실이다. 한 예로 가계에서 볼 수 있는 숫자로 표시되는 저울이다. 그것을 보통 디지털 저울이라고 한다. 그러나 여기에서 디지털은 숫자판에 대한 얘기일 뿐이다. 저울 안에는 스프링과 압력 센서 등의 기계부품이 들어 있다. 물건을 올리면 스프링이 눌린다. 그 눌림을 센서가 감지하여 전기신호를 보낸다. 여기까지는 순수한 물리적 현상으로 아날로그적 과정이다. 이 신호를 디지털로 바꿔 숫자판에 나타내는 과정은 디지털이다. 여기에서 알 수 있듯이 우리의 눈에는 디지털이라고 생각하지만, 아날로그와 병존하고 있다. 즉 이 저울에서 알 수 있는 것처럼 우리 주변에는 옷은 디지털이지만 몸은 아날로그인 경우가 아직은 많다.

따라서 우리는 디지털이 만능이라는 사고는 경계해야 한다. 물론 디지털이 장점은 많지만 앞의 저울에서 볼 수 있듯이 아날로그가 필수적인 역할을 하는 경우가 아주 많다. 따라서 디지털과 아날로그는 상황에 따라 적절하게 상호 보완하여 쓸 뿐이지 우열은 없다.

진보하는 과학과 퇴보하는 마음의 언밸런스

아날로그적인 상품과 서비스를 판단하는 데 핵심이 되는 단어는 연속, 순환, 창조, 여유, 이미지다. 이것에 대한 디지털의 핵심은 비연속, 계수, 논리, 순간, 정밀이다. 더욱 더 단적으로 말하면 디지털은 과학이고 아날로그는 사상과 마음이다. 그러나 지금 과학은 어느 정도 유토피아를 구축했지만 마음은 역으로 퇴보했다. 이 진보한 과학과 퇴보한 마음 사이의 불균형이 아주 커지고 있다. 이 불균형은 사회적으로 많은 문제를 일으키고 있다. 종이가 필요가 없는 자동화된 사무실, 무인공장, 가정의 자동화는 우리를 힘든 육체적 노동에서 해방시킨 것은 사실이다. 바로 과학의 발달이 만들어 준 선물이다. 그러나 이 첨단 과학의 이면에는 우리의 마음을 더욱 더 퇴보시키고 있는 것도 사실이다.

우리가 어린 시절부터 컴퓨터에 익숙해질수록 원하는 정보를 손쉽게 얻을 수는 있으나 기억력뿐만 아니라 사고력과 판단능력까지 컴퓨터에 의존하려고 한다. 필요한 정보를 오감과 체험으로 체득하기 보다는 컴퓨터 화면을 통해 얻는다. 이로 인해 우리는 올바른 의사결정과 행동의 장애가 생길 수 있다. 사람의 지능과 정서는 어려서부터 사람들과 함께 하면서 자연스럽게 형성된다. 그 속에서 도덕적 판단력과 다른 사람들과 같이 살아가는 협동심이 형성된다. 그러나 과학의 발달은 학생들이 많은 시간을 컴퓨터와 대화하면서 지식을 습득하게 하고 있다. 이로 인해 인간관계가 단절되고 있다. 이들을 독선적이고 폐쇄적으로 만들어 결국은 무기력하고, 무관심과 무감동한 사람을 양산하고 있다.

한 예로 최근에 대두되고 있는 이른바 테크노스트레스를 들 수 있다. 이 스트레스는 신종 전자병으로 직장인들이 직장에 가기를 두려워하게 만들고 있다. 이는 새로운 기술에 적응하면서 생기는 신종 강박관념이다. 테크노스트레스의 증세는 소외감이나 인간성 상실감이다. 테크노스트레스는 테크노 불안증과 테크노 의존증으로 구분할 수 있다. 테크노 불안증은 컴퓨터 등 첨단기기에 익숙하지 못한 중장년층이 겪는다. 컴퓨터를 능숙하게 다루지 못한 데서 오는 불안감이다. 테크노 의존증은 컴퓨터를 주로 사용하여 일하는 사람이 겪는다. 서울 강남의 어느 신경과 의사에 의하면 최근에 테크노 의존병 환자가 급증하고 있다고 한다. 휴대전화나 컴퓨터를 통해서만이 다른 사람과 커뮤니케이션을 하고, 사람과 직접 대면하여 말을 하지 않으려는 증상이다. 그리고 상당수의 학생들도 인터넷 중독으로 대인관계 장애 중세를 나타내고 있다고 우려했다.

컴퓨터로 인해 생긴 사회적인 문제 중 또 다른 하나가 우리의 사생활을 빼앗아 가는 것이다. 정부기관이나 은행, 보험회사 등에서 우리의 사적 정보를 가지고 있다. 사적 정보가 컴퓨터로 관리되면 편리한 측면도 있다. 반면에 컴퓨터가 우리를 감시하는 용도로 쓰일 수도 있다. 그러면 우리의 생활이 어항 속의 금붕어처럼 모두 노출되게 될 것이다. 이 정보가 왜곡되게 사용된다면 심각한 사생활 침해를 초래하게 된다. 요즈음 많이 발생하는 해킹을 통한 피싱 등의 금융사기도 이 중에 하나다.

과학의 발달에 의해 최근에 사회적인 문제로 대두되고 있는 것이 전자매연이다. 이는 눈에는 보이지 않는 전자파로 사람에게 직접 또는 간접적으로 피해를 입힌다. 가정에는 초음파 가습기, 전자오븐, 전자레인지 등의 전자제품이 필수품으로 자리를 차지하고 있다. 사무실에도 컴퓨터 등의 사무 자동화 기기가 가득하다. 이들 전자기기에서 나오는 전자파는 또 다른 매연으로 우리 사회에 큰 파장을 불러일으키고 있다. 뉴스에서도 휴대전화 등의 전자파가 인체에 미치는 영향에 대해 수시로 볼 수 있다. 뿐만 아니라 전자기기의 오작동으로 인한 비행기 추락사고도 가끔 일어나고 있다.

또한 디지털 사회는 공동체를 소멸시키고 있다. 디지털화의 진전은 대인관계를 소원하게 만들고 있고, 인간성을 매 마르게 하고 있다. 또한 인체에도 악영향을 미치고 있다. 그 불안은 이미 우리 모두가 느끼기 시작했다. 그러나 앞으로도 정보화는 계속 진전될 것이고, 이 흐름을 막을 수는 없다. 따라서 보완작용으로서의 아날로그의 역할은 상상 이상으로 크다.

　우리는 공생이라는 말을 요즈음 많이 사용하고 있다. 사람과 자연과의 관계 및 경제활동과 기업활동에서의 공존관계를 말하는 경우가 많지만, 개인 사이에서 디지털과 아날로그의 공생에 대해서 말하는 경우는 별로 없다. 그러나 디지털 사회에 몸을 두고 있는 비즈니스맨이나 소비자는 이 두 가지를 공존시키지 못하면 매일 정신과 클리닉을 받아야 하는 상황에 처해 있다.

　현재 이미 10명 중 8명이 스트레스를 느끼면서 생활하고 있다고 한다. 지금 필요한 것은 어떻게 하면 피할 수 있는 가가 아니라 어떤 아날로그 요인을 찾아내서 넣으면 균형을 이룰 수 있는가 하는 구체적인 처방전이다. 디지털과 아날로그는 잘 어울릴 수 있는가의 문제가 아니고, 이 두 가지가 잘 어울리지 않으면 안 되는 오블리게이션의 시대가 온 것이다.

머리는 디지털, 가슴은 아날로그

　아날로그와 디지털이란 용어는 컴퓨터의 연산방식 차이에서 급부상했다. 아날로그의 어원은 그리스의 'analogia'에서 유래했으며, 수학적인 비율을 의미한다. 디지털의 어원은 'digit'로 손가락과 발가락을 1, 2, 3의 산술용 숫자로 나타내는 것이 디지털의 의미다. 양자는 수학적인 어원을 지니고 있는 점에서는 같지만, 차이는 아날로그가 옛날부터 사상, 사고, 발상이라는 별도의 측면을 강하게 지니고 있는 점이다.

　또한 디지털은 수량적이고 아날로그는 도형적이다. 예를 들어 시각을 '숫자'로 나타내느냐 '침'으로 나타내느냐에 따라 다르다. '몇 시 몇 분 몇 초'를 정확하게 알기를 원한다면 디지털시계를 보아야 할 것이다. 근대이전에 전쟁 시 사용했던 정보통신 수단의 대표인 봉화에도 디지털과 아날로그가 있다. 적이 나타났을 때에 '연기의 회수'와 '연기의 양'으로 나타내는 방법의 차이가 있다. 봉화의 모락모락 피어오르는 거대한 연기에는 '적이 침투하고 있구나!'뿐만 아니라 '예상보다 많은 적이 침투하고 있구나!'라는 부가정보까지 내포하고 있는 것이다.

그리고 '수량적 대 도해적'이다. 똑같은 말로 자주 대비시키는 것이 '대뇌 생리학'에도 있다. 바로 '좌뇌 대 우뇌'다. 일반적으로 좌뇌는 디지털적 정보, 언어적, 산술적, 컴퓨터적, 이론적 사고 등이라고 하고, 우뇌는 아날로그적 정보, 음악적, 기하학적, 공간적, 직관적, 실천적, 경험적 등이라고 한다. 바꾸어 말하면 좌뇌는 논리, 양, 속도를 중시하고, 우뇌는 감성, 질, 깊이를 중요시한다고 할 수 있다.

아날로지라는 말도 있는데 이는 '미지의 것을 묘사하는 데 기지(既知)의 것을 대비시켜서 암시하는 방법'이다. 고대 그리스 시대에 이미 아리스토텔레스가 이 말을 사용하여 '시인은 하늘에서 부여받은 아날로지의 소질이 필요하다'라고 했다. 이 사상이 모든 것이 디지털화되어 가는 현대에 다시 부상하고 있다. 요즈음은 '아날로그적 라이프스타일'이라든가, '디지털적인 발상'과 같이 어원의 폭을 확대시키고 대비시켜 보다 선명하게 사고와 행동의 차이를 보여 주고 있다.

이 디지털과 아날로그라는 두 용어는 현대과학의 최첨단을 나타내는 하이테크 기기에서 인간의 사고 및 라이프스타일까지 내포하고 있다. 소위 과학과 마음이라는 첨예한 현대적인 문제를 지니고 있다. 이 두 용어 대비는 우리 사회가 점차 디지털화가 진행될수록 더욱 선명해지고 있다.

나는 '머리는 디지털, 마음은 아날로그'가 이상적인 스타일이라고 생각한다. 이러한 스타일은 아마 이전 세기에는 없었을 것이다. 그러나 우리 사회의 디지털화로 이렇게 되지 않으면 균형이 깨져 현실에 적응할 수 없게 될 것 같다. 정말 그렇게 되는 것이 가능할까? 나는 가능하다고 본다. 앞에서 말한 것처럼 인간의 뇌는 좌뇌와 우뇌의 기능이 분화되어 있기 때문에 이것을 잘 분리하여 사용하면 가능할 것이다. 아무리 디지털화가 진전되어도 우리 사회의 여러 분야에서 아날로그적 현상이 일어나고 있고, 아날로그를 그리워하는 사람들이 늘어나는 것이 하나의 실증이다.

디지털의 힘, 아날로그의 귀환

디지털 혁명은 우리가 아날로그로는 어렵거나 할 수 없었던 것들을 쉽게 할 있게 만들어 주었다. 하나의 사례로 디지털 카메라의 매뉴얼만 갖고 있으면 누구나 사진작가가 될 수 있다. 필름을 감아 쓰던 아날로그 방식의 카메라는 다루기가 어려웠다. 특히 작품사진을 찍으려면 어려운 전문 기술을 배우고 습득을 해야 한다. 조도를 맞추어야 하고, 거리도 잘 계산해서 찍어야 한다. 조금만 잘못되면 사진이 제대로 나오지 않았다. 필름값도 비싸 한 컷 한 컷을 신중하게 찍어야 했다. 비용을 생각해야 했기 때문이다. 종종 사진기를 잘못 열어 애써 찍은 사진을 다 망친 적도 많다. 나도 신혼여행에서 찍은 사진 중에 상당부분이 빛이 들어가 망친 적이 있다. 이런 경험은 아마 어느 정도 나이가 들은 사람들은 다 한 번 씩은 했을 것이다. 또한 사진을 찍은 후에도 현상과 인화를 하기 위해서 사진관이나 인화 전문점에 맡겨야 했다. 며칠을 기다려야 사진을 볼 수 있었다.

지금은 디지털 카메라만 있으면 사진을 쉽게 찍을 수 있다. 웬만한 기술은 카메라 자체에서 해결을 다 해 준다. 조금 더 잘 찍으려면 매뉴얼을 잘 읽은 후 활용하여 찍으면 된다. 필름이 필요 없으나 찍고 싶은 대로 여러 번 찍어서 좋은 컷을 고르면 된다. 예전과는 달리 사진을 찍은 후에 즉석에서 바로 볼 수 있다. 마음에 들지 않으면 간단히 지우고 다시 찍으면 된다. 찍은 사진도 컴퓨터에 다운 받아서 여러 용도로 활용할 수 있다. 컴퓨터 화면에 올려놓을 수도 있고, 친구나 애인에게 즉석에서 보내줄 수도 있다. 이렇게 디지털 카메라의 등장은 누구나 손쉽게 사진을 찍을 수 있게 만들어 주었다. 디지털 카메라는 사진 찍기를 우리 모두의 취미로 확산시켰다. 이러한 것이 바로 디지털의 힘이다.

음악도 마찬가지다. 예전에는 신곡을 듣기 위해서는 LP나 카세트테이프를 구입했다. 또는 라디오에서 노래가 나오면 녹음기로 녹음을 해서 들었다. 이제는 CD도 구식이다. 그래서 CD 마저도 잘 팔리지 않는다. mp3가 대세다. 인기가수의 신곡발표도 눈에 보이는 앨범보다 눈에 보이지 않는 디지털 음원부터 공개한다. 이는 오래전부터 있어 온 일이다. 사례로 아이티 대지진으로 고통을 받고 있는 사람들을 돕기 위한 자선공연 음반 '아이티에 희망을'은 아예 아이튠즈나 아마존에서 mp3로만 구입할 수 있게 했다. 요즈음은 디지털 음원 발표가 대세가 되었다. 따라서 음반을 사기 위해 음반 전문점을 찾을 필요가 없이 컴퓨터 앞에 앉으면 해결된다. 인터넷을 통해 현재 유행하고 있는 음악은 물론 흘러간 노래까지 다운 받아 들을 수 있다. 어느 가수가 신곡을 어떤 나라에서 발표하든 전 세계인이 동시에 들을 수도 있다. 이것이 디지털의 편리함이다.

현재 출판시장에서도 디지털 시대로의 변화를 보여 주는 있다. 대표적 사례는 인터넷 소설연재와 웹툰(Webtoon), 전자책(e-book)이다. 요즈음 열리고 있는 도서전에서의 화두도 전자책이다. 출판 전문가의 말에 의하면 전체 전시작품 중 상당 부분이 디지털미디어의 형태로 출품된다고 한다. 도서전에 가 보면 전자책 관련 행사가 다양하게 진행되고 있다. 국내 출판계도 전자책을 불황 탈출구로 보고 주목한다. 국내 굴지의 전자회사나 mp3 전문업체도 전지책 단말기를 출시했다. 대형서점과 인터넷 서점도 전자책 시장에 뛰어들었다. 전자책 콘텐츠 관리회사도 속속 등장하고 있다. 도서관에서도 소장하고 있는 자료를 디지털화하고 있다.

이러한 출판시장과 도서관의 디지털화로 독자들은 서점이나 도서관에 가지 않고도 원하는 책을 컴퓨터를 통해 쉽게 읽을 수 있게 되었다. 이제는 단말기를 통해 언제 이디시나 책을 읽게 된 것이다. 출퇴근 시간에 지하철이나 버스 안에서도 책이 아닌 조그만 단말기를 통해 읽는다. 등산 가서나 바다낚시를 가서도 가능하다. 이렇게 디지털의 위력은 시공간을 초월하여 위력을 발휘하고 있다.

뿐만 아니라 트위터, 이메일, 메신저, 패이스북, 미투데이, 팟캐스트, 유튜브 등 둘러보면 우리 주변은 온통 디지털 천지다. 이에 대응한 기기도 속속 등장하고 있다. 이로 인해 디지털 얼리 어답터(Early Adoptor)와 디지털 마니아들을 긴장하게 한다. 애플의 태블릿 아이패드가 그렇다. 인터넷, 음악, 동영상, 오피스, 게임, 5G 등 안 되는 게 없다. 여기에 휴대성과 터치감, 애플 특유의 미니멀한 디자인까지 뛰어나 반하지 않을 수 없게 만든다. 이렇게 디지털 신기술은 수많은 콘텐츠를 탄생시키며 다양한 제품들을 융합해 새로운 형태의 제품을 계속해서 쏟아 내고 있다. 초슬림, 초경량, 고성능, 고화질, 차세대, 일체형, 세계 최초, IT융합, 멀티 등의 단어를 적절히 섞어 디지털 컨버전스 혁명을 이뤄 내고 있는 것이다.

이렇게 디지털은 우리에게 편리함을 가져다주었다. 요즈음 메타버스 등 시공간을 초월하여 아날로그로는 할 수 없었던 것을 무엇이든 가능하게 만들어 주었다. 그러나 디지털 시대의 급속한 변화는 불확실성을 가중시키고 있다. 그래서 우리는 불안감을 더 느끼게 된다. 디지털 기기로 우리의 문명이 발달하면 할수록 사람의 존재가 미약해진다. 그래서 디지털 경쟁이 가속화할수록 우리 주변의 본질에 대한 관심이 높아지기 마련이다. 이는 결국 아날로그의 귀환을 초래하고 있다. 이러한 현상은 곳곳에서 나타나고 있다.

얼마 전 거래처 관계자와 회의가 있어 오랜만에 명동을 갔다. 회사가 강남에 있어 강북에 가는 일이 적어졌다. 특히 명동은 학창 시절과 광고 대행사 다닐 때 광고주가 명동에 있어 자주 갔었지만 최근에는 거의 가지 않았다. 모처럼 가 보니 옛날 생각이 떠올랐다. 회의를 마치고 점심 식사를 하려고 음식점에 들어가서 재미있는 사실을 발견했다. 손님들이 남긴 낙서 메모지다. 음식점의 벽면을 가득 메우고 있었다. 수많은 메모지 낙서가 붙어 있었다. 곳곳에는 손님들이 남긴 사연과 그림이 가득했다. 한 메모장에는 '그래도 행복하게, 슬픈 현실이지만 이겨 내라. 아자 아자!'란 낙서 메모가 눈에 들어왔다. 메모지 가운데 아랍어를 비롯한 외국어로 쓰인 낙서가 눈에 띄었다. 이들 낙서에는 지금을 살고 있는 우리들의 절망감과 자괴감이 그대로 반영된 내용이 많았다. 또한 위트 있는 비판과 희망의 내용도 있었다. 이 낙서들을 읽으면서 아날로그 감성을 느꼈다.

이처럼 낙서가 요즈음 음식점이나 카페에서 유행하고 있다고 한다. 세월호나 이태원 참사의 희생자 추모장소에도 메모지 형태로 애도를 표시했다. 바로 아날로그 감성의 오프라인 문화가 첨단의 디지털 시대에 다시 돌아오고 있는 것이다. 이러한 낙서와 애도 메모의 귀환은 아마 디지털에 의존하는 소통방식에 대한 반발일지도 모른다. 디지털화로 눈코 뜰 새 없이 빨라진 생활 속도에 대한 거부 현상일 수도 있다. 디지털 시대의 실시간 대화는 매력적이지만 빠른 것에 부담을 느낄 수 있기 때문이다. 그래서 오프라인 낙서와 애도 메모에는 느리고 편안한 소통에 대한 그리움이 배어 있는 것 같다. 우리 마음속에 간직하고 있는 아날로그 감성의 표출일지도 모른다. 낙서문화의 귀환은 디지털에 찌든 우리가 이곳에서 벗어나려는 욕구의 분출이라고 볼 수도 있다.

아날로그의 선호 현상은 공연에서도 나타나고 있다. 요즈음 우리나라 비보이들이 세계적으로 맹위를 떨치고 있다. 많은 비보이들은 아날로그의 매력을 최대한 발산하여 주목을 받고 있다. 디지털 기기를 통해 손쉽게 예술을 관람하고 감상할 수 있는 시대이지만, 온몸으로 시연하는 비보이들의 몸의 예술은 여전한 감동을 선사하고 있다. 또한 이러한 흐름은 태양의 서커스 붐에서도 읽을 수 있다. 천막공연과 서커스라는 지난 세기의 유산이 첨단 디지털 시대에도 맹위를 떨치고 있는 점이다. 그 이유는 이들이 실체 없는 디지털 예술의 공허함을 아날로그 예술이 채워 주기 때문이다. 이러한 감정은 연극 공연에서도 느낄 수 있을 것이다.

우리는 디지털에 파묻혀 살고 있지만 그래도 아날로그를 그리워한다. 디지털은 좀 더 편리할 수 있고, 좀 더 화려할 수 있으며, 좀 더 빠르고 정확할 수 있다. 그러나 조금은 불편하고, 조금은 힘이 들어 쉬어 가고, 좀 더 느리고, 돌아가는 것이 바로 아날로그의 매력이다. 그래서 아날로그 귀환의 본질은 엄마 품의 포근함과 같은 따뜻한 마음에 있다. 시장에서 물건을 살 때에 저울에 물건을 올려놓고 버튼을 눌러서 1원까지 맞추어 계산을 하는 디지털과는 달리 아날로그는 봉지 안에 과일을 한두 개 더 담아 주는 시장 아줌마의 따뜻한 마음과 같기 때문이다. 디지털 시대에 메말라 가는 부부의 정, 부자의 정, 친구의 정이 그리워 우리는 아날로그의 귀환을 반기고 있는지도 모른다. 그러나 아날로그의 귀환을 디지털 시대의 흐름을 거부하고 아날로그로 회귀하자는 의미는 아니다. 다만 우리는 디지털 기기의 편리함 이상의 그 무엇이 필요하다는 것이다.

디지털 속의 아날로그 세상 만들기

아날로그 감성, 디지털로 퍼지다

나는 원래 클래식 음악에 대해 그다지 관심이 없었다. 그런데 아내와의 연애시절에 아내 따라서, 아니 어쩔 수 없이 끌려서 클래식 음악 감상실을 자주 갔다. 지금은 아마 대부분 사라졌지만, 그 당시에는 명동이나 종로에 돌체, 르네상스 등 유명한 음악 감상실이 몇 개 있었다. 아내는 한 번 들어가면 몇 시간이 기본이었다. 아내는 클래식 음악 감상에 심취하여 아주 좋아했지만, 나는 처음에는 조금만 시간이 지나면 따분하고 지루했다. 자주 따라 다니다 보니 점점 따분함이 사라졌다. 조금 더 드나들다 보니 마음이 편안해졌다. 이것이 바로 클래식 음악의 매력이었는지도 모르겠다.

또한 딸이 바이올린을 전공한 후에는 조금 더 클래식에 대해 관심을 갖게 되었다. 신문에 클래식 공연이나 연주가의 연주에 대한 평이 나오면 자연히 눈이 간다. 또한 외국의 유명한 연주자가 공연을 하면 딸을 생각해서 가끔은 가기도 한다. 아름다운 선율의 공연을 감상하면서 보다 더 많은 사람들을 혜택을 받았으면 좋겠다는 생각을 자주 했다. 특히 클래식의 경우 일부 선택된 사람들만의 공연이라는 의식이 팽배해 있다. 그래서 입장료도 비싸고, 공간과 시간의 제약을 많이 받아 아쉬웠다.

어느 날 신문에서 반가운 기사를 읽었다. 베를린 필하모닉 오케스트라 공연실황을 실시간으로 집에서 볼 수 있는 서비스가 가능해졌다는 기사였다. '디지털 콘서트 홀'이라는 서비스다. 이 서비스는 가장 보수적인 클래식 음악계의 혁신적인 이슈 중의 하나다. 유럽에서는 베를린 필하모닉의 공연을 보기 위해 정장으로 옷을 갈아입어야 했을 정도로 보수적이라고 한다. 그런 보수적인 베를린 필하모닉이 탈바꿈을 시도한 것이다. 이는 디지털 시대의 관객의 니즈에 대응하기 위한 방안으로 보인다.

'디지털 콘서트 홀' 서비스는 세계 어디에서나 컴퓨터, 텔레비전, 하이파이(HI-FI) 시스템을 통해 공연을 관람할 수 있다. 티켓 가격은 그 당시 1개월에 14.9유로이고 1년 동안 공연을 관람할 수 있는 패스 역시 149유로였다. 내한공연의 티켓 가격에 비하면 굉장히 저렴한 수준이다. 또한 줄서서 티켓을 예매할 필요도 없다. '디지털 콘서트 홀' 서비스를 위해 베를린 필은 베를린의 필하모니 홀에 고화질 카메라를 설치해서 매 시즌 콘서트를 인터넷으로 중계한다는 계획이다. 이를 위해 콘서트 홀에 원격 조종 카메라 다섯 대를 설치하여 고품질의 공연을 실시간에 전송하고 있다.

'디지털 콘서트 홀' 서비스는 콘서트 홀에서 2,000명 안팎의 청중을 대상으로 연주하는 아날로그적 관습을 변화시키고 있다. 콘서트 홀에서만 감상할 수 있던 아날로그 방식을 디지털 기술과 융합해 많은 사람들이 즐길 수 있도록 바꾼 것이다. 바로 아날로그 감성을 디지털로 널리 퍼지게 한 것이다. 이러한 변화 움직임은 베를린 필뿐만이 아니라 뉴욕 필 등 세계 음악계의 1번지에서부터 일어나고 있다.

디지털 시대에 적응하기 위한 클래식 음악계의 변화는 여러 곳에서 나타나고 있다. 그중의 하나가 음원의 판매다. 보수적인 클래식 음악계에서 음반이 아니라 음원을 판매한다는 것은 상상하기 어려웠다. 그런데 지금 기존의 음반 발매에서 과감하게 벗어나 인터넷을 통해서만 오케스트라 연주를 다운로드 받을 수 있도록 한 사례가 늘어나고 있다. LA 필하모닉과 시카고 심포니도 온라인에서 음반을 발매하고 있다. 이러한 아날로그와 디지털의 결합에 의한 시너지 효과는 클래식 음악계의 풍토를 바꾸고 있다.

지금까지 가장 보수적이고 아날로그의 상징으로 여겨 왔던 영국의 로열 리버풀 필하모닉도 디지털 시대 큰 조류에는 어쩔 수 없었나보다. 지휘자가 직접 블로그를 운영하기도 하고, 마이스페이스 같은 인터넷 커뮤니티 사이트에 직접 방을 꾸려서 연주 동영상과 댓글을 공유한다. 인터넷상에 '오케스트라 가상 마을'을 만든 셈이다. 이 사이트가 디지털 시대의 오케스트라의 미래상을 보여 준다는 평가를 받고 있다. 이처럼 클래식 음악도 본래 지켜 왔던 아날로그 선율을 디지털을 통해 보다 많은 사람들이 감상할 수 있도록 하고 있다.

사람의 몸으로 하는 예술인 발레도 마찬가지다. 발레 그 자체만으로 보면 가장 아날로그적인 예술이다. 이 발레공연도 디지털 매체와 접목을 시도하고 있다. 상트페테르부르크의 마린스키 극장이 세계 최초로 발레 공연을 3D로 생중계한다고 발표했다. 이 극장은 거의 150년 역사를 자랑하는 발레 극장으로 러시아 발레가 처음 시작된 곳이다. 또한 전통과 역사에서 모스크바 볼쇼이 극장과 쌍벽을 이루고 있다.

마린스키라는 극장 이름은 러시아 황제 알렉산드르 2세 왕비의 이름을 따서 지었다. 그 후에 1935년 암살된 혁명지도자인 키로프의 이름으로 불리다가 1991년 다시 원래 이름을 되찾았다. 마린스키는 세계 발레의 요람으로 알려져 있다. 특히 로맨틱 발레의 대명사로 불리는 〈파키타〉, 〈잠자는 숲속의 미녀〉, 〈백조의 호수〉 등 러시아 고전 발레와 오페라 음악의 대부분은 이 극장에서 첫 공연을 했다.

전통과 명성에서 알 수 있듯이 아주 보수적으로 보이는 발레공연도 디지털의 힘을 간과할 수 없게 된 것이다. 이번 최첨단 디지털 기술을 동원해 공연실황을 3D로 생중계하게 된 것도 관객들에게 더 가깝게 다가가려는 시도로 보인다. 어떻든 우리는 디지털화 덕택으로 편안하게 집에서 마린스키 극장 소속 최고 단원들이 환상적인 발레 연기를 볼 수 있게 되었다. 특히 세계 최고 수준의 무용수 300여 명 가운데 한국인도 있다고 했다. 우리는 그 극장에 직접 가지 않고도 그의 활약상을 볼 수 있게 된 것이다. 이는 아날로그가 해결하기 어려운 시간과 공간의 제한을 디지털과 융합을 통해 풀었다. 이제는 홀로가 아닌 디지털과 아날로그가 서로의 장점을 더해 상생하면서 만들어지고 있다.

또한 우리나라에서도 아날로그의 대명사가 디지털로 무장해 화제다. 바로 그 장본인이 야쿠르트 아줌마다. 우리가 동네 골목길에서나 회사에서 자주 만나는 정이 넘치는 아줌마다. 동네 집집마다 누비며 야쿠르트가 아닌 정을 배달하는 모두와 친근한 아줌마다. 잡상인 금지 표시가 있는 건물도 야쿠르트 아줌마는 예외였다. 나 역시 추억을 회상하게 하는 아줌마다. 광고대행사 시절에 출근하기 전에 아줌마가 매일 책상위에 야쿠르트를 올려놓고 간다. 어떤 때는 신제품이 나왔다고 시식을 해보라고 놓고 가기도 했다. 대금도 매월 청구서를 책상에 두고 가면, 봉투에 돈을 넣어 두면 다음 날 가져갔다. 상호 신뢰를 근간으로 한 거래였다. 지금도 생각이 나는 아날로그의 향수를 느끼게 하는 아줌마다.

이 아날로그 대명사인 아줌마들이 디지털로 무장을 했다. 주문을 인터넷을 통해 하면 야쿠르트 아줌마가 직접 전달해 주는 시스템이다. 기존에는 아줌마들이 직접 다니면서 아날로그 방식으로 주문을 받았다. 그런데 인터넷이라는 디지털 방식의 주문 경로를 확대한 것이다. 더불어 인터넷 주문고객 중 30%는 선물용으로 구매할 것으로 예상해 야쿠르트 아줌마를 최전방 정에 메신저로 내세웠다. 주문 시 메시지를 입력하면 야쿠르트 아줌마가 자필로 편지를 써서 고객에게 제품과 함께 전달하는 방식이라고 했다. 디지털인 휴대폰 SMS나 이메일로 채워 줄 수 없는 부분을 아줌마들이 해결할 수 있게 된 것이다. 여기에서도 알 수 있듯이 아날로그와 디지털이 융합해 상호 보완을 통해 시너지 효과를 발휘하고 있다. 이처럼 생각하지 못한 부분에서까지도 아날로그와 디지털의 상생이 모색되고 있다.

디지로그 아트, 가상과 현실의 경계선을 허물다

'한 사람이 걸어 들어오는 장면에서부터 관객들은 환영인지 실재인지에 대한 충격을 빠진다. 그는 기계문명에 대한 인간의 과도한 편향을 지적하고 생명어린 예술에 대한 소망을 말하며 사막의 모래 알갱이로 흩어져 사라진다. 그가 사라진 자리 위로 문명의 죽음을 애도하는 상여꾼의 요령소리와 구슬픈 구음이 퍼져나가고 메마른 나무 한 그루가 입체 영상으로 나타난다. 봄이 오면 메마른 나무 가지에서 새잎이 돋아나고 빗방울이 대지에 떨어진다. 장구 장단과 빗소리가 어우러져 대지에 푸른 생명력이 감돈다.

신비로운 전통 정가가 홀로그램으로 여름의 시작을 알리면 가상현실 속 소리꾼이 무대 위 실제 연주자와 앙상블을 이루며 시공간을 뛰어넘는 협연을 펼친다. 이들의 노래에 나비가 날아들고 동물이 뛰어논다. 가을이 되면 매화나무 잎이 떨어지고 동물들과 인간이 어우러지는 판놀음이 펼쳐진다. 실제 연주자와 가상연주자, 숲속을 가득 메우는 홀로그램 동물들이 함께 어우러지는 자연의 대합창이다.

징소리와 함께 찾아온 겨울의 한기에 들판이 하얗게 변한다. 모든 생명체가 얼어붙고 모든 잎이 떨어져 맨몸이 된 나무도 차갑게 얼어붙는다. 하지만 다시 봄이 찾아든다. 신선의 모습을 한 춤이 홀로그램을 통해 환상적으로 보여지고 마침내 눈을 뚫고 매화나무가 꽃망울을 터트린다. 새로운 봄의 기운이 나무에 감돌면서 같은 사람 네명이 하나의 공간에서 사물놀이를 연주하고 홀로그램과 무대 위 연주자들이 하나가 되면서 공연은 최고조에 오른다.'

이상은 디지로그 사물놀이 '죽은 나무 꽃피우기'에서 발표한 공연 줄거리다. 이 공연은 프롤로그를 거쳐 봄, 여름, 가을, 겨울, 다시 봄을 지나 에필로그로 마무리된다. 우리의 전통 공연인 사물놀이가 최첨단 디지털과 만나 한바탕 신명나게 놀았다. 이는 아날로그 예술과 디지털 기술의 융합이 만들어 낸 새로운 장르의 퍼포먼스다. 아날로그인 사물놀이만으로는 표현할 수 없는 것을 디지털이 가능하게 해 주었고, 디지털의 차가움을 아날로그인 사물놀이가 채워 주었다. 즉 정보와 기술의 상징인 디지털 문화와 감성과 오감의 문화인 아날로그가 합쳐서 두 개의 세계가 서로 어울리는 조화와 어울림을 표현한 것이다.

공연은 꽹과리, 징 등의 사물놀이 악기 소리의 강도와 연주자들의 움직임에 반응하는 센서기술이 활용됐다. 연주자들의 공연형태와 관객의 반응에 따라 실시간으로 영상도 변했다. 악기 소리가 커질수록 무대 위에 죽은 채로 있던 나무에 잎이 돋아나고 꽃잎이 흩날렸다. 연주자들의 움직임이 격해지자 나비들이 하늘로 날아올라 무대를 가득 메웠다. 이러한 영상은 미리 제작된 것이 아니다. 실시간으로 디지털 기술과 아날로그인 사물놀이의 신명이 능동적 상호작용을 이루고 관객들의 반응에 따라 영상도 변한다. 실제 현실속의 연주자와 가상 홀로그램이 어우러졌다. 이 공연은 3D의 최종 진화기술로 불리는 홀로그램이 우리 현실에 가져다줄 새로운 문화를 생생하게 보여 줬다는 평가를 받았다.

이 공연은 아날로그만으로는 표현할 수 없는 가상을 디지털을 이용했다. 즉 우리 전통국악을 가상현실인 디지털과 실현실인 아날로그가 하나로 융합하여 만들어 낸 공연이다. 인기리에 상영된 제임스 카메론의 〈아바타〉가 스크린을 통해 관람하는 3D 영상이라면 〈죽은 나무 꽃 피우기〉는 실제 공연 현장에서 생생하게 보고 즐기는 4D 예술이라는 점에서 큰 성과를 거두었다. 특히 매화꽃이 날리는 마지막 장면은 압권이었다. 매화 꽃잎이 관객 속으로 날아들며 매화향이 극장 안에 가득 퍼져 시각,

청각은 물론 후각까지 오감을 자극했다. 아날로그만으로는 할 수 없는 디지로그 아트의 진수와 앞으로의 가능성을 보여 준 장면이다.

'디지로그(Digilog)'는 디지털과 아날로그를 합친 말이다. 얼마 전에 고인이 되신 이어령 교수가 2006년 〈디지로그 시대가 온다〉는 제목으로 신문에 연재한 에세이에서 구체화된 개념이다. 그는 디지로그의 개념은 온라인과 오프라인, 비트와 아톰, 클릭과 브릭, 가상현실과 실제현실, 정보 네트워크와 물류 등 IT와 함께 대두된 디지털과 비디지털의 이항 대립 체계를 해체하거나 그 경계를 관통하는 통합 개념이라고 했다. 디지털 시대의 단편적인 기술 용어를 넘어 정보문화의 신개념으로 확장한 것이다. 즉, 디지털 시대의 정서적 불완전성을 아날로그의 정서로 보완하며, 인간성이 상실된 현대 사회에서 균형 있고 조화로운 인간을 형성하기 위한 대안의 개념으로 정립했다. 따라서 디지로그는 단순한 합성어가 아닌 디지털과 아날로그의 만남이 가져오는 상생과 조화의 개념이다. 앞에서 예로 들은 우리나라 전통 사물놀이와 디지털 기술을 융합시킨 디지로그 사물놀이도 그가 창안하여 직접 공연대본을 써 디지로그를 현실에서 실제화하는 작업을 한 사례이다.

디지털 시대는 무대도 계속해서 진화하고 있다. 무대는 장르 간 경계를 허물고 아날로그와 디지털이 몸을 섞으며 무한한 상상력의 공간으로 관객을 이끌고 있다. 하나의 사례로 외국작품으로 오래전에 서울국제공연예술제에 초청된 캐나다의 '르미유 필론 4D아트'가 선보이는 '노만(NOMAN)'을 들 수 있다. 첨단 테크놀로지와 아날로그 공연예술의 만남이 유기적으로 결합했을 때 어떤 화학적 반응을 일으키는지를 보여 주는 작품이다. 애니메이션계의 거장 노만 맥라렌(Norman McLaren)의

　　　　　　　　　　　　　　　　　　　　　　　느림의 반격

작품에서 영감을 얻은 이 공연은 현실과 가상의 경계가 모호해지는 독특한 경험을 안겨 주었다. '르미유 필론 4D아트'는 실험적이고 전위적인 멀티미디어를 활용한 복합장르 공연으로 명성을 쌓아 왔다.

　나 역시 이벤트 회사를 운영하면서 디지로그의 중요성을 체감했다. 특히 지역축제나 대규모 국가주최 행사에서 자주 느꼈다. 주최자들은 디지털 시대에 걸맞는 무엇인가 새로운 것, 거창한 것을 요구한다. 그래서 자주 내세운 것이 디지털 기기를 이용한 쇼다. 온갖 디지털 기기를 이용하여 화려한 쇼를 연출한다. 이러한 쇼는 임팩트나 눈요기로는 아주 좋다. 그러나 쇼를 끝낸 후에는 무엇인가가 부족한 기분이 들어 아쉬웠다. 디지털 기기만으로는 따뜻한 감동을 줄 수 없는 창밖의 풍경과 같았다. 축제 참가자가 함께 어울려서 부대끼며 정을 나눌 수 없었기 때문이다. 그래서 필요한 것이 전통적인 아날로그 프로그램이었다. 요즈음은 새로움과 임팩트를 줄 수 있는 디지털과 정을 느끼게 하는 아날로그의 융합으로 축제의 즐거움과 감동을 연출하고 있다.

　아무리 진전된 디지털 사회라고 해서 아날로그 사고와 행태들이 사라질 수는 없다. 디지털 사회가 제대로 구성되고 운영되기 위해 아날로그 행태도 보다 풍부해지고 성숙돼야 한다. 그래서 디지털 기술은 그 부작용과 단점을 보완하기 위해 다시 아날로그 감성을 불러들이고 있다. 지금까지 효율성만을 추구해 온 디지털이 이제 아날로그라는 인간 본연의 감성과 접목돼 따뜻한 세상을 만들기 위해 융합하고 있다. 이런 사례들이 많은 분야에서 크게 늘고 있다. 예술 분야에서도 디지로그 아트가 자리를 잡아 가고 있다.

마케팅 커뮤니케이션, 이제는 상생이 필요하다

김 대리, '리치율(Reach Rate)은 어느 정도야! 클릭 수는?'

최 과장, '프리컨시(Frequency)를 더 높여!'

허 차장, 'GRP(Gross Rating Point)는 경쟁사보다 높아?'

이 부장, 'CPP(Cost Per rating Point)는 얼마야?'

광고업계에서는 리치, 프리컨시, GRP, 클릭 수 등의 전문용어가 그 성과를 나타내는 바로메타로 범람하고 있다. 이러한 디지털 이론에 의한 메시지 전달기술은 계속하여 진전되고 있다. 최근에는 카톡 메신저, 이메일, 트위터, 블로그, 유튜브 등 디지털 기반의 커뮤니케이션 수단이 급속히 늘어나고 있다. 그러나 지금 이러한 마케팅 커뮤니케이션 노력이 직접 매출 상승으로 연결되지 않아 많은 기업이 딜레마에 빠졌다. 단지 불황이나 소비자의 기호변화라는 말로는 분석이 불가능한 사실이 여기에는 숨어 있다고 생각하고 있다. 그것이 디지털 커뮤니케이션의 한계가 아닌가 하는 생각도 든다.

요즈음 디지털 기기를 활용으로 정보는 계속하여 범람하고 있다. 그러나 그것은 고객의 마음에 흥금을 울리지 못하고 그대로 흘러가고 있다. 땅에 스미는 비는 나무를 크게 하지만 콘크리트에 떨어진 비는 그대로 바다로 흘러가 버리는 현상과 같다. 이는 측정이 가능한 '양과 넓이'의 추구만으로 측정을 할 수 없는 '질과 깊이'를 손해 보고 있다고 바꾸어 말할 수 있다. 즉, 디지털 발상에 너무 치중하고 있어서 아날로그 발상이 더욱 필요한 시점이라고 할 수 있다.

그래서 릴레이션 마케팅이 자주 거론되기도 한다. 이는 보다 많은 고객을 확보하기 위한 것보다는 지속적으로 관계를 갖고 반복구매를 할 수 있도록 하는 것이 중요하기 때문이다. 단기적인 시장 점유율 확대가 아닌 장기적으로 고객의 마음속을 파고들어 고객의 마음 점유율을 높이는 것이 중요한 과제다. 즉, 단시간에 많은 고객에게 알리는 방안도 필요하지만, 고객의 마음을 사로잡을 수 있는 방안이 필요한 시점이다. 이를 위해서는 디지털 커뮤니케이션 방식과 아날로그 커뮤니케이션 방식의 접목이 중요하다. 디지털 방식보다 아날로그 방식은 시간과 수고가 많이 드는 것은 사실이지만 정감이 있는 호소를 위해서는 어쩔 수 없다.

그래서인지 요즈음 기존의 아날로그형 미디어가 다시 주목을 끌고 있다. '간단히, 대량으로, 얇게'가 아니라 '수고스럽고, 소수에게 전달되지만 깊은' 휴먼 미디어가 대두되고 있다. 상품과 소비자의 접점에서 사람의 마음을 사로잡을 수 있는 대화를 축으로 한 커뮤니케이션이다. 기업 커뮤니케이션에서 말하면 넓은 의미의 세일즈프로모션 기법이 재구축되고 있다. 디지털 기기를 통한 디지털 커뮤니케이션과 기존의 아날로그 커뮤니케이션의 융합이 일어나고 있다. 물적 미디어와 인적 미디어의 접목도 생겨나고 있다. 특히 디지털 커뮤니케이션 기법에 다음 3가지의 아날로그 커뮤니케이션 채널이 파워 업을 보이고 있다.

첫 번째는 점두다. 종래의 점두 POP 및 대량진열은 양과 원웨이 정보가 주체가 되었다. 지금은 쇼잉과 생활제안형으로 매장이 바뀌고 있다. 즉, 상품 체험과 대면 판매를 복권시켜 강화하고 있다. 두 번째는 기업의 영업맨과 소매점 판매원의 능력을 높이고 있다. 단순히 상담기술만이 아니라 개발과 제안 능력을 지닌 인재로 육성하고 있다. 세 번째는 투 웨이 커뮤니케이션이 가능한 매체의 개발과 정비를 강화하고 있다. 방문판매, 체험쇼룸, 견학공장, 입소문 정보발신 장치, 고객 조직화 등이다. 물론 주력 커뮤니케이션인 디지털 미디어가 필요한 것은 똑같지만, 그 내용에 아날로그적 요소를 부가하고 있다.

물론 기존의 아날로그 커뮤니케이션도 효율성을 위해 많은 연구가 필요하다. 일방적인 메시지만을 전달하려고 하는 DM이나 전화판매도 새롭게 바뀌어야 한다. 육성과 육필, 마음의 심금을 울리는 메시지, 입소문, 네트워크 중시, 샘플링, 이해하기 쉬운 그림이나 도형에 의한 설명 등의 오감 자극형 메시지가 되도록 만들어야 효과가 있다.

그러기 위해서는 각 지역별로 상대방에게 맞게 커뮤니케이션 내용도 바뀌어야 한다. 팩스나 이메일과 같은 퍼스널미디어를 구사한 퍼스널 통신도 유효한 무기가 될 수 있다. 기업에서는 이들 릴레이션십 심화 미디어에 대해서 연구를 강화해야 한다. 특히 확실한 의사전달이나 설득을 위해서는 아날로그 방식이 중요하다. 그러나 우리 사회의 급속한 디지털화 속에서는 어려운 점이 있다. 방문판매의 면담이 점차 DM으로 바뀐다. 보다 빨리, 보다 싸게 접근하기 위해서 전화로 바뀐다. 그 효율을 올리기 위해 휴대전화를 사용한다. 그리고 상대방이 많을 때는 팩스에 의존했다. 그것을 대량으로 싸고 빠르게 하기 위해서 이메일을 사용하게 된다.

이와 같이 진화하는 과정에서 한 시대 앞의 디지털 미디어는 그 후 아날로그 미디어로 변신해 버린다는 도식이다. 소위 '상대적 입장의 변화'다. 예를 들면 이메일의 등장은 팩스를 일거에 아날로그 미디어로 변화시켜 버렸다. 그러나 팩스에는 컴퓨터에 대적할 수 있는 3가지의 무기가 있다. 첫째는 직접 쓴 문서를 보낼 수 있는 점이고, 둘째는 의미가 불명한 어드레스 기호가 아닌 회사명이나 이름이 수발신의 주역이 된다는 점이다. 그리고 셋째는 그림이나 지도를 간단하게 보낼 수 있다는 점이다. 급한 이벤트 안내 및 신제품 소개 등에는 이만큼 인간다운 미디어가 없을 것이다.

그리고 PC도 때로는 아날로그 미디어가 된다. 젊은 층에서는 컴퓨터에서 얻은 지식을 일상대화의 정보원으로 사용하기 때문이다. 따라서 결론은 다음 3가지다. 첫째는 중요한 것은 아날로그 커뮤니케이션을 중시해야 한다는 점이다. 둘째는 아날로그와 디지털의 가치관은 시대와 함께 변천한다는 사실이다. 셋째는 이제 아날로그와 디지털을 효율적으로 접목한 새로운 미디어 믹스가 필요하다는 점이다. 이 세 가지는 물리학의 세계에서 말하는 상보성의 원리와 비슷하다. 양자역학을 해결하기 위해서 입자와 파동의 표현법이 있지만 그 어느 쪽이든 완벽한 답을 낼 수 없다는 데서 나온 이론이라고 한다. 커뮤니케이션 세계에서도 같다고 생각한다.

이제는 마케팅 커뮤니케이션의 많은 부분이 디지털화되었다. 소비자들도 인터넷을 통해 기업이 제공하는 상품정보를 즉시에 공유할 수가 있게 되었다. 블로그에 쓴 신제품 정보는 순식간에 진 세계의 네티즌들이 읽을 수 있다. 이메일을 통한 마케팅 커뮤니케이션은 이미 친숙하다 못해 낡은 방식이 되었다. 대부분이 디지털화되었지만, 여전히 효율이 높은 아날로그적인 요소가 많이 남아 있다. 구매형태도 인터넷 쇼핑으로 필요한 상품을 구입 하지만, 매장을 찾아가 상품을 직접 보고 구매를 하는 경우가 많다. 회사에서도 화상으로 회의가 가능하지만, 모여서 얼굴을 맞대고 회의를 더 많이 한다. 거래처와 인터넷을 통해 업무를 수행하지만, 중요한 거래는 직접 만나서 처리를 한다. 이렇게 우리의 아날로그 방식의 커뮤니케이션은 수천 년간 계속되어 온 것으로 순식간에 바뀌기는 어렵다. 어쩌면 우리의 세포에 코드화되어 저장되어 있는 것일지도 모른다. 그래서 아날로그 커뮤니케이션은 디지털에 비해 낡은 것도 아니고, 대치되어야만 하는 것도 아니다. 그 둘이 잘 융합할 때 비로소 그 효과가 높아진다.

디지털 제품, 아날로그 감각을 입히자!

'찰칵'

'드르륵'

서터를 누르고, 필름 와인더를 감는다. 그리고 서터 스피드와 초점도 조절한다. 기존의 아날로그 수동조정 방식을 재현했고, 모양도 이전의 수동카메라와 비슷하다. 얼핏 보면 영락없이 아날로그 카메라다. 그러나 디지털 센서가 내장되어 있다. 이것이 디지털 제품에 아날로그 기능과 디자인을 가미한 디지로그 카메라다. 한참 전에 엡슨의 디지털 카메라 '레인지파인더'가 유럽의 이미지출판협회에서 최고 제품상을 받기도 했다. 가격도 순수 디지털 카메라보다 오히려 비싸다. 사용하기도 불편하지만 아날로그 감성을 자극하는 매력 때문에 뜬 제품이다.

'애인에게 편지는 나만의 글씨체로!'

'정형화된 필체의 기계적인 느낌 탈피'

옛날처럼 손으로 직접 글씨를 쓰는 일은 거의 없다. 애인에게 보내는 편지도 정형화된 디지털 필체다. 그래서 가끔은 손으로 쓴 편지를 받고 싶다. 이 감성을 노린 '나만의 서체'를 쓸 수 있는 펜 태블릿 제품이 잘 팔린다. 종이와 연필로 쓰는 것처럼 태블릿 판위에 전사펜으로 그림과 문자 등을 입력할 수가 있다. 이전에는 주로 그래픽 전문가들이 사용했다. 이를 일반 보급형 제품으로 만든 것이다. 딱딱한 디지털 필체에서 벗어나 내가 원하는 형태로 쓰고 그릴 수 있어 인기다. 이것 역시 키보드로 치는 것보다 편리하지는 않지만 자기만의 필체를 만들 수 있다는 즐거움을 주었다. 바로 아날로그 감성을 그대로 나타낼 수 있어 디지털 기기에 싫증이 난 사람들에게 좋은 반응을 얻었다.

디지로그는 그동안 디지털 제품에 아날로그 디자인이나 기능을 부가하는 형태로 주로 하드웨어에 반영됐으나 점차 서비스로 확산되고 있다. 디지털 카메라로 찍은 파일을 받아 앨범을 만들어 주는 서비스도 디지로그 서비스다. 인터넷 사진관인 온라인 포토는 졸업시즌에 디지털 카메라 사진을 단추 바인더 방식의 제본 앨범으로 만들어 보내 주는 서비스를 했다. 단추앨범은 사진을 마음대로 떼거나 추가할 수 있는 점에서 예전의 필름앨범을 연상시킨다.

추억이 담긴 비디오테이프를 DVD로 변환시켜 주는 서비스도 있다. 가정에서 사용하는 VHS, 6mm, 8mm 등의 비디오테이프를 DVD로 바꾸어 주는 서비스를 하고 있다. 사진관에 필름을 맡기듯 전국에 있는 디지털 사진관에 테이프를 주면 1~2주 이내에 DVD로 변환시켜 준다. 이 서비스는 약간 나이가 든 사람들에게 인기가 높다. 결혼식 때 촬영한 비디오테이프, 아기 돌이나 모처럼 나간 해외여행에서 촬영한 비디오테이프가 진열장에 먼지만 가득히 쌓여 있다. 그 이유는 볼 수 있는 기기가 사라졌기 때문이다. 디지털화로 기존의 비디오테이프 플레이어가 고장이 났고, 단종이 되어 수리나 재구매를 할 수 없게 된 것이다. 그래서 보고는 싶지만 볼 수 없어 진열장에 모셔만 두고 있다. 따라서 이 서비스는 디지털화로 사라져 가는 추억의 아날로그 감성을 되살아나게 해 주고 있다.

이러한 디지로그의 흐름은 제품이나 서비스 외에 사이버 공간에서도 나타나고 있다. 정형화된 컴퓨터 글씨가 아닌 자필로 채팅을 할 수 있는 메신저가 등장했고, 휴대전화에서 탑재된 프로그램으로 실제로 강아지를 키우는 것처럼 분양을 받아 훈련도 시킨다. 디지털 제품인 휴대전화에 아날로그 감성을 가미한 이 서비스는 젊은 층을 중심으로 큰 인기를 끌었다.

이러한 디지털 제품과 아날로그 기반, 디지털 기술과 아날로그 정서가 합쳐진 제품과 서비스인 디지로그가 늘어나고 있다. 아무리 고도화된 최첨단 기술이 등장해도 아날로그 사고와 행태는 사라지지 않기 때문이다. 즉 편리함의 효용보다는 인간의 감성이나 가치추구가 중요하다. 세상이 아무리 변한다고 해도 결코 달라질 수 없는 것은 인간의 정이다. 사람과 사람사이의 휴먼네트워크는 사회가 정보화할수록 더욱 강한 힘을 발휘하여 아날로그 감성을 잊지 못하는 소비자들이 늘어 가고 있다. 이로 인해 디지로그 제품과 서비스가 시대의 트렌드로 자리를 잡아갈 것

느림의 반격

이다.

또한 우리가 알고 있는 디지털은 완전하지 못하며 그 한계 역시 명확하다. 지금까지 디지털 제품의 목표는 완벽한 아날로그의 복원이라고도 할 수도 있다. 디지털 카메라가 그렇고, mp3 플레이어 역시 마찬가지다. 물론 이 목표의 결과물은 전혀 새로운 것이 아닌 아날로그를 닮은 디지털일 것이다. 즉 디지로그의 완성일 것이다. 모두가 다 알다시피 현재의 디지털은 전혀 새로운 것이 아니다. 앞으로도 완벽한 디지털 제품이나 서비스는 우리 시대에 오지 않을지도 모른다.

그래서 디지로그의 성공은 차가운 디지털 느낌을 따스한 아날로그 감성으로 옷을 입히는 데 있다. 디지털로 점차 차가워지고 있는 세상에서 우리는 따뜻한 정을 느끼고 싶어 한다. 이럴 때 제품이나 서비스에 아날로그 감성이 묻어나도록 해 준다면 좋은 반응을 얻을 수 있다. 최첨단의 디지털 기술만을 고집하다 보면 바로 우리의 가슴속에 자리를 잡고 있는 감성을 외면하게 된다. 따라서 디지로그 트렌드를 잘 읽어 낼 줄 아는 사람이나 기업이 앞으로의 생존경쟁에서 살아남을 수 있을 것이다.

제2부

레트로 되살리기

1장
추억의 서랍을 열게 하다

"아! 옛날이 그립다"

요즈음 각박한 세상을 살아가면서 우리는 '아! 옛날이 그립다'는 말을 많이 하게 된다. 어린 시절 시골에서 자라서인지 나는 그때의 추억이 자주 떠오른다. 친구들과 놀이터 삼아 뛰어다니며 놀았던 동네 뒷산과 가재를 잡고 썰매를 타던 냇가가 그립다. 추운 겨울날 아침에 교실에 난로를 피우기 위해 연기에 눈물을 흘리며 장작에 불을 붙이던 그때가 그립다. 그렇게 피운 난로 위에 양은 도시락을 따뜻하게 데우기 위해 올려놓은 밥이 타는 냄새도 그립다. 쉬는 시간에 칠판에 낙서를 했다가 지우지 못해 선생님께 꾸중을 듣고 벌서던 그때가 눈에 선하다. 책가방을 둘러맨 채로 옹기종기 모여앉아 만화를 보는 재미에 저녁 늦게 집에 돌아가 혼나던 때의 친구들이 그립다.

이러한 어린 시절 추억을 회상하게 하는 '대한민국 콘텐츠 페어'가 열려 보러 간 적이 있다. 이 전시회는 한국 문화상품을 한눈에 볼 수 있도록 전시하고 있었다. 1970년대 만화방에서는 어린 시절의 향수를 느끼게 했다. 1970년대 히트 만화 강철수의 〈독수리편대〉, 허영만의 〈각시탈과 배신자는 누구냐〉, 1980년대 이현세의 〈공포의 외인구단〉을 볼 수 있었다. 그리고 광고회사에 다닐 때 과자나 문구류 광고를 게재했던 〈보물섬〉, 〈아이큐점프〉 등 월간지도 그 시절의 추억을 불러왔다. 전시회에서 재현해 놓은 만화방의 낡은 TV에서는 〈로보트 태권V〉가 방영 중이었다. 만화를 보면서 즐겨 먹던 컵라면과 우리에게 잔소리하던 주인아주머니가 없는 것이 아쉬웠다.

이 전시회에서 누렇게 빛이 바랜 LP 자켓 사진은 나의 추억의 서랍을 열게 했다. LP 판 하면 떠오르는 것이 옛날 음악다방 DJ다. 친구들과 음악다방에 모여 앉아 신청곡을 신청하면 DJ가 구수한 멘트와 재치가 있는 입담으로 우리를 즐겁게 했다. 그 시절의 친구들이 보고 싶다. 또한 오래된 영화 포스터는 학교에서 단체로 관람했던 불후의 명작 〈벤허〉 등 그때 보았던 영화제목과 동네극장, 그리고 군사 정권의 잔재처럼 기억되던 영화 시작 전의 대한뉴스가 머릿속에서 어른 거렸다.

대한민국 콘텐츠 페어는 나를 어린 시절의 추억 속으로 유영하게 만들었다. 라디오와 TV가 재산목록에 속할 정도로 소중했던 시절이 있었다. 그때는 쌀도 부족한 형편이라 우유와 청량음료, 아이스크림과 과자 등은 여유가 없으면 먹기 힘들었다. 그래서 봄에는 진달래와 아카시아꽃의 달콤한 맛에 취했고, 여름이면 개울에서 가재와 물고기를 잡아 구워 먹으며 즐겼다. 그리고 산나물, 칡뿌리, 산딸기, 오디, 머루, 다래 등 온갖 종류의 자연물이 있어서 모자라는 군입거리를 해결했다. 그 시절 밀짚모자를 쓰고, 목에 수건 걸치고, 낫질하고, 정자나무 그늘에 풀지게 받쳐 놓고 유행가를 부르던 동네 형님들의 모습도 추억이 되어 아른거린다.

이제는 많은 것들이 사라져 버렸다. 다시는 볼 수 없을 거라고 생각하면서 그리워했다. 그런데 그것들이 다시 돌아오고 있다. 어릴 때 먹을 것이 넉넉하지 못해 간식으로 먹었던 먹거리가 무공해 웰빙 식품이 되어 비싼 값으로 팔리고 있다. 내가 어린 시절 함께했던 추억을 농촌 체험 캠프라는 명목으로 도시 학생들에게 돈을 받고 경험하게 하고 있다. TV에서도 〈7080〉, 〈세시봉〉 등의 음악프로그램을 만들어 그 당시에 인기 가수의 노래를 들려주고 있다. 통기타 라이브 카페가 성업 중이고, 오징어 게임 영화 흥행 덕분에 학교 앞 뽑기 아저씨가 다시 등장했다.

이러한 현상은 드라마에서도 나타났다. 얼마 전에 방영되어 인기를 끌었던 tvN 인기 드라마 〈응답하라〉 시리즈가 대표적이다. 지금과는 다르게 투명한 포장지 안에 담긴 새우깡, 흰색 바탕에 빨간색과 파란색의 하트가 알알이 박힌 포장의 부라보콘 등 그 당시를 대표하는 군것질거리들이 총출동하면서 시청자들의 향수를 자극했다. 이 드라마는 철저하게 과거로 돌아가 우리의 추억의 서랍을 열게 해 큰 성공을 거뒀다.

추억의 서랍을 열게 하는 것은 최첨단을 달리는 컴퓨터 게임에서도 찾아볼 수 있다. 어두컴컴한 세계로 들어가 동전 몇 개에 손바닥의 진땀을 빼던 오락실 게임이 인터넷에서 다시 구현되고 있는 것이다. 갤러그, 제비우스, 바블보블, 너구리 등 오락실에서는 더 이상 찾아볼 수 없는 게임들이다. 부모님의 눈을 피해 출입하던 당시의 오락실 추억을 가진 중년층은 물론, 젊은 층까지 인기를 얻고 있다. 이와 같이 추억의 서랍을 열게 하는 현상은 지금 입는 것, 보는 것, 먹는 것, 타는 것 등 사회전반을 통해 흐르고 있다.

'아, 그립다!' 처음 보는 젊은이도 그렇게 말한다

어느 날 신문에서 단종이 된 상품에 빠진 젊은 마니아들이란 제목의 기사를 읽었다. 그 기사는 시장에서 퇴출됐거나 회사 사정으로 생산이 중단된 상품에 열광하는 단종 마니아가 늘고 있다고 했다. 이들은 신제품이 나오면 남들보다 먼저 써 봐야 직성이 풀리는 조기 수용자들과는 달리 이들의 화두는 단연 추억이라고 한다. 이들은 어린 시절 가지고 놀던 제품, 기술 발전으로 이제는 찾아보기 어렵게 된 제품을 구하기 위해 벼룩시장을 뒤지거나 인터넷 경매 등을 통해 원래 가격보다 아주 많은 돈을 지불하는 일도 주저하지 않는다고 했다.

나도 마니아는 아니지만 길을 지나다가 옛날에 사용했던 등잔이나 초롱불이 보이면 사곤 한다. 모양이 다른 것이 몇 개가 된다. 어린 시절 초롱불 아래서 공부하던 시절이 생각나서다. 할머니 이야기 들으며 밤에 초롱불을 켜 놓고 화롯불에 군고구마 구워 먹던 어린 시절이 그립다. 추억의 호롱불은 나의 마음에 편안함의 상징이다. 지금도 가끔 마음이 안정되지 못할 때는 그때를 회상하며 조용히 묵상을 한다. 시간이 조금 지나면 마음이 안정되고 편안해진다. 친구 중에도 나와 비슷하게 초롱불을 좋아 하는 마니아가 있다. 아주 여러 종류의 호롱불을 갖고 있다. 그런데 이 초롱불이 이제는 장식용으로 바뀌고 있다. 냄새가 나는 석유가 아닌 LED로 불을 밝히는 초롱불도 나왔다. 추억을 자극하여 마니아들에게 판매하기 위한 상품이다. 최근에 SPC삼립이 16년 만에 재출시한 포켓몬 빵이 6개월 동안 7,000만 개나 팔리며 열풍을 일으키자 〈디지몬〉,〈검정고무신〉 등 과거 인기 만화를 소재로 한 '추억 소환' 제품이 잇

따라 출시되고 있다. 롯데제과는 〈포켓몬스터〉와 동시대 인기 애니메이션이었던 〈디지몬 어드벤처〉를 주제로 한 182종 디지몬 캐릭터 스티커가 무작위로 포함돼 있는 디지몬 빵을 출시했다. 롯데제과 관계자는 "포켓몬 빵이 선풍적인 인기를 끌자 디지몬 마니아들이 제빵 업체에 디지몬 빵을 출시해 달라고 요청하기도 했다."고 말했다. 이와 같이 마니아들은 추억의 상품을 되살려 내기도 한다. 즉, 빵이 아니라 추억을 팔았다.

얼마 전에 신세계푸드는 1990년대 학교 매점에서 많이 팔렸던 추억의 과자 '밭두렁'을 모티프로 '밭두렁 옥수수 크림 소보로' 빵을 출시했다. 레트로 트렌드에 주목한 제품으로 옥수수 크림과 함께 콘크런치를 넣어 밭두렁 특유의 식감을 살렸다. 롯데마트도 만화 〈검정고무신〉에서 주인공이 먹던 바나나를 포함해 미니약과, 크라운산도 등을 검정고무신 컬래버 패키지 상품으로 출시했다. 검정고무신 바나나는 출시 일주일 만에 첫 물량이 모두 팔렸다고 한다.

최근에 마켓컬리에서는 레트로 품목의 과자류 판매량이 급증했다. 쫀드기, 오란다, 달고나, 뺑튀기 등 옛날 초등학교 앞 문방구에서 사 먹던 과자들이 특히 인기였다. 그중 쫀드기는 레트로 과자 판매량의 55%를 차지할 정도로 가장 선호되는 제품이었다. 마켓컬리는 이러한 고객 수요를 반영해 곡물, 곤약, 옥수수, 호박 등 다양한 쫀드기 상품을 판매 중이다. 과자 외에도 맘모스빵, 소시지빵, 국화빵 등 베이커리류, 레트로 포장의 아이스크림, 국민학교 콘셉트의 떡볶이 제품 등 추억을 불러일으키는 간식류의 판매량도 크게 늘었다. 레트로 베이커리에서는 옛날 맘모스빵이 판매량 36%를 차지하며 가장 큰 인기를 얻었다. 마켓컬리는 이러한 간식 제품에 어린 시절을 떠올릴 수 있는 느낌의 포장재를 쓰거나 추억, 옛날 등의 단어를 제품명에 넣어 레트로 제품이 주는 분위기를 더욱 강조해 선보이고 있다.

조금은 지난 사례이지만, 마니아들은 추억의 상품을 되살려 낸 하나의 사례로 농심의 '비29'를 들 수 있다. '비29'는 다들 잘 알다시피 세계 제2차 대전 당시 미국 폭격기 이름이다. 농심은 국내 스낵시장에 융단폭격을 퍼붓겠다며 1981년 내놓은 최초의 카레맛 과자 이름이 '비29'다. 그러나 큰 인기를 얻지 못하고 10년 만에 사라졌다. 이 비운의 과자가 단종 18년 만에 다시 세상 빛을 봤다. 이는 추억의 공유로 뭉친 카페 회원들이 농심 홈페이지에 재출시를 바라는 글을 올리는 등 꾸준히 활동한 결과로 회사 측의 결단을 끌어내 이루어졌다고 한다.

2007년에 회원 약 1,700명 정도 '비29'라는 옛 추억을 공유하여 모인 네티즌들이 자발적으로 '비29'의 재생산을 바라는 카페라는 공동체를 만들어 농심 측에 재발매를 요구하였고, 사루비아, 고소미 등 단종된 과자들이 다시 재발매되는 스낵계 복고 바람을 타고 농심은 자체 시장 분석 결과 상품성이 있다고 판단하여 네티즌과 연합하여 '비29'를 출시하게 되었다. 개발 과정에서 예전의 맛을 재현하기 위해 다수의 시식 테스트를 수행했으며, 여기에는 카페 회원들의 도움이 있다고 한다. 또한 포장지 디자인 역시 카페 동호회 네티즌의 작품이라고 했다. 이리하여 2009년에 '비29'가 부활하였다. 그러나 이 과자의 실패 원인이었던 자극적인 맛에 오히려 열광했던 일부 마니아는 카레맛 강도를 낮춘 새 제품에 대해 "그 맛이 아니다"고 불평하기도 하여 재출시 후의 호응이 떨어졌는지 결국 2012년 초 다시 단종이 되었다. 이와 같이 인터넷의 발달로 추억을 공유하는 모임은 늘어나고 있어 이들에 의해 추억의 상품이 다시 살아나기도 하는 사례다.

조기 수용자들이 많이 찾는 전자기기 쪽에서도 단종 마니아가 많다고 한다. 그 사례로 1965년 출시돼 쉬운 조작법과 우수한 품질로 인기를 누리다 1982년 단종된 '캐노넷(Canonet) QL17' 카메라를 들 수 있다. 2002년 9월 결성된 사용자 모임은 현재 국내에서 단일기종 카메라 동호회로 많은 가입자가 있다고 한다. 이들은 격주로 서울 삼청동과 인사동, 영종도 등 서울 근교로 출사를 나가 필름 카메라의 매력을 느낀다고 했다.

이들은 대부분이 일반적으로 보면 디지털 세대에 속한다. 그들은 대부분이 카메라가 귀하던 시절에는 귀한 대접을 받다가 장롱 깊숙한 곳에 처박혀 버린 부모님의 필름 카메라를 우연히 찾아내 그 매력에 빠진 사람들이다. 이들은 추억을 새로운 방식으로 소비하는 아날로그 감성의 디지털 표출의 한 예라고 할 수 있다. 이 기사에서 서울대 심리학과 교수는 "사람들은 누구나 아름다운 추억을 다시 한번 향유하고 싶은 마음이 있다. 예전에는 그런 마음만 가지고 있을 뿐 표현하기 어려웠지만, 인터넷이 보편화되면서 드러내고 즐길 수 있게 된 것"이라고 분석했다.

후배 회사를 방문하는 길에 시간이 좀 남아 서울역사박물관에서 추억의 지난날을 보여 주는 전시회를 하고 있어 관람한 적이 있다. 나는 이곳에서 삼국유사 특별전 주관을 한 적이 있어 감회가 새로웠다. 전시장에 들어서니 엄마와 아빠, 그리고 자녀들이 함께한 가족단위의 관람객이 많았다. 전시품을 가정집, 이발소, 책방, 학교의 교실 등 옛날의 모습을 재현해 놓았다. 이 전시품들을 부모들은 옛 추억을 회상하게 하고, 자녀들은 호기심 어린 눈으로 바라보게 했다. 나 역시 전시물을 보면서 많은 추억들이 떠올랐다.

최근에 추억의 각종 소품 및 인형 등으로 꾸며서 생생하게 만들어 놓은 전시회를 자주 볼 수 있다. 전시장에 가보면 예전에 우리들이 살았던 동네 풍경이라든가 추억의 옛날 과자들, '왕자파스', '피노키오 파스', '새로아 파스', '낙타표 연필', '새마을 저금통', '우주표 가방', '쓰리쎄븐 가방', '건문노트', '동남노트', '오성노트', '화성노트' 등의 옛날 문구류들 등이 전시되어 있었다. 당시의 가정생활 풍습이라든가 학교수업 광경, 놀이문화 등의 생활문화가 인형과 소품으로 조화롭게 꾸며져 있었다. 50대~60대의 기성세대들에게는 그들이 살았던 당시의 추억을 생생하게 전해 준다. 그리고 10대~20대의 신세대들에게는 윗세대들의 살아왔던 시대를 알려 주는 좋은 계기가 될 수 있다.

이와 비슷한 어느 추억의 전시회에 모처럼 딸과 함께 가서 관람하면서 재미있는 사실을 발견했다. 각 전시 코너에서 전시품을 보면서 당시의 재미있었던 일화를 딸에게 설명해 주기도 했다. 그런데 이 전시회를 관람하던 딸도 '와, 그립다!'라는 말을 했다. 딸은 이 전시품들이 있었던 시기에 태어나지도 않았다. 그리고 전시장에 와서 처음 본 물건들이 대부분이다. 그럼에도 불구하고 같이 관람하던 딸이 그 시절이 그립다고 말을 한다. 그 이유는 무엇일까?

그 전시품을 보고 '그립다'라고 말하는 것은 자신이 그 시대의 생활체험이나 인생체험을 하지는 않았고 처음 보았지만 느끼는 감정이 그렇다는 의미다. 다시 말하면 전시회에서 전시품을 보고 무엇인가 귀로 들을 수는 없지만 귀에 들려오는 소리와 눈으로 읽혀지는 연출공간 속에서 느껴지는 감정을 '아, 그립다!'라고 말을 한 것이다.

이것을 증명하는 또 다른 사례는 서울 근교에 있는 라이브 카페다. 여기에는 1970년대에 활동을 했던 그룹사운드가 연주를 한다. 이 그룹사운드가 TV에 나왔던 때는 아마 흑백 TV 시대일 것이다. 그래서 그 당시의 팬들이 많이 찾는다. 아니면 친구들이 모여서 옛날 생각이나 찾기도 한다. 나도 친한 친구들이 부부동반으로 모여 식사를 한 후에 학창 시절 좋아했던 가수들이 출연하는 라이브 카페에 간적이 있다. 그곳에 가면 마음은 학창 시절로 돌아가게 된다. 우리는 그 당시 유행했던 노래를 들으며 '그때가 그립다!'라는 말을 많이 한다. 그런데 그곳에서도 연주를 듣고 있던 20대 젊은 층들이 '아, 그립다!'라는 말을 한다. 그곳에서 처음으로 그 그룹사운드의 연주를 들었음에도 불구하고 그렇게 말하는 것이다. 이는 앞의 전시회에서 딸이 느낀 감정과 같을 것이다.

레트로 현상의 좌표축은 시(時)다

앞에서 알 수 있는 것같이 우리는 오래전에 사라진 것들을 그리워한다. 그리고 지금 그것들이 다시 돌아오고 있다. 이제는 이러한 현상에 대해 곰곰이 생각을 해 볼 시점이다. 특히 이러한 현상은 자주 있었지만 지금과 같이 큰 흐름이 된 적은 없었던 것 같다. 현재 나타나고 있는 그 흐름은 폭이 넓고 깊다. 일시적인 붐이 아니다. 이는 가속도가 붙은 디지털화와 하이테크화의 안티테제로서 커다란 조류가 되고 있다. 이러한 현상을 나는 '레트로(Retro)'라고 말하고 싶다. 그 안에는 넓은 의미로 리바이벌, 리메이크, 앤티크, 클래식 등의 감각지향과 유사감각까지 포함된 현상이다.

이러한 우리 사회의 현상은 우리가 풍성하고 여유로웠던 과거를 그리워하는 데서 출발한다. 바로 그 시절로 회귀하고자 하는 마음이다. 우리의 이러한 욕망이 거세질수록 옛 추억을 자극하는 향수가 활기를 띤다. 이 향수가 바로 레트로다. 이 레트로 현상은 복고 바람을 일으키며 우리들의 감성을 자극한다. 레트로는 복고적 풍조를 말하는 'Retrospective'의 줄임말이다. 따라서 레트로는 과거를 거슬러 올라간다는 뜻을 지닌 '복고, 과거로 돌아가기' 현상을 의미한다. 레트로는 사전적으로 '옛것이 다시 오늘 유행하는 것'을 뜻한다. 그러므로 레트로는 지나간 시대의 것을 현재에 맞춰 재수정하는 것을 기본으로 하고 있기 때문에 리바이벌과는 차이가 있다.

이러한 레트로 현상의 좌표축은 시(時)다. 지나간 시(時)를 어떻게 포착해서 현재로 연결할 것인가? 그리고 어떻게 미래로 연결해 갈 것인가? 여러 가지 형태가 있을 수 있다. 다음의 여덟 가지 형태는 해외 마케팅 잡지에서 분류해 소개해 놓은 내용이다. 첫째는 지금까지 변하지 않은 것이다. 오래된 것이지만 시간이 경과해도 원래의 품질을 지니고 있다. 둘째는 품질은 바뀌지 않으면서 시대의 유행에 조화를 이루면서 살아남은 것이다. 셋째는 온고지신형이다. 사라지는 옛것에서 가치를 찾아낸 상품이다. 넷째는 원점 회귀형이다. 옛것에는 단순하지만 기본기능의 원점이라고 할 수 있는 것이 있다. 그것의 뛰어난 점을 다시 부각시킨 상품이다. 다섯째는 옛 그릇에 새 술을 담는 형태다. 외관은 옛 디자인이지만 내용물은 새로운 기술을 지니고 있는 것이다. 디지털 기기의 외관에 레트로 감각을 살린 형태다. 여섯째는 향수(鄕愁)형이다. 즉

노스텔지어를 느끼게 하는 것이다. 시(時)가 지닌 불가역성이 감상을 증폭시킨다. 일곱째는 부활한 상품이다. 한때는 거의 사라진 상품이 다시 살아난 것이다. 과거의 영광을 재현해 보려는 시도를 한다: 여덟째는 두 번 또는 세 번, 계속 반복해서 나타나는 상품이다. 영화, 연극, 드라마에서 많이 볼 수 있다. 예를 들면 〈드라큘라〉, 〈프랑켄슈타인〉, 〈오델로〉 등이다.

이렇게 레트로의 형태에는 여러 가지가 있을 수 있다. 그러나 레트로의 복권은 경기불황과 사회혼란 시기에 많이 일어난다. 그 이유는 어려운 시기에 옛것에 대한 그리움이 더욱 감성을 자극시키기 때문이다. 옛날의 추억을 그리워하여 어떤 분야를 가리지 않고 거센 복고 바람이 불 수 있다. 고난의 극복을 위해 새로운 것에 대한 기대감이 높아지기 때문이다. 따라서 좋은 추억에 대한 관심이 높아질 수 있다.

이러한 레트로 바람의 대표적인 분야는 바로 패션이다. 옛것을 살려 품위를 살린 빈티지 룩(Vintage Look)은 몇 년 전부터 인기를 끌기 시작해 이제는 대세로 자리를 잡았다. 빈티지는 실제 생산 연도가 오래됐고, 누군가 한 번쯤 입어 사람의 손을 탄 구제와는 다르다. 빈티지는 단지 오래돼 낡은 옷이 아니라 소재와 패턴, 스타일에서 특정 시대의 느낌이 살아 있어 소장 가치가 있는 의상으로 레트로 감성을 겨냥한 사례다. 이태리 프리미엄 데님 브랜드 리플레이의 블루셔츠와 베스트도 영화 〈벤자민 버튼의 시간은 거꾸로 간다〉와 컴퓨터 그래픽을 이용해 국내 인기 연예인의 얼굴을 합성한 화보를 만들어 레트로 감성을 자극하기도 했다.

식음료 부문에서도 레트로 바람이 강하게 불고 있다. 대형마트에 가 보면 바로 느낄 수 있다. 나는 아내와 함께 집에서 가까운 재래시장을 자주 이용한다. 장을 보기 위해서도 가지만, 때로는 시장구경을 위서서도 자주 간다. 가서 보면 갑자기 사람살맛이 난다. 사람 사는 정겨운 냄새가 물씬 풍기기 때문이다. 재래시장은 앞선 유행은 없지만 훈훈하고 정겨운 사람냄새가 나는 곳이다. 가식적 친절이 아닌 특유의 사람들 사이에 넘치는 정을 무기로 삼는 것이 전통 재래시장이다. 그래서 나와 아내는 재래시장을 사랑한다. 그런데 요즈음 대형마트나 SSM 때문에 손님을 많이 빼앗겨 존재의 위험을 받고 있어 이쉽다. 얼마 진에 대형마트에 갔다 추억의 상품들이 많아진 것을 보고 놀랐다. 과거 시장에서 팔던 상품을 그대로 살려 내 출시하고 있었다. 강냉이, 팥빵, 술빵, 고구마 맛탕 등 어린 시절 추억의 상품들이다. 불황으로 씀씀이가 작아진 소비자들이 늘어나자 식품업체와 유통업체들이 추억의 간식을 속속 내놓고 있는 것이다. 심지어 구내식당에서도 양은 도시락, 달고나 등 옛날을 추억할 수 있는 메뉴들이 다시 등장해 인기를 끌고 있다. 또한 불황으로 음식점이 어렵다고는 하지만 추억의 맛 집은 북새통을 이루고 있다.

이와 같이 지금 번지고 있는 레트로는 오늘만의 현상이 아니다. 그 시점이 1,000년 전이든 20세기든 과거의 것이 다시 부활할 수 있기 때문이다. 따라서 레트로는 최근의 전유물이 아니다. 또한 레트로는 어느 특정 시기만을 그리워하는 것을 의미하지 않는다. 최근 영화나 가요가 대중적인 복고바람을 주도하면서 1970~1980년대 풍이 다시 부활하는 것만을 레트로라고 이해하는 사람들이 많다. 그러나 레트로는 다시 부활하는 시기가 한정되어 있는 것을 의미하지 않는다. 1,000년 전이든 100년 전이든 30년 전이든 과거의 것이 다시 현재에 부활하고 있는 것은 모두 레트로에 포함된다. 레트로는 과거로 거슬러 올라간다는 접두어이기 때문에 모든 상품이 레트로화될 수 있다. 그러나 앤티크는 통상적으로 100년 이상 이전에 만들어진 가치를 지니고 있는 것을 뜻한다. 또한 클래식은 고전, 전통, 전형이라는 뜻이 있다. 그러한 감각으로 이들을 분류해 볼 수 있다.

과거를 인정하는 것, 그것이 바로 레트로다

분명히 지금 레트로 열풍이 불고 있다. 서점가에 가면 우리가 존경하는 영웅들이 부활해 있고, 공자와 노자 같은 수천 년 전 위인들과 세종대왕과 다산 정약용 등이다. 7080 음악방송 프로그램, 장발의 머리를 넘기는 DJ가 있는 음악다방, 풍성한 파마머리, 바지 밑단을 펄럭이며 거리를 활보했던 나팔바지 등 옛 향수에 젖어 추억을 불러일으키는 레트로 바람이 불고 있다. 영화계에서도 향수를 자극하는 영화 〈오징어 게임〉이 흥행에 성공을 거두었고, 방송에서는 드라마 〈응답하라 1988〉이 방영되기도 했다. 가요계에서는 1970~1980년대 명곡의 리메이크 열풍이 몰아치고 광고계에서는 옛 추억을 되살리는 이른바 촌티 광고가 자주 등장하기도 한다. 또한 사극이 안방극장을 점령하고, 패션에서 레트로는 이제 가장 중요한 트렌드의 하나로 자리를 잡고 있다. 무대에서는 추억이라는 감동을 판매하는 연극과 뮤지컬들이 관객몰이에 성공하고 있다.

이러한 레트로 현상이 일어난 원인과 배경에 대해서는 여러 가지를 생각할 수 있다. 소비자 측면에서 본 요인으로는 다음의 몇 가지를 들 수 있다. 첫째는 노스텔지어, 뒤돌아 갈 수 없는 시간에의 향수와 감상이다. 둘째는 중고년층에게는 노스텔지어이지만 젊은이들에게는 신기하고 신선함이다. 셋째는 원점회귀, 1960년대나 1970년대의 물건에는 오리지널티와 심플함이 있다. 넷째는 하이라이트로 인간미와 장인정신의 매력이다. 다섯째는 가치의 변용으로 최신이 가장 우수하지는 않다고 생각하는 사람이 많아졌다. 여섯째는 데자뷔에서 오는 안심감과 신뢰감이다. 이름과 품질, 그리고 기능 등을 알고 있기 때문에 알지 못하는 신제품보다 안심할 수 있다. 일곱째는 정보와 신제품이 너무 넘쳐 나 피곤하다. 정보가 지나치게 많고, 신제품에도 이전보다 관심이 없다.

기업에서 본 레트로 현상의 배경은 다음과 같다. 첫째는 상품개발이 어렵게 되었다. 무엇이 히트할 것인가를 예측하기 어렵다. 둘째는 물건 만들기의 원점으로 회귀다. 셋째는 소비자에게 알려져 있어 상품개발이 용이하다. 넷째는 낮은 코스트의 매력이다. 개발비, 광고비 등이 신제품보다 낮다. 다섯째는 단시간의 매력이다. 신제품은 개발에 시간이 많이 걸리고, 소비자에게 침투하는 데도 장시간이 필요하다. 따라서 현재 일고 있는 레트로 현상은 소비자 주도이지만 기업에게는 구세주와 같은 요소를 지니고 있다.

레트로가 열풍처럼 번지고 있는 원인을 다른 측면에서 정리해 둔 기사가 있어 소개하고자 한다. 첫 번째는 추억을 그리워하는 사람들의 본성 때문이라고 했다. '지금이 좋습니까. 아니면 옛날이 좋았습니까?'라는 물음을 가지고 언제 설문조사를 해도 사람들의 대부분은 '옛날이 더 좋았다'고 대답한다. 사람의 기억은 묘한 것이어서 추억을 아름답게 채색해 준다. 지난 과거를 생각하면 뼈아픈 가난과 불편보다는 낭만과 따뜻함이 먼저 생각나는 법이다.

두 번째는 세상이 다원화되면서 더 이상 새로운 것이 생기기 힘든 점도 한 원인이라고 했다. 사실 최근의 레트로 열풍이 있기 전에 '포스트모더니즘 열풍'이 있었다. 1980년대 후반부터 시작된 포스트모더니즘의 뿌리에는 '세상에 더 이상 새로운 것은 없다'라는 절망이 깔려 있다. 그래서 포스트모더니즘은 있는 것들을 혼성하고 모방하고 패러디하기를 좋아했다. 그랬던 과도기를 거쳐 아예 드러내놓고 과거를 되살리는 레트로가 왔다고 볼 수도 있는 것이다.

세 번째는 최근의 레트로 열풍은 자본의 위력과도 맞물려 있다. 첨단만을 치닫는 광고에 한계를 느낀 광고회사나 새로운 명품 만들기에 지친 음반사나 영화사들과 방송사들이 과거에 자본을 쏟아붓기 시작한 것이다. 자본주의 사회에서는 자본이 움직이면 사람이 움직이게 되어 있다.

이와 같은 레트로 열풍을 '과거로의 회귀'라고 비판하는 사람들도 있다. 이런 생각을 가진 사람은 우리 사회는 무조건 진보만 한다고 믿는 것 같다. 물론 우리 사회가 첨단기술로 발달한 것은 사실이다. 그러나 우리의 마음에 여유가 생기거나 행복해진 것은 결코 아니다. 우리나라에서 볼 수 있듯이 민주주의 확립 등으로 정치제도가 진보했다고 정치가 진보했다고 볼 수는 있는 것은 아니다. 여론조사 등에서 신뢰할 수 없는 사람 중에 상위권을 차지하고 있는 계층이 정치인이다. 그들은 정치의 권력화로 인한 음모와 비리로 예나 지금이나 사회를 혼탁하게 만들 수 있다. 교육제도도 마찬가지다. 교육제도가 진보했다고 교육이 진보하는 것도 결코 아니다. 교육의 문제점은 옛날이나 지금이나 변함없이 우리에게 스트레스를 주고 있다. 따라서 과거는 지금보다 무조건 뒤떨어진

시기였다고 생각하는 것은 오류다. 우리는 과거를 통해서 산다. 과거를 살았던 사람이 지금 우리의 조상이고 과거라는 시간이 현재라는 시간을 가능하게 해 주었기 때문이다. 이런 의미에서 우리가 드러내 놓고 과거를 인정하는 것, 그것이 바로 레트로다.

2장

하이테크 중시 사회에 날리는 카운터펀치

레트로의 대항 문화적 요소

나와 비슷한 나이의 앞뒤 연령층은 우리나라가 가난한 시기에 태어나 먹고살기 위한 방편으로 경제개발을 앞세운 획일적 가치관 속에서 성장하였다. 즉 생계를 위해서 발달한 서양문화를 수용한 세대다. 이 세대들은 '수출이 곧 우리의 살길'이라며 공장에서 밤낮으로 일해야 했고, '잘살아 보세!'라는 구호를 외치며 새마을 운동에 동참했다. 이러한 운동은 도시나 농촌을 가리지 않고 일어났다. 경부고속도로가 개통되면서 도로 주변의 초가지붕도 울긋불긋한 슬레이트 지붕으로 모두 바뀌었다. 새마을 운동의 상징이었던 농촌의 슬레이트 지붕이 석면문제로 골치를 앓기도 했지만, 그때는 농촌 생활환경 개선사업의 일환이었다. 그 당시에는 초가지붕처럼 우리가 지금까지 지켜 왔던 생활이나 사고는 모두 청산 대상이고, 슬레이트 지붕처럼 서구식 문물만이 우리를 잘살게 해 줄 수 있는 유일한 대안이라고 생각했었다. 이 시절의 가장들은 가족의 생계를 위해 앞만 보고 달려왔다.

나는 나이가 들면서 지나온 삶에 대해 다시 생각을 해 보는 시간이 늘어났다. 그리고 앞으로 남은 삶을 어떻게 보낼 것인가를 많이 생각하게 되었다. 아마 나이가 들수록 지나온 세월이 더 많아져 그만큼 추억이 더 많기 때문일 것이다. 그러나 이제는 변화의 속도가 너무 빨라 나와 같이 나이가 어느 정도 든 사람들뿐만 아니라 젊은이도 스트레스를 너무 많이 받아 좀 더 어린 시절을 그리워하게 된다. 취업전쟁으로 스트레스를 많이 받고 있는 대학생들은 중고등학교 때 그저 입시공부민 열심히 하면 되던 시절을 그리워할 수밖에 없다. 또한 중고등학생 역시 대학입시라는 스트레스로 초등학교나 유치원 때 아이들과 놀던 시절이 그리울 수밖에 없다.

그런데 이러한 젊은이들이 어떤 이유에서인지는 잘 모르겠지만, 오히려 우리 세대보다 우리의 전통문화를 더 소중하게 생각하는 것 같다. 아마 우리의 전통문화와 서구문화를 동시에 체험하면서 스스로 선택할 수 있어서 그런 것 같기도 하다. 그들은 서구문명을 우리 세대와 같이 생계 때문에 어쩔 수 없이 억지로 받아들인 것은 아님이 분명하다. 따라서 그들이 우리의 사라져 가는 전통문화나 선조들의 생활방식을 보존하려는 의식이 더 높을 수도 있다. 학교에서 탈춤이나 사물놀이 동아리 등이 인기가 높아지고 있는 사실에서도 알 수 있다.

또한 젊은이들이 전통문화와 같은 오래된 과거에만 관심이 높은 것은 아니다. 1980년대에 유행했던 패션 등에도 관심을 나타내고 있다. 패션 업계의 트렌드를 보아도 레트로 열풍을 쉽게 느낄 수 있다. 아웃도어는 물론 일반 패션 브랜드까지 레트로를 테마로 한 다양한 제품과 광고 등을 선보이며 소비자들의 관심을 끌고 있다. 그리고 비비드 컬러가 패션

트렌드가 되고 있는데 이것 또한 과거에 대한 그리움으로 볼 수 있다. 인디계의 강자인 '장기하와 얼굴들'의 음악은 친숙한 추억의 단면을 보여 주는 것 같아 인기가 높다.

특히 급속한 하이테크화는 젊은 세대들에게 몇 년 전의 문화가 그렇게 오래된 과거가 아님에도 불구하고 오래된 추억으로 만들어 버린다. 최첨단 기술이 장착된 휴대폰으로 실시간에 쇼핑을 하고, 노트북을 들고 다니면서 언제 어디서나 인터넷으로 업무를 볼 수 있다. 이러한 하이테크가 일상화된 지금은 느림의 미학을 즐기며 추억에 잠기는 사람이 늘어나고 있다. 레트로를 통해 추억에 잠기는 사람들은 의외로 대부분이 급속한 하이테크화에 누구보다도 빠르게 적응한 젊은 층이다. 이들은 정신없이 빠르게 변화하는 하이테크 문화에 적응해나가는 데 회의를 느끼거나 빠른 변화에 지쳐 가고 있는 세대이기도 하다. 이들도 향수에 쉽게 빠져드는 일종의 레트로족이다.

젊은이들의 이러한 움직임은 단순한 과거로의 도피는 아니다. 어쩌면 이러한 과거로의 회귀는 그들의 현재 마음을 편안하게 해 주기 때문일지도 모른다. 급속하게 진전되고 있는 하이테크화는 우리에게 소중한 사람들과의 정을 절대로 대체할 수는 없다. 그래서 레트로가 되살아나고 있는지도 모른다. 레트로는 스타일과 디자인의 진화론적 과정에서 핵심이다. 이것은 기초이며 미래를 구축하는 단단한 벽돌이 된다. 그래서 레트로는 계속하여 되풀이된다. 아무리 우리 사회가 하이테크화된다고 할지라도 우리에게 추억이 있는 한 레트로는 계속될 것이다.

다른 한편으로는 젊은이들의 레트로 지향은 바로 젊은 층만이 지닌 기존의 벽을 돌파하려는 카운터 정신일지도 모른다. 우리 세대는 민주화

느림의 반격

운동 등의 카운터컬처라고 불리는 강렬한 펀치를 구세대에게 날렸다. 레트로는 현대에의 펀치다. 바꾸어 말하면 하이테크 사회에 날리는 카운터펀치다. 그러나 그 하이테크 사회에 순응하고, 선두에서 달리고 있는 계층도 젊은이 자신이다. 물론 하이테크 사회에 펀치를 날리고 싶은 사람은 받아들이기 힘든 중고년 층이 더 강한 것은 사실이다. 그러나 그들은 사회에서 발산할 수 있는 힘이 약하다. 그래서 이러한 젊은 세대의 움직임은 주류와 대항이라는 세대 간의 문화격돌의 구조를 역진시킨 것이다.

현대의 젊은이들은 새로운 것과 옛것을 병렬적으로 균형을 취하려는 사고를 지니고 있다. 레트로 지향도 그중 하나의 측면이라고 생각하면 카운터 정신이라고 할 수도 있다. 어른들이 만들어 내는 하이테크화 사회에서는 젊은이들을 위협하는 수많은 폐해도 점점 들어나고 있다. 그것을 향해 펀치를 날리는 파워가 젊은이들에게는 있다.

이러한 젊은 세대의 하이테크화에 대한 카운터펀치는 우리의 삶의 속도가 빨라질수록 추억이 그리워질수록 강할 것이다. 또 우리의 삶이 각박해 질수록 과거의 추억 속에서 위안을 찾으려 할수록 더욱 강해질 것이다. 지금 우리 사회의 젊은이들도 어른들과 마찬가지로 과거로부터 위안을 얻으려 하고 있기 때문이다.

비주류로서의 공유감각과 퓨전화

레트로는 대부분 사람들이 새로운 유행을 쫓아가는 주류적 경향에 대항하여 하나의 비주류적 경향으로 출발한다. 그러나 이 비주류를 주류가 되도록 부추기고 만드는 데에는 문화생산자, 분배자, 언론의 힘이 작용한다. 레트로가 문화생산자들에 의해 선별되고 유통업자, 언론 등에 인정되어 유포되고 유행된다는 것이다. 그러므로 오늘날의 레트로는 새로운 유행이 아니다. 레트로는 어느 시대 어느 공간에서든 인간이 가진 보편적인 감성에서 출발하여 시대의 공유감각을 만들어 내기 때문이다.

현재의 레트로 현상은 나이가 많이 든 사람들에게서만 나타나는 것은 아니다. 젊은이들 사이에서도 자주 볼 수 있다. 이는 주목해야 할 현상이다. 레트로는 중년층과 고년층에게는 향수를 느끼게 한다. 그러나 젊은 층에게는 신선함을 느끼게 한다. 이것은 세대에 따라서 경험한 일이나 문화가 차이가 있기 때문에 당연하다. 즉 레트로는 그것을 경험한 세대에게는 추억을 회상하게 한다. 그러나 경험하지 못한 젊은 세대들에게는 새로운 것과 같다. 그래서 레트로는 단순한 과거의 재현이 아닌 과거를 현재로 새로이 해석하는 과정이 될 수도 있다. 이러한 의미에서 본다면 레트로는 경험한 계층과 그러지 못한 계층 간의 화해와 융합을 이끌어내는 중간매개체가 될 수도 있을 것이다.

1990년대 중 후반에 우리나라에도 레트로 열풍이 불었다. 인사동 등의 문화의 거리를 중심으로 어린 시절의 불량식품이 다시 인기상품으로 부상했다. 그리고 1960~1970년대 풍의 조악한 완구나 문구 등을 전문적으로 취급하는 토이숍이 문을 열어 성업하기도 했다. 옛날의 양은 도시락을 이용한 비빔밥을 취급하는 음식점이나 찌그러진 양은 냄비, 반합 등에 끓인 라면을 파는 분식점도 우후죽순으로 생겨났다. 이러한 퇴행적 경향은 젊은 예술가군이 주도하는 키치풍과도 맞물려 유치하고 조악

하지만 귀엽고 신기한 향수어린 무엇이라는 예술적 트랜드로 발전해 나갔다.

여기에서 보면 젊은이들이 레트로에 매력을 느끼는 원인을 단지 신선함 때문이라고 말하기는 어렵다. 신선함 외에도 새로운 가치관이 내포되어 있었다. 또는 생활리듬이 맞는 동시대성이 있었다. 이들은 레트로를 매개물로 하여 시대를 같은 가치관으로 공유할 수 있었다.

특히 우리나라는 IMF 시기에 레트로를 범람하게 했다. 당시에 주변의 많은 사람들이 사회적으로 일자리를 잃었다. 가정은 파괴되고, 모두가 불안했다. 이렇게 살기가 어렵게 되자 사람들은 아련한 과거의 기억에서 위안을 얻었다. 그 당시 레트로는 불황과 구조조정, 사회변화에 따른 정신적인 스트레스 속에서 사람들에게 일종의 향수를 불러일으켜 마음을 안정시키는 역할을 했다. 또 여전히 속도에 내몰리는 현대인에게 되돌아갈 수 없는 지난 시절을 추억하며 스스로 위안하도록 만들었다. 과거가 암울했을지라도 추억은 늘 아름답고 따스하게 생각되기 때문이다.

하나의 예로 몇몇 젊은이들 사이에서 이미 사라진 삐삐가 한때 등장한 적이 있었다. 지나간 추억이 그리워서다. 삐삐는 1990년대에 젊은이들에게 아주 인기가 있던 상품 중의 하나였다. 나도 그 시절에 삐삐를 차고 다녔다. 그 당시를 회상해 보면 회사에서 '삐삐로 족쇄를 채웠다'고 생각하기도 했다. 삐삐가 오면 열심히 주변의 공중전화 박스를 찾아 네모난 기계를 들여다보며 전화기 버튼을 눌러댔다. 삐삐는 회사원에게는 족쇄였지만, 연인들에게는 연애를 즐길 수 있는 하나의 수단이었다. 서로의 목소리를 남기고 들으면서 이들의 사랑은 더욱 깊어졌다. 그 당시의 풍속도 하나로 학교 주변 공중전화 앞에는 음성을 듣기 위한 젊은 남녀들이 줄을 서서 기다렸다. 8282(빨리빨리)와 10102 3535(열렬히 사모)와 같은 숫자가 유행하기도 했다.

이러한 삐삐는 휴대폰의 급속한 보급으로 사라졌다. 그런데 사라진 삐삐가 한때 몇몇 젊은이들 사이에서 다시 시도를 했던 적이 있었다. 그들은 삐삐를 사랑하는 사람들의 모임을 만들기도 했다. 이들이 운영하는 카페에는 1990년대 삐삐문화의 향수를 가득 담고 있었다. 이들은 너무 빠르게 변하는 세상에 대항하여 느리게 살아 보고 싶어서 그럴지도 모르겠다. 이들에게는 삐삐를 치고, 무작정 기다리는 것도 바쁘게만 살아가는 세상에서 하나의 즐거움이 될 수도 있을 것이다. 지금은 공중전화가 많이 사라졌지만, 그 당시에도 공중전화를 찾아 이리저리 기웃거려야 하는 불편함은 있었다. 그러나 삐삐 소리를 들으면 그 음성을 확인하기 위해 주변의 공중전화를 찾아 달려가는 기분은 기대감으로 가득했다. 지금 젊은이들도 이 기분을 느끼기 위해 사라져 버린 삐삐를 찾고 있었을지도 모른다.

레트로는 옛것을 그리워하는 어른 세대에게는 추억을 심어 줄 수 있다. 또한 신세대에게는 새로운 경험을 안겨 줄 수 있다. 따라서 레트로는 신세대와 구세대 모두에게 공감을 얻고 있다. 하나의 사례로 부엌가구업체 에넥스는 옛날 한옥 마당에 있었던 평상과 온돌, 창호문 등을 접목한 새로운 형태의 부엌 디자인 '안채'를 선보인 적이 있다. 어른들에게는 한옥에서 느껴지는 편안함, 따스한 아랫목의 기억들을 떠올릴 수 있도록 했다. 또한 젊은이들에게는 도시적이고 세련된 디자인보다는 새로운 감성의 한국 전통 기능을 느끼게 했다. 즉 레트로 감성을 자극하여 아날로그 세대나 디지털 세대 모두에게 공감을 얻어 또 다른 형태의 명품이 된 적도 있다.

이와 같이 사라진 과거의 남루한 레트로는 풍요로운 시대에 촌스럽지만 엽기적인 미로 다가온다. 현대적이지 않은 모습이 낯선 새로운 것으로 받아들이게 한다. 그래서 과거 그 자체의 모습을 고스란히 드러내기보다는 현실적 요소와 융합한 퓨전의 경향을 띤다. 패션과 기호식품, 광고 등에서 레트로는 퓨전화함으로써 과거의 촌스러움과 궁색함 대신 기이함과 새로움으로 거듭나고 있다. 이는 바로 레트로에 모든 세대가 공유할 수 있게 하는 힘이 있기 때문이다.

레트로, 과거 그 자체가 아니다

라틴어의 접두사에서 유래한 레트로(retro)는 '거꾸로' 혹은 '과거에'라는 뜻으로 쓰이며 종종 '역행' 혹은 '후퇴'의 의미로도 쓰인다. 미래가 아닌 과거로의 지향성을 말하며 향수의 의미가 내포되어 있기도 하다. 전후 유럽에서는 최신 유행을 외면하고 주로 옛것들을 냉소적으로 향수하는 패션 내지 문화스타일을 설명할 때 쓰였다. 당시만 해도 레트로는 다소 위악적이고 퇴행적인 뉘앙스를 띠고 있어 '감성적이지 않은 향수'라는 표현으로 정의되기도 하였다. 또한 '트랜드로서의 복고주의'로 번역하기도 했다.

그러나 레트로는 한때의 유행이 아니다. 레트로는 우리의 보편적인 심성과 욕구의 표현이다. 레트로는 시공을 초월해 우리가 지닌 보편적 감성에서 출발하기 때문에 사람들을 은근히 사로잡는 매력이 있다. 패션은 반복된다는 말이 있듯이 새로운 것을 찾기 위해 끊임없이 과거의 것을 끄집어낸다. 하지만 과거에서 모티브를 끄집어내더라도 과거의 복사판은 결코 아니다. 즉 낡은 장롱 속에 있는 이전 그대로의 모습은 결코 아니다. 반복을 거듭하면서 새로운 차이가 만들어진다.

그래서 레트로는 과거 그 자체가 아니다. 과거의 일부 혹은 과거의 이미지를 현재의 요구와 목적에 맞도록 접목시키는 것이다. 또한, 레트로는 과거의 것을 단순히 차용하는 것도 아니다. 창조와 마찬가지로 새로움과 낯섦의 미학을 동반하는 재창조이다. 예술과 문화에 있어서도 레트로는 과거의 단순한 재현이 아니다. 과거에 새로운 가치를 부여하여 창조를 해야 새로 탄생할 수 있다. 즉 레트로는 과거 그 자체가 아니라 과거의 일부 혹은 과거의 이미지를 현재의 흐름과 목적에 맞게 접목시켜 새롭게 만들어 내는 것이다. 이로 인해 레트로는 과거의 것과는 미묘한 차이가 존재하는 새로운 가치를 지니게 된다. 그래서 요즈음 뉴트로라는 말이 유행이다.

우리는 현실적 필요성과 미래의 기대감에서 과거를 불러온다. 과거에 대한 그리움은 현실의 결핍에 대한 위안이나 반항에서 비롯되나 퇴행은 아니다. 오히려 레트로에서 과거는 과거 그 자체의 모습이 아닌 현실적 요구에 의해 새롭게 변형되어 나타나기 때문이다. 즉 레트로는 현실에서 우리가 부족하다고 생각하는 것을 채워 줌으로서 다양화하는 동시에 차별화하는 모습으로 나타난다.

광고에서도 레트로는 잃어버린 아름다운 추억이나 되돌아 갈 수 없는 과거에 대한 향수가 아니다. 광고에서 레트로는 과거에 대한 모티브를 중시한다. 또한 그것이 가져다주는 재미를 즐기게 한다. 젊은 세대들이

느림의 반격

그들이 경험도 해 보지 못한 이전의 문화에 열광하는 것은 그것에 대한 향수 때문이 아니다. 그 문화에서 느낄 수 있는 촌스러움이라는 기호를 즐기기 때문일지도 모른다. 광고 속의 레트로가 과거와 현재, 동양과 서양의 문화와 과거의 단초를 하나씩 엮어서 만들어 내기 때문이다. 그런 의미에서 레트로는 '과거'가 아니라 '현재'를 보여 준다.

이러한 레트로를 어떤 사람들은 단순한 상술이라고 치부하기도 한다. 이 사람들의 주장처럼 레트로가 무작정 옛날 것을 소비하도록 부추기는 상술은 아니다. 그래서 많은 사회학자들은 그 주장에 반박하기 위해 전 세계적인 레트로 현상을 해석하려고 애를 쓴다. 그 연구 결과를 토대로 레트로가 지금보다 단순한 사회로 가고 싶어 하는 사람들의 욕망을 반영하고 있다고 한 사람도 있다. 이들은 이상화된 과거를 재구성함으로써 자신의 삶을 제어하려는 것이라고 해석하기도 한다. 그리고 어떤 사회학자는 레트로가 잠깐의 유행이 아닌 세기 말의 문화적 경향이 되리라는 전망을 하기도 한다. 그 이유는 레트로가 현대사회에서 출구를 찾지 못한 젊은이들 사이에서 들불처럼 번지고 있기 때문이다.

나는 레트로라는 말을 들으면 17세기 이탈리아의 크레모나 지방에서 만들어진 바이올린의 명기 '스트라디바리우스'가 떠오른다. 바이올린을 전공하는 딸이 어린 시절 연주해 보기를 소원했던 명기이기 때문이다. 우리가 잘 알고 있듯이 오늘날의 최첨단 기술을 이용해도 이 명기 이상의 바이올린을 만들어 내지 못하고 있다. 나는 여기에 레트로의 기본적인 원형과 정신이 있다고 생각한다. 옛날에는 물건을 보는 눈과 도구를 만들어 내는 손이 지성인의 최대의 무기라고 생각했다. 그리고 직립보행에 의해서 해방된 손이 인간의 문화를 만들어 왔다고 말하기도 한다.

그런데 지금 이 손이 키보드를 두드리고, 마우스를 움직이는 기관으로 변용되고 있다. 바로 이 하이테크 만능 사상이 우리의 문화를 쇠퇴시키고 있다고 생각한다. 그래서 나는 레트로 현상이 지닌 의미는 아주 크다고 본다.

하이테크 쏠림에 대한 반발

"채널을 9번으로 돌려라."

"네, 아버지, 따르륵, 따르륵…."

"화면이 잘 안 나오네. 안테나 방향을 바꿔 봐라!"

내가 어린 시절 TV 앞에서 자주 볼 수 있는 대화와 행동이다. 그 당시에 TV가 시골에는 거의 없었다. 그래서 저녁 식사를 일찍 마치고, 연속극이나 노래자랑 등을 보려고 동네 사람들이 TV가 있는 집으로 모인다. 여름에는 툇마루에 TV를 올려놓고, 모두가 마당의 평상에 둘러앉는다. 마당에는 모기를 쫓기 위해 모깃불을 피워 두면 연기가 자욱하다. 드라마를 보면서 연기자의 행동 하나하나에 모두가 박수 치고, 울고, 웃던 그때의 모습이 지금도 기억에 생생하다. 한편으로는 나이가 들어서인지 나는 그 시절로 돌아갈 수만 있다면 돌아가고도 싶다. 나의 이러한 생각은 요즈음 각박해진 생활에 대한 반발일지도 모른다. 아마도 오래된 구형 TV에 대한 추억은 나이가 든 사람에게는 누구나 하나씩은 있을 것 같다.

느림의 반격

그 당시에는 채널을 바꾸거나 볼륨을 조정하려면 직접 다이얼을 돌려야 했다. 로터리 스위치 방식이기 때문이다. 지금에 비하면 아주 불편했다. 기술의 발달은 이 불편을 점차 해소해 주었다. 그 결과 지금은 모든 것이 리모컨으로 바뀌었다. 소파에 편안하게 앉아서도, 안방에 침대에 누워서도 손가락 하나 까딱하면 채널이든 볼륨이든 조정이 가능하다. 이렇게 하이테크 덕분으로 우리는 아주 편해졌다. 그러나 그 편리함이 우리의 마음까지 편안하게 해 주지는 못한 것 같다. 리모컨보다 로터리 스위치 방식을 그리워하는 사람들이 많아진 것을 보면 그렇다. 이는 하이테크로 지나치게 치중되고 있는 사회 움직임에 대한 반발일 수도 있다.

이러한 우리의 마음을 알아차린 메이커가 있다. 바로 최초의 컬러 TV를 선보였던 LG전자다. 옛 향수를 불러일으킬 만한 제품을 출시했다. 이 제품이 바로 브라운관 타입의 레트로 TV이다. 이 '클래식 TV'는 1966년에 출시된 최초의 흑백 TV와 외관을 비슷하게 디자인했다. 아버지를 똑 닮은 아기가 태어난 느낌이었다. 다리 지지대의 콘셉트와 채널 다이얼, 스피커의 위치도 비슷하게 만들었다. 채널 다이얼은 과거 TV는 로터리 스위치 방식으로 다이얼이 360도 회전을 하게 했다. 그런데 클래식 TV는 로터리 스위치 방식이 아닌 조그다이얼 방식이라 좌우로 살짝살짝 밀어주면 채널이 변경되게 했다. 내가 어린 시절 아버지 분부대로 돌렸던 방식과는 조금은 다르지만 추억의 향수를 느끼게 하기에는 충분했다. 이것이 바로 오래된 친구가 편안하듯이 우리의 마음을 편하게 해 주는 레트로의 유혹이다.

일상생활에서도 우리는 낡은 것을 버리고 새로운 것을 소유하면 기뻐

한다. 그것이 더 편하고 자유롭게 만들어 주면 더욱 좋아한다. 그 덕분에 불편하고 답답했던 것과 작별을 하게 되는 경우가 많다. 그러나 옛것이 새것보다 항상 나쁘다고 단정할 수는 없다. 옛날 제품들이 소중한 대접을 받고 있는 것들도 적지 않다. 그래서 많은 사람들이 그것을 버리고 있을 때, 일부의 사람들은 그것을 찾기 위해 손품과 발품을 팔기도 한다. 특히 하이테크에 싫증이 난 사람들이 그에 대한 반발로 레트로의 유혹에 빠져들고 있다.

이는 우리나라뿐만이 아니다. 사람들의 마음은 어느 나라든 거의 같기 때문이다. 미국에서도 레트로를 자극하는 상품이 나온 적이 있다. 하나의 사례로 LP(long playing record)와 EP(extended play)를 통칭하는 비닐앨범이다. 유니버설 뮤직이 내놓은 손바닥만 한 LP 미니어처 앨범이다. 옛날의 LP를 정확하게 25% 사이즈로 줄여 제작한 CD 형태다. 그러나 속질은 LP의 원형을 담았다. LP의 향수와 CD가 가진 훌륭한 음질과 반영구성을 겸비했다. 그 당시 일본과 유럽 등 몇몇 국가에서만 한정 발매됐다. 지미 헨드릭스의 〈Are You Experienced〉, 더 롤링 스톤즈의 〈Let It Bleed〉, 에릭 클랩튼의 〈Slow Hand〉, 스티비 원더의 〈Talking Book〉 등 1960, 1970년대 14개의 명반을 LP 미니어처로 재탄생시켰다.

이 비닐앨범은 향수로 일시적인 유행일 거라는 예견이 보기 좋게 빗나갔다. 과거의 거장뿐 아니라 레이디 가가 같은 최고의 팝 아이콘의 앨범도 비닐앨범으로 제작이 되어 판매를 했다. 아주 선풍적으로 인기리에 판매가 잘되었다. 이와 함께 비닐앨범 플레이어도 부활하게 했다. 이 미니 LP의 성공 요인은 사운드의 잡음이 완벽히 제거된 깔끔한 전자음에 대한 반발에 있다. 우리의 귀는 늘 접하는 사운드에 적응된다는 말이 있다. 그래서인지 나의 아내처럼 아직까지도 지글지글 끓는 듯한 LP의 잡음이 주는 따스한 느낌을 잊지 못하는 사람들이 많다. 이러한 사례는 사회가 하이테크화할수록 더욱 늘어날 것이다.

이러한 움직임은 첨단 하이테크 제품도 예외는 아니다. 휴대폰, 카메라, 노트북 등 첨단 하이테크 기기들은 하루가 다르게 새로운 기능으로 무장하고 있다. 기술 개발이 아주 빠른 속도로 이루어지고 있기 때문이다. 그러나 역으로 하이테크 기기 시장에도 레트로 바람이 강하게 불고 있다. 카메라 시장에서 필름 카메라 디자인을 계승한 제품들이 팔리고, 터치폰이 주도하는 휴대폰 시장에서는 한물간 폴더 폰이 팔리고 있다.

이렇게 기업들은 첨단 기능을 레트로 감성으로 포장하여 우리들의 아련한 향수를 자극하며 인기몰이에 나서고 있는 것이다. 최첨단 기술로 무장한 제품은 편리하다고 느껴지지만 인간적인 감성과 회귀 욕구만은 충족시킬 수 없기 때문이다. 특히 급속도로 발달한 하이테크는 휘발성이 강하고 우리 생활을 삭막하게 만든다. 따라서 아무리 하이테크가 대세라 해도 가끔은 인간성이 듬뿍 담긴 레트로가 더 큰 힘을 발휘할 수 있다. 따라서 레트로 트렌드는 우리가 딱딱하고 메마른 하이테크 위주의 제품 속에서 사람 냄새가 나는 제품이나 서비스를 필요로 하는 한 계속될 것이다.

3장
지나간 '시(時)의 가치' 재발견

레트로는 '과거'가 아닌 '현재'다

오래전에 포스터를 보고 제목이 재미가 있어 영화를 본적이 있다. 〈벤자민 버튼의 시간은 거꾸로 간다〉라는 영화다. F. 스콧 피츠제널드의 1920년대 단편소설을 모티브로 한 영화다. 거꾸로 가는 시계를 보여 주며 영화는 시작된다. 80대 노인의 모습으로 태어나 해를 거듭할수록 외모의 나이를 거꾸로 먹는 벤자민이라는 한 남자가 주인공이다. 벤자민은 다른 사람들이 살고 있는 시간과는 정반대로 시간을 거슬러서 살기 때문에 육체와 정신이 완전히 반대로 성장한다.

이 영화에서는 여러 등장인물들을 통해서 인생을 접하는 여러 가지의 모습들을 보여 주고 있다. 제1차 세계대전 말의 뉴올리언즈에서 시작된 벤자민 버튼이라는 평범하지 않은 남자의 인생 여정을 그려 나간다. 그 속에서 그의 일생뿐만 아니라 그가 만난 사람들과 장소, 찾고 잃었던 사랑, 생의 기쁨과 죽음의 슬픔, 시간을 초월하여 영속하는 가치에 관해 이야기한다.

시간은 거꾸로 흐르지만 이 사람 역시 우리들처럼 흐르는 시간을 막을 수 없었다. 시간이 바르게 흐르던 거꾸로 흐르던 그 흐름에서 만나고 헤어지며, 고통을 받고 슬퍼하는 것은 모두 같다. 어떤 사람은 자기가 처한 운명을 받아들이고, 이를 받아들이지 못할 뿐이다. 이 영화는 시간을 그저 허무하게 보내고 있는 사람들에게 '당신은 몸과 마음의 시간은 몇 살의 삶을 살고 있는가?'라는 질문을 던지고 있다.

우리는 이 영화에서와 같이 항상 시간에 대한 의구심을 갖는다. '시간이란 무엇인가?' '시간의 흐름이란 도대체 무엇이 흐르는 것일까?' 이러한 시간에 대한 궁금한 점을 물리학적으로 설명해 놓은 책이 있다. 사실 누구나 시간의 흐름을 의식하고 있지만, 이것이 무엇인지를 설명하라고 하면 아주 어렵다. 이때 이 책을 읽으면 해답을 얻을 수 있을지도 모른다. 미국 이론물리학자인 리처드 모리스가 쓴《시간의 화살》이다.

이 책은 "시간의 흐름'이라고 하는 것은 무엇일까? 시간은 항상 같은 속도로 진행되는 것일까? 그것은 시대의 흐름과 같은 것일까, 아니면 '지금'이라고 하는 순간이 현재에서 미래로 옮겨 가는 것일까? 시간의 흐름이 정지하거나 역행할 수 있는 것은 아닐까? 회상은 왜 과거에만 적용되고 미래에는 적용되지 않는 것일까? 시간에는 시작과 끝이 있는가? 언젠가 시간의 화살이 뒤집힐 수도 있을까? 시계로 시간을 잰다는 것은 무엇일까?"라는 시간과 관련된 모든 물음에서부터 시작한다.

저자는 이 책에서 '시간이란 무엇인가'에 대한 이해의 체계를 만들었다. 시간의 개념이 역사와 더불어 어떻게 변천되어 왔는가를 설명했다. 또한 그는 시간을 철학의 문제보다는 과학 문제로 '시대의 흐름'에 따라 풀어 갔다. 바로 현대 과학이론으로 시간이란 숙제를 풀어낸 것이다. 이

책의 마지막 부분에서 저자는 '시간이란 무엇인가'라는 물음에 다소 도발적 답변으로 마무리했다. "물리학은 각 순간 사이의 시간 간격만 취급할 뿐이며 시간의 흐름을 측정하는 기준은 없다. 시간은 1초당 1초의 비율로 간다고밖에 말할 수 없고, 이는 '고양이는 고양이다'라고 하는 것처럼 무의미하다. 시간은 입자로 돼 있으나 그 입자가 지극히 작기 때문에 아직 검출되지 않았을 수도 있다. 시간은 순간과 순간의 연결이며, 그 사이에는 아무것도 없다."

그런데 우리는 이 책에서와 같이 시간을 과학적으로 정리를 해 볼 수는 있지만, 실제 우리 생활에서 시간이 무엇이라고 간단히 정위를 내리기는 어렵다. 우리는 세상을 살아가면서 수시로 시간의 흐름을 거스르고 싶다는 실현 불가능한 충동을 느끼기도 한다. 어려운 시련이나 삶에 큰 충격이 들이칠 때는 현재의 시간을 건너뛰었으면 좋겠다는 생각을 많이 한다. 예를 들어 사랑하는 가족이 돌이키기 어려운 상황에 처해 있을 때, 갑자기 자신이 운영하는 회사가 부도로 사랑하는 직원들과 헤어져야 할 때, 사랑하는 사람이 처참한 상황에 처해 있으나 도와줄 수 없을 때, 실패를 눈앞에 두고 그때서야 그 원인을 알았을 때 등이다.

그러나 그런 일은 현실적으로 일어날 수가 없다. 앞에서 말한 영화의 제목처럼 시간이 거꾸로 갈 수는 없기 때문이다. 다시 말해 시간은 절대 되돌릴 수 없다. 우리의 일상생활은 자연적인 시간의 순서에 따라 모든 사건이 생겨나고 사라지기 때문이다. 과학적으로도 시간은 우주가 수축하기 시작하지 않는 한 과거에서 미래를 향해 한 방향으로만 흐른다. 멈추게 하거나 역전시킬 수도 없다. 그래서 레트로를 '백 투 더 퓨터(Back to the Future)'와 같이 생각해서도 안 되고, 생각할 수도 없다. 그런데 레

느림의 반격

트로라고 하면 '과거로 돌아간다'라고 생각하게 된다. 그러나 정확하게 말하면 '과거로 돌아간다'가 아니라 '과거를 현재에서 부른다'라고 해야 할 것이다.

이처럼 레트로의 좌표축은 분명히 시간이다. 그러나 이것은 과거가 아니라 현재다. 물론 이 사고 자체도 물리적인 법칙으로는 성립되지 않지만, 마케팅 전략에서는 성립된다. 항상 주체는 현재 우리가 살고 있는 '지금'이라는 시대다. 이것에 생활의 리듬 및 가치관이 맞는가 맞지 않은가다. 따라서 과거의 영광이 모두 현대로 통하지는 않는다.

레트로는 일시적인 유행이 아니다

나는 일과 후 가끔 집에서 소위 말하는 생활한복을 입는다. 아주 편하다. 전통무예를 배우기 시작한 후부터 입기 시작했다. 얼마 전에는 후배와 중국 출장을 가면서 생활한복을 한 벌 가져갔다. 출장기간 동안 업무적으로 거래처 관계자를 만나지 않은 시간에는 그 옷을 입었다. 출장에 동행한 후배가 보기에 편하고 좋아 보였는지 다음 출장에는 자기도 가져와 입겠다고 한다. 지금 입고 있는 생활한복은 아내와 함께 인사동에 형수님 사진 전시회에 갔었을 때 구입했다. 그 당시에 그 옷을 여러 사람들이 샀다. 이제 생활한복도 인사동의 인기상품인 모양이다.

사실 내가 생활한복을 입게 된 배경은 고향의 추억이다. 어린 시절 명절이나 가족행사 때 모두가 한복을 입었던 그때가 그립다. 서울로 올라온 후부터는 한복을 입을 겨를이 없었고, 불편하다는 생각을 많이 했다.

그런데 나이가 들수록 생각이 더 난다. 마침 서울 생활에도 편리한 생활한복을 접한 후에는 자주 입는다. 요즈음 생활한복은 전통한복에 비해 우선 외양이 달라졌다. 종이로 되어 빨래 후 갈아 달아야 했던 동정이 천으로 바뀌어 손질의 번거로움이 줄었다. 길게 늘어진 옷고름이 매기도 힘이 들었는데 매듭형식의 단추로 바뀌었다. 허리띠도 바지말기에 부착되어 매는데 편해졌다. 대님도 단추나 호크로 바뀌었다. 옷의 컬러도 다양하게 만들어지고 있다. 대량생산도 가능해졌다. 이러한 형태변화와 새로운 생산방식을 통해 우리의 전통한복은 현재 생활환경에 맞게 기능과 생산이 편리하게 된 것이다.

최근에는 한복을 먼저 벗었던 도시 사람들이 생활한복의 등장으로 다시 입기 시작하고 있다. 어른들뿐만 아니라 어린이까지 확산되고 있다. 이는 한복의 가치가 재인식되기 시작하고 있다고 볼 수 있다. 물론, 전통한복이 아닌 기능이 편리해진 생활한복을 입는다. 생활한복이 보급되던 초기에는 별난 사람으로 인식되어 거리에서 주목을 받기까지 했다. 그러나 이제는 어느 정도 일상복으로 인식되어 자리를 잡아 가고 있다. 시골에서 전통한복을 고집하던 나이가 드신 분들도 일상복으로 생활한복을 입기 시작하였다. 생활한복이 지금과 같은 속도로 확산된다면 패션업계에 레트로 스타일로 자리를 잡을 수 있을 것 같다.

이러한 생활한복은 옛것의 본질은 유지해도 새로운 변화를 시도한 사례다. 옛것을 새로운 것으로 추구하려는 레트로의 일종이라고 볼 수 있다. 생활한복에서 알 수 있듯이 레트로는 그 형태 그대로 시간적으로 지속을 전제로 하는 전통과는 다르다. 또한 일시적인 변화만을 전제로 하는 유행과도 차이가 있다. 레트로는 옛것을 기반으로 하되 새로움을 추

느림의 반격

구하지만 일시적인 일과성이 아니다. 물론 기존의 것을 부정하고 새로운 것을 추구한다는 점에서는 유행과 비슷하다. 즉 지금 없기 때문에 새로움으로 추구하려는 유행의 속성과는 닮은 점이다. 그러나 레트로는 일시적으로 변하기만 하거나 새롭기만 한 유행과는 차이가 있다. 나는 레트로를 전통이나 추억과 유행의 융합으로 생각한다.

따라서 레트로는 계속 달라지지 않는 과거의 것을 고스란히 답습하는 것은 아니다. 기존의 것을 토대로 새롭게 달라지는 것이다. 지금에 맞게 일정한 변화를 겪으면서 과거의 것을 이어받는 것이다. 다시 말하면 변하면서 변하지 않는 지속성과 변하지 않으면서도 변하는 새로움이 합일되어 있는 것이 레트로다. 즉 레트로는 '지속과 변화', '같음과 다름', '옛스러움과 새로움'을 동시에 지니고 있다. 이러한 점에서 '변화, 다름, 새로움' 등의 가치를 지니고 있는 유행과는 차이가 있다.

디자인에서도 레트로를 아주 중요한 요소로 생각한다. 특히 디자인은 일시적인 유행보다는 그 본질적인 가치를 잃지 않고 살아남을 수 있는가를 중시한다. 일반적으로 표면적인 감각의 새로움만을 추구하는 것은 그 당시에는 신선하고 역동적인 것으로 받아들여질 수 있다. 그러나 시간이 약간만 지나도 그 신선함은 곧 희소성을 잃고 사라진다. 따라서 내재가치가 일시적으로 지극을 주어 눈길을 끄는 말초적 감각만으로는 오랫동안 살아남을 수가 없다. 감각의 변화와는 무관하게 이성과 합리성에 근거하여야만 긴 생명력을 유지할 수 있다. 따라서 디자인에서 레트로는 과거 디자인의 복제를 하는 것이 아니다. 과거부터 변화되지 않는 가치를 지닌 디자인을 재조명하여 현대의 관점과 기준에 맞게 새롭게 디자인하는 것이다. 이런 점에서도 유행과는 다르다. 유행은 우리의 행동이나 사회현상의 획일화, 즉 많은 사람들이 어떤 사상에 동조를 나타내는 것이다. 하나의 일시적인 풍조다.

최근 일고 있는 레트로 현상은 과거를 있는 그대로 재현하는 것이 아니다. 필요한 모티브만 가져오고 있다. 레트로는 하나의 창조를 이루는 과정으로 과거에 유행되어 대중에게 익숙한 모티브를 가져오는 것이다. 그래서 모방만을 하는 것은 레트로라고 볼 수 없다. 의미와 형식의 변화를 통해 새로운 표현성으로 재창조된다. 레트로는 단지 옛것을 불러내는 것이 아니다. 우리에게 낯익은 무언가를 불러내어 동시에 그 무언가를 낯익은 모습으로 각인시키는 것이다. '어디서 본 듯한 그러나 새로운 것', '익숙하면서도 신선한 것'을 창조해 내는 것이다.

레트로, 그때 바로 그것을 파는 것도 아니다

하나의 사례로 이탈리아 패션 브랜드 엠포리오 아르마니가 태엽을 감아 쓰는 기계식 손목시계를 우리나라 고급 백화점에서 판적이 있다. 가격은 그 당 시에 40만~50만 원대였다. 지금까지의 추세는 최고급 명품 시계 브랜드들이 수백만, 수천만 원대의 고가 기계식 시계를 만든 적은 있었다. 그러나 젊은 층을 타깃으로 하는 패션 브랜드에서 기계식 시계를 내놓은 것은 이 브랜드가 처음이었다. 의외로 반응이 좋았다. 나이가 든 우리는 기계식 시계에 대한 향수가 있어 반응이 좋을 수 있지만, 기계식 시계가 생소한 젊은 층까지의 확산은 의외였다. 바로 추억의 레트로 감성을 자극한 마케팅 덕분이었다.

이렇게 현대적인 디자인 대신 복고풍의 투박한 디자인을 내세워 끊임없이 변화하는 현대 사회에서 옛것을 그리워하는 소비자들을 사로잡고 있다. 가전제품에서도 수동 카메라와 충전식 라디오, 구형 전화기 등이 현대식 레트로 가전으로 불리면서 판매가 되고 있다. 이러한 소비행위는 단순히 추억을 넘어 다른 사람과 나를 차별화할 수 있는 요소로 자리 잡아 가고 있다. 과거에는 흔했지만 지금은 희소성을 갖게 되면서 또 다른 형태의 명품이 된 셈이다.

그 배경에는 현재에 대한 거부감과 불안 심리를 들 수 있다. 우리는 대개가 주위 사람들과 비교를 하면서 뒤처지지 않기 위해 앞만 보고 달려왔다. 그런데 지금은 급속한 속도를 따라가는 것에 지쳤거나 그것이 의미 없다고 생각한 사람들도 많아졌다. 이러한 상황에서 조금이라도 탈출하기 위해 과거의 추억에서 은신처를 찾으려고 한다. 우리는 어려운 현재와 불확실한 미래보다는 아름다웠던 과거를 추억하려 하는 것이다. 레트로는 이러한 우리의 감성적 측면에 근거를 두고 있다. 따라서 하나의 문화양식인 동시에 삶의 양식으로 자리를 잡아 가고 있다. 이제 레트로는 나이가 들어감에 따라 수동적으로 받아들이게 되는 연령대의 문화가 아니다. 삶에 지친 현재의 생활에서 잠시 벗어나고자 할 때 선택할 수 있는 다양한 형태가 되었다.

이러한 레트로 제품은 과거에 선보였던 상품을 그대로 살려내어 판매하는 경우도 있다. 그러나 성공한 레트로 제품은 대부분 현대적 감각에 맞춰 제품의 특성과 패키지를 변형하여 재출시하는 것이 특징이다. 일반적으로 지나간 추억과 향수에 어필하고 있다는 공통점은 있지만, 이름만 과거 제품에서 빌려온 경우가 많다. 대부분 새로운 콘셉트의 제품이다. 예를 들어, LG생활건강의 럭키스타 치약은 브랜드명은 전통적이고 복고적인 이름을 사용했다. 그러나 제품의 콘셉트와 타깃 고객층은 철저하게 현재에 맞게 바꾸었다. 휴대하기 편리한 용량과 깜찍한 디자인, 과일향 나는 맛으로 신세대 소비자들의 감성을 자극했다. 또 다른 사례로 레깅스와 스키니가 다시 인기를 끄는 이유는 그것이 추억의 스타일이기 때문이 아니다. 그 안에 현재 유행하는 슬림과 노출이라는 지금의 코드를 바탕으로 새롭게 창조되었기 때문이다. 이와 같이 레트로는 과거를 기반으로 한 창조와 새로운 재생이다.

상품뿐만이 아니라 드라마나 뮤지컬 등의 문화예술에서도 레트로 코드를 많이 활용하고 있다. 이때도 마찬가지로 원전을 그대로 리메이크한 경우는 실패를 했다. 예를 들면 TV의 〈돌아온 몰래카메라〉, 〈파워인터뷰〉 등이다. 이 프로그램들은 원전에 충실하다 보니 시청자의 시선을 끌 수 있는 새로움을 부가하지 못했다. 반면에 뮤지컬 〈맘마미아〉는 레트로 코드로 성공을 했다. 〈맘마미아〉는 아바(ABBA)의 노래를 단순히 리메이크한 것이 아니라 창작 뮤지컬이라는 새로운 형식으로 리메이크했다. 이처럼 성공적인 리메이크의 전제는 같은 레트로 코드를 담고 있지만 이를 현대적으로 재구성한 신선함과 창조성이라는 요소가 더해져야 한다. 또한 새로운 시대정신과 대중의 정서의 변화도 고려해야 한다. 원전에만 충실하여 변화가 없어 신선함을 제공하지 못하는 리메이크는 성공을 할 수가 없다.

이처럼 레트로는 과거에 초점을 맞춘 일반적인 현상만이 아니다. 단순한 과거의 재현이 아닌 과거를 현재로 새로이 해석하는 과정이다. 따라서 무작정 기성세대의 향수 어린 감성을 고집할 것이 아니다. 최근 트렌드를 정확히 반영하여야 한다. 이로 인해 레트로는 전략적인 모티브로 개발될 수 있는 풍요로운 보고로서의 가치를 지니게 된다. 그래서 '뉴트로(newtro)'라고도 한다.

뉴트로(newtro) 또는 신복고(新復古)는 2010년대 후반부터 복고풍이 새롭게 유행하는 현상을 뜻하는 대한민국의 신조어이다. '새로운'(new)과 '복고풍'(retro)의 혼성어로 2019년 트렌드 키워드에 선정되었을 만큼 밀레니엄 세대들에게 큰 관심을 받고 있다. 과거의 것을 그대로 옮겨 오는 것이 아니라 현대에 맞게 해석하여 재창조된 상태를 말한다. 뉴트로는 패션, 음악, 방송, 미용, 인테리어, 명소, 상품, 공연과 전시 등 다양한 분야에서 활용되고 있다.

우리 사회가 하이테크화할수록 레트로 현상은 감성을 강조하는 개념으로 더욱 폭넓게 활용될 것이다. 즉 현재 수 없이 쏟아져 나오고 있는 상품과 서비스 혹은 마케팅 전략들 속에서 레트로는 하나의 명확한 메시지를 우리에게 전하고 있다. 바로 우리가 겪고 온 과거의 추억들이 현재에 재창조될 때 진정한 미래는 더욱 풍요로워질 수 있다는 사실을 말해 주고 있는 것이다.

레트로 붐은 시간적 장벽의 제거다

우리가 살고 있는 세상에는 변하는 것과 변하지 않는 것이 있다. 변해야 할 것과 변해서는 안 될 것도 있다. 동서남북은 내가 어디에 있든 변하지 않고, 변할 수도 없다. 하지만 상하좌우는 내가 선 위치에 따라 수시로 바뀐다. 가변적이다. 동서남북을 상하좌우로 알 때 문제가 생긴다. 상하좌우를 동서남북으로 착각해도 비극이다. "아무리 많은 것들이 변한다 해도 대부분은 변하지 않는다."고 한 《마인드세트》의 저자인 미래학자 존 나이스비트의 말처럼 변화는 대부분 '무엇을 하는가'가 아니라 '어떻게 하는가'의 영역에서 발생한다. 우리는 떠들썩하고 과장된 세상 속에서 변하는 것과 변하지 않는 것 사이의 차이를 잘 구분할 수 있어야 한다.

변화는 변화해 가는 것과 변화하지 않는 것을 포함하여 총체적으로 변화해 간다. 그래서 변화해 가는 부분만을 따라가서도 안 되고, 역으로 변화하지 않는 것만을 지키고 있어도 안 된다. 전체적인 변용 속에서 상호의 관계성이 어떻게 변화해 가고 있는가를 알아차리는 것이 중요하다. 그래서 변화는 반드시 새로운 것, 미지의 것으로 한정할 수는 없다. 이미 알고 있는 것, 과거의 것의 재생 및 재편이라는 요소도 있다. 그러나 그것은 결코 시대의 되돌림 현상은 아니고, 새로운 시대와의 관계 재편성이다. 레트로도 이러한 관계 재편성 속에서 나온 것이다.

지금은 샤넬, 구찌, 프라다 등의 프랑스와 이탈리아의 전통적인 하우스브랜드가 잘 팔리고 있다. 그 대상도 중학생과 고등학생까지 확대되었다. 이러한 현상을 보고, 클래식한 가치의 재인식이라는 측면만으로 포착하는 것은 위험하다. 샤넬이나 구찌는 나름대로 오늘날의 기호 변화에 대응하여 미묘한 디자인 변경으로 대처해 온 것이다. 그리고 앱솔루트 보드카도 일관된 콘셉트로 캠페인을 전개해 왔다. '결코 변하지 않으면서 늘 변하는 캠페인(Never-changing / Always-changing)'을 전개해온 것이다. 병 모양을 주제로 한 비주얼과 'Absolut~'의 두 단어로 이

뤄진 심플한 카피라는 큰 흐름의 일관성은 유지하되(Never changing), 전체 광고를 9여 개의 테마로 나누어 보는 사람들이 매번 새로운 느낌을 갖도록 하는 것(Always-changing)이 캠페인의 성공의 비결이다. 또한 코카콜라의 성공비법도 변하지 않는 제품과 계속 변화를 해 온 커뮤니케이션 전략이다.

젊은 층은 레트로 디자인도 신선하다고 느끼는 경향이 있다. 그러나 레트로풍의 경차가 젊은 여성에게 인기가 있다고 해서 레트로풍의 디자인이 트렌드라고 말할 수는 없다. 맥주에서도 짙은 색이 잘 팔리고, 전통적인 제조법과 맛이 좋은 평가를 받고 있다고 반드시 레트로풍으로 흐름이 바뀌고 있다고 말할 수는 없다. 오늘날 대중소비 사회를 만든 원동력은 동서양이라는 공간적 장벽이 없어지면서다. 또한 오늘날의 레트로 붐은 시간적 장벽이 제거되면서 생겨난 것이다. 그런 현상 속에서 소비 상황의 변모는 아주 빠르게 이루어지고 있다.

고도 성장기에서는 새로운 요소를 부가하면 거기에 소비의 이노베이션이 일어났다. 그러나 요즈음은 착실한 가치의 상승에 부가해서 지금까지의 고정관념을 초월할 수 있는 경계 요소를 포함한 새로운 가치체계를 나타내야 한다. 그 속에서 각자의 지향에 따라 자유롭게 선택하는 것으로 새로운 가치가 정착해 간다. 그것은 고도의 기본가치에 대한 추구가 상품 핸들링 능력에 소비자의 손에 의해 지속적으로 추진된다. 그 점에서는 한 사람 한 사람의 소비자가 받아들일 수 있는 것이 상품가치고, 거기에는 기본가치와 부가가치의 차이는 없다. 어떤 사람에게는 샤넬 가방도 그 안쪽에 부착되어 있는 표시가 소비의 가치일지 모른다. 레트로풍의 디자인 및 분위기도 그러한 가치선택의 폭에 포함되어 있는 것이다. 가치 그 자체를 선택하기 시작하면서 다양한 소비성향이 나타났고, 인간의 생리 및 문화에도 옛것에 대한 재인식이 이루어지고 있다.

이것은 눈으로 볼 수 없는 변화의 태동으로 다루어야 한다. 즉 가치붕괴의 파도가 일기 시작한 것이다. 소비정체가 진행되는 속에서 가격파괴라는 시장관습의 대변혁이 일어난 것이다. 그리고 그 가격파괴의 태풍 후에 조용히 찾아온 것이 이전의 가치체계가 통용되지 않는 가치붕괴의 움직임이다. 이것은 '가격=가치'라는 시장경제의 공식이 깨진 이상 당연히 일어나는 현상이지만, 본질적으로는 가치선택의 자유를 소비자가 획득한 것이다. 자신의 생활의식 및 상황에 의해 그때마다 가치의 선택을 실체화하고 있다. 그러면 그 장벽을 돌파하는 가치는 무엇인가? 그것을 알아내야 한다.

레트로의 붐은 표면적 현상보다도 이것이 가치붕괴의 하나의 징조로 볼 수 있다. 레트로에 숨어 있는 보다 본질적인 가치와 보편성을 찾아야 한다. 이것은 가치요소 재편성의 하나의 움직임이다. 또한 이것이 각 소비자에게 재편집되어 나타날 때 어떠한 새로운 가치를 만들어 내는가를 주시해야 한다. 오히려 레트로에 대한 주목은 하나의 단편에 지나지 않는다. 가치붕괴는 이미 여러 곳에서 계속 진행되고 있다. 이러한 상황 속에서 살고 있는 우리는 변하는 것과 변하지 않는 것의 궤를 뚫을 수 있는 통찰력이 더 중요하다.

레트로 유혹, 좋은 것은 시대를 초월한다

레트로는 촌스러운 것, 'NO'

내가 일본 동경에 출장을 가면 꼭 들르는 곳이 있었다. 바로 도큐핸즈다. 도큐핸즈는 뉴와 레트로를 병존시켜 성공한 좋은 사례다. 이곳은 뉴와 레트로의 낙원이다. 이곳에는 레트로 감각의 전기스탠드, 레트로 감각의 오디오 등의 많은 상품이 진열되어 있다. 매장도 플로어의 중심에 많은 상품을 진열해 고객의 눈을 사로잡을 수 있도록 했다.

레트로, 앤티크, 클래식의 눈으로 도큐핸즈의 각층의 각 매장을 살펴보면 아주 즐거웠다. 도큐핸즈는 일과성 상품보다도 롱셀러 상품, 세대를 초월하여 모두가 좋아하는 상품을 팔고 있었다. 가죽제품 매장의 구두나 부엌용품 매장의 조리기구도 오래되고 새로움에 관계없이 필요한 것은 항상 팔고 있었다.

필요한 것이지만 실용성 추구로 무미건조하지는 않다. 디자인이 아름답고 심플하다. 어떤 레트로 상품이라도 도큐핸즈의 점두에 놓아두면 오래된 것으로 느끼기 전에 아름다움을 먼저 느낀다. 그리고 난 후에 역사를 알려 준다. 그런 의미에서 도큐핸즈는 생활박물관이다. 이곳은 '좋은 것은 시대를 초월한다'라는 사실을 알게 해 준다. 좋은 것은 아름답고, 좋은 것은 우리 생활에 도움을 준다는 것을 보여 준다. 그뿐만 아니라 레트로는 촌스러운 것이 아니라는 것을 일깨워 준다.

그렇다고 '옛날 것이 다 좋다'라고 말할 수는 없다. '옛날 것 중에서도 좋은 것이 있다'라는 선별안이나 감식안이 있어야 가치를 알 수 있다. 좋으면서 오래된 것은 항상 새롭다. 거기에서 자연 발생적으로 롱셀러가 되는 것이 살아남고, 지금까지 생활 속에서 실제로 사용되고 있다. 우리 주변에는 30년 이상, 50년 이상, 100년 이상 계속해서 팔리고 있는 상품이 있다.

레트로, 앤티크, 클래식이라고 말하는 좋은 옛날 것이 지금도 각광을 받고 있다. 우리가 자주 볼 수 있듯이 좋은 것은 시간이 지나도 항상 새롭다. 롱셀러라고 말할 수 있는 것은 오리지널한 것이든 복제판이든 관계는 없다. 기능적으로 필요한 것이 구비되어 있으면 된다. 외관적으로도 아름다우면 더욱 좋다.

사용하는 사람이 좋아하면 그것으로 좋다. 모방성이 없이 그 나름대로의 특징이나 개성이 있으면 더욱 좋다. 레트로, 앤티크, 클래식을 내세울 때에 중요한 것은 '그것이 있으면 마음이 편안하다'라는 요소다. '부모님도 그것을 사용하면서 좋아했고, 자신도 지금 사용하면서 좋아하고 있다'라는 가정사의 선상에 있는 것이 우리의 마음을 끈다.

특히 레트로가 우리의 마음을 끄는 것은 인생에서 맞닥뜨리는 여러 단계의 과도기마다 고통을 덜어주는 역할을 해 주기 때문이다. 젊은이들은 사회적으로 좀 더 단순했던 과거를 그리워하고, 노인층은 잃어버린

젊음과 순수성을 회고한다. 한참 인생의 위기를 겪고 있는 사람들은 지금의 위기적 상황과 전혀 상관없던 '좋았던 옛 시절'을 생각할 수 있다. 이처럼 우리는 현실의 고통에서 탈출해 다른 장소, 다른 시간으로 옮겨 가길 열망하는 것이다. 바로 여유, 추억이 교차하여 마음을 움직일 때 생겨난다. '아! 그립다'라고 생각하는 마음, 옛날 그것이 판매되기 시작한 때는 알지 못하고 '아! 새롭다'라고 생각하는 마음이다. 레트로에는 그러한 마음이 교차하고 있다.

레트로는 촌스럽다는 말에 나는 동의하지 않는다. 절대로 그렇지 않다. 오히려 레트로는 우리와 친숙하다. 우리가 과거에 경험했던 것으로 익숙한 느낌을 준다. 동시에 과거에 대한 그리움과 향수도 자극한다.

이런 점 때문에 상품뿐만이 아니라 영화계도 레트로 소재를 자주 활용한다. 얼마 전에 동아일보에서 무비줌인 '빈틈 많은 레트로 영화의 강력한 매력'이라는 제목의 기사를 읽었다. 기사는 넷플릭스 영화 〈20세기 소녀〉에 대한 내용이었다. 기자는 이 영화는 "전개 방향도 훤히 보인다. 반전도 쉽게 맞힐 수 있는 수준이다. 영화 속 1999년은 여러 번 윤색된 끝에 순정만화처럼 미화돼 있다. 어떤 면에선 "레트로 판타지' 같다."라는 말로 시작되었다. 그리고 영화는 한국 영화 〈연애소설〉(2002년)은 물론 일본 영화 〈러브레터〉(1999년), 대만 영화 〈나의 소녀시대〉(2016년) 등 아시아의 유명 청춘 로맨스물을 재조합한 듯하다. 〈응답하라〉 시리즈, 〈스물다섯 스물하나〉(2022년) 등 레트로 드라마 대표작과도 겹치는 부분이 많다."라고 기자는 평가했다.

그럼에도 불구하고 이 영화가 넷플릭스 공개 후 세계 5위로 인기를 끈 이유를 "이 영화엔 마치 자신의 시절이 실제 그랬던 것처럼 문제가 될 만한 요소들을 너그럽게 수용해 가며 계속 보게 만드는 매력이 있다."고 했다. 하나의 예로 향수를 불러일으키는 세부 장치를 사용했다. '1010235'(열렬히 사모) 등 암호 같은 번호를 상대방 삐삐에 보내 마음을 전하는 장면은 삐삐 세대의 기억을 일깨워 몰입을 이끌어 20대 이하 세대의 전유물로 여겨진 하이틴 로맨스물에 1990년대가 더해지면서 40대, 50대도 영화를 즐기게 되었다고 이 기사를 쓴 기자는 평가했다.

기자는 "대중문화가 폭발적으로 성장한 1990년대를 낭만의 시대로 여기며 동경하는 20대 이하 세대와 그 시절을 겪은 30~50대가 공유할 영화가 오랜만에 나온 것."이라고 했다. 공중전화로 통화할 때 중간 중간 들리는 동전 떨어지는 소리는 동전이 모자라 애태웠던 기억을 소환했고, 주인공들이 e메일 도입 초창기 처음 계정을 만드는 장면은 당시 허세 가득한 아이디로 메일 주소를 만들었다가 마흔이 넘어서까지 아이디에 발목 잡힌 이들을 떠올리게 한 장면을 들었다. '추억팔이'라 해도 속속 모습을 드러내는 아련한 추억을 외면하기란 쉽지 않을 것이라고 했다.

기자가 마지막에 "대중이 레트로 영화에 원하는 건 과거를 날것 그대로 살려 내는 것이 아닐지도 모른다. 현재는 고통스럽고 미래는 두려운 만큼 과거라도 자신이 기억하고 싶은 모습으로 보정하고, 그곳에 의지해야 살아갈 힘이 생긴다고 여기는 이들이 많다. 이 영화가 곳곳의 빈틈에도 세계 5위를 기록한 건 대중의 이 같은 '레트로토피아'에 대한 열망을 잘 읽어 내서가 아닐까."라는 주장에 나는 공감한다.

또 다른 사례로 오래 전에 상영한 영화 〈모던보이〉는 1930년대 경성을 배경으로 모던보이와 모던걸의 연애담으로 우리의 눈길을 끌었다.

〈좋은 놈, 나쁜 놈, 이상한 놈〉은 1900년대 만주 벌판을 배경으로 한국판 웨스턴이라는 새로운 장르를 선보였다. 영화 〈라디오 데이즈〉는 1930년대 우리나라 최초의 라디오 방송국이었던 경성 방송국을 소재로 레트로 대열에 가세했다. 이 영화들은 모두 과거의 시대상을 고스란히 반영하는 상징적인 소품이나 패션 등으로 레트로 감성을 자극했다.

인테리어에서도 레트로는 약간 촌스러운 듯하면서도 운치가 있다. 그러나 촌스러운 것하고는 다르다. 과거의 영화 필름 속에 등장하던 '그때 그 시절'의 정겨운 모습이 느껴진다. 인테리어에서 레트로의 등장은 요즘의 사회현상과 무관하지 않다. 스피드 사회의 몰인정함 속에서 인간적인 따뜻함을 찾으려는 분위기에서 기인한 것으로 보인다. 나와 무관한 아주 먼 옛날의 앤티크보다는 어린 시절 접했거나 바로 나의 부모님들이 사용했던 가구와 소품 등이 더 친근하게 느껴지기 때문이다. 레트로 인테리어는 촌스러운 듯하면서도 촌스럽지 않게 정겹고 아늑한 휴식처로 만들어 준다.

이처럼 영화나 인테리어에서 볼 수 있는 것처럼 레트로의 잊혀진 과거의 남루한 디자인과 컬러는 풍요로운 시대에는 촌스럽지만 '엽기적인 미'로 다가온다. 현대적이지 않은 모습이 낯선 미학으로 다가오는 것이다. 때문에 과거 그 자체의 모습을 고스란히 드러내기보다는 현실적 요소와 융합한 퓨전의 경향을 띤다. 패션과 기호식품, 광고 등에서 레트로는 과거의 촌스러움과 궁색함 대신 기이함과 새로움으로 거듭나는 미적 혁신이다.

레트로는 항상 뉴(New)다

어느 날 집에 배달된 상품 카탈로그의 광고카피가 눈에 띄었다. '할머니가 어머니, 어머니가 딸에게 추천하는 롱셀러 도구 165개의 이야기-모두 지금 구입할 수 있습니다'라는 카피다. 그 카탈로그에는 롱셀러 상품을 다음과 같이 재미있게 구분해 놓았다.

'100년 이상 지속적으로 팔리고 있는 롱셀러'
'프로의 세계에서 계속 살아남은 업무용 롱셀러'
'일상용품 중에 살아남은 롱셀러'
'수많은 에피소드가 가미된 역사적인 롱셀러'
'모방품을 배출시킨 원조 롱셀러'
'도구기술의 최선진국 톱 제품의 롱셀러'
'소재를 지켜온 옹고집 롱셀러'
'모델체인지로 경쟁이 치열한 미국에서도 살아남은 롱셀러'
'서양화를 받아들이지 않은 롱셀러'

이 카피들은 내가 롱셀러를 정의하는 데 큰 도움이 되었다. 롱셀러의 조건과 사상을 표현하고 있다고 말할 수 있다. 처음으로 젊은 사람이 이 카탈로그에 있는 롱셀러 상품을 보고 느끼는 것은 뉴(new)나 레트로를 뛰어넘은 '좋은 상품을 만난 기쁨'이라고 생각한다.

이 카탈로그에 있는 상품은 누구나 갖고 싶은 것들이다. 스위스 스바이럴사의 오데트커피메이커, 미국 섬빔사의 토스터, 독일 리모와사의

느림의 반격

알루미늄 여행케이스, 스위스 류쥬사의 오르골, 미국 로얄사의 소형 진공청소기, 미국 캔버스사의 스포츠 슈즈 원스타 등이다.

이들 제품은 모두 시대에 뒤떨어진 느낌을 주지 않는다. 즉 영원한 일상품으로 영원히 뉴(new)다. 그것에는 즐거움을 주는 레트로가 들어 있다. 현대 사회는 마음의 안락이 중요하기 때문에 레트로를 배제할 수 없다. 레트로를 느낄 수 있는 것을 항상 애용하는 것이 새로운 것이며, 현대에서 살아가는 방식이다.

자동차 시장에서도 레트로 자동차가 아직도 팔린다. 레트로 자동차가 우리들의 추억을 자극한다는 점에서 좋은 평가를 받고 있다. 마치 과거를 부활시켜 놓은 듯한 모습은 우리들의 감각을 자극한다. 요즈음 동창회에 가도 자주 자녀들 신차 구입에 대한 애기를 많이 한다. 지금까지 타던 자동차의 스타일이나 성능, 드라이브 경험담을 마치 영화의 한 장면처럼 재미있게 말한다. 특히 우리가 과거에 타던 자동차가 시간이 지난 지금 새로 재탄생을 할 때 우리는 향수를 느낀다. 우리 자녀들은 어려서 아버지의 손을 잡고 따라다니며 보았던 차가 감성 측면에서 보면 과거와의 매개체로 다가올 수도 있다. 그러나 자녀들은 또 다른 뉴(new)로 받아들인다. 그래서 자동차 메이커들이 레트로 마케팅을 자주 활용한다. 자동차에서 많이 사용하는 레트로는 과거에 유행했던 자동차의 고전적인 스타일이나 이미지를 기본으로 한다. 그러나 디자인이나 기술은 지금의 뉴(new)를 차용한다. 바로 과거의 스타일이나 명성에 최신의 새로움을 부가해 내는 일이 바로 레트로다.

이렇게 탄생한 레트로는 당시의 사회적 분위기와 감성 그리고 향수를 담고 있다. 그러나 이것만으로는 성공할 수 없다. 레트로에는 미래가지 담겨 있어야 한다. 만약 과거의 모습만 그대로 재현하면 이는 레트로가 아니다. 전문가들이 레트로 자동차를 '과거라는 모습에 미래라는 기관을 내장시킨 자동차'로 표현하기도 하는 이유가 여기에 있다. 즉 겉모습은 과거를 지향하지만 성능은 미래를 겨냥하고 있다. 지금 우리가 뉴(new)로 인식하고 타고 다니는 자동차 가운데 기억에 남는 차가 후대에 레트로 자동차의 원형이 될 수도 있다. 이때도 지금에 없는 뉴(new)가 접목돼 제3의 새로운 레트로가 탄생할 것이다.

이처럼 레트로는 분명히 일시적인 유행이 아니다. 레트로는 우리가 지니고 있는 보편적인 심성과 욕구의 표현이다. 패션은 반복된다는 말이 있듯이 새로운 것을 찾기 위해 끊임없이 과거의 것을 끄집어낸다. 이러한 반복을 거듭하면서 새로운 차이가 만들어진다. 레트로는 이렇게 뉴(new)를 접목시키는 것이다. 우리에게는 과거나 현재나 미래에 모두가 공인하는 절대미라는 것이 존재하지 않는다. 어느 특정시대에 존재하는 미의 가치는 평가에 따라 변화한다. 따라서 레트로는 과거의 것을 새로운 뉴(new)로 만들어 냄으로써 가치를 지닐 수 있다. 그래서 레트로는 항상 뉴(new)다.

레트로 마케팅은 수요창조다

조선 나이키(Nike) 고무신, 이소룡 츄리닝, 대한전선 흑백 TV, 불량식품 쫀드기, 쫄쫄이 등 추억의 상품들이 오프라인에서 등장한 적이 있었다. 이때에 온라인상에서도 추억의 브랜드들이 뜨고 있었다. 이러한 열풍은 영화라 해서 예외가 아니다. 숱한 유행어를 남기며 대박을 터트렸던 〈친구〉, 돌아가신 외할머니를 생각나게 해 관객들의 눈시울을 자극했던 〈집으로〉, 한국전쟁이 끝나 가던 무렵에 미군이 주둔한 어느 시골 마을을 배경으로 전쟁 때문에 고통스런 인간의 삶을 그린 〈아름다운 시절〉 등이 그 대표작이다. 거기에 뒤질세라 가요계에서도 복고 음반이 인기를 끌고 있는데 〈단발머리〉, 〈낭랑 18세〉, 〈잠 못 드는 밤, 비는 내리고〉 등 1970~1980년대 유행했던 노래를 리메이크한 곡이 새롭게 인기를 모으고 있다.

출판업계도 인터넷으로 점점 책에 대한 관심이 가라앉고 있는 가운데 생존을 위해 많은 노력을 하고 있다. 1970년대 인기를 누렸던 만화 〈꺼병이〉, 〈도깨비 감투〉, 〈두심이〉, 〈5학년 5반 삼총사〉 등을 내놓았다. 또 1988년부터 1993년까지 약 5년 간 〈매주만화〉에 연재됐던 이두호의 〈객주〉를 재출간하기도 했다. 〈셜록 홈즈 시리즈〉도 재출간되어 수십만 부가 팔리기도 했다. 이러한 현상은 시간이 과거를 아름답게 미화해 버리는 능력에서 나온 것 같다. 그것이 남자들어 자주 거론하는 군대든 아니면 힘들었던 그 시절일지라도 말이다. 이러한 시간의 마력은 힘들었던 과거도 아름답게 느끼도록 그 시절에 대한 향수를 떠올리게 한다. 이러한 추억에 대한 향수를 다시 재현하고자 하는 상품에 고객들은 아낌없이 지갑을 열고 있는 것이 요즘의 트렌드 중의 하나가 아닌가 싶다.

하이테크와 레트로, 최첨단 디지털 기술이 판치는 시대에 살고 있는 우리들도 항상 이 2개의 세계를 왔다 갔다 하는 것 같다. 젊은 계층을 타깃으로 한 잡지에서 'X는 이미 한물갔다', 'Y의 시대는 이제 끝났다!' 등의 헤드라인으로 상품의 진부화를 부추기는 기사를 자주 볼 수 있다. 또

한편으로는 지나 간 것들에 대한 그리움이나 옛날 것에 대한 재평가를 강조하는 잡지의 기사도 자주 볼 수 있다. 즉 '옛날 것이 좋다'라고 설득하려는 내용의 기사도 많이 나오고 있다. 이와 같이 우리 사회에는 양측이 병존하고 있다.

중요한 것은 옛날 것이 다 좋은 것이 아니다. 또한 좋은 것은 모두 새로운 것도 아니다. 이 점을 간과해서는 안 된다. 좋은 것은 미, 기능성, 내구성, 사용의 편리성, 소재, A/S 체제 등이 우수해야 한다. 그것에 스토리가 부가되면 더욱 좋다. 어떻든 좋은 것은 뉴나 레트로에 상관없이 롱셀러가 된다. 롱셀러는 좋은 것이라고 볼 수 있다. 그런데 마케팅 세계에서는 롱셀러라든가 레트로라는 개념은 별로 없다.

일반적으로 마케팅에서 수요창조가 중요하다고 한다. 그렇다면 하이테크의 신제품으로만 수요창조가 가능한가? 그렇지는 않다. 오래된 것으로도 수요창조는 가능하다. 이것을 마케팅 관계자들은 자주 잊고 있는지도 모른다. 수요창조를 신제품 개발이라고 단순히 생각할 수도 있다. 그러나 뉴의 창조도 중요하지만 올드, 롱, 노스텔지어, 에스터데이의 재창조를 생각해 볼 필요도 있다. 재창조는 새로운 복사판의 발매 등도 그중 하나다. 바로 지나간 시대의 것을 오늘을 사는 사람들의 기호에 맞게 재수정하는 것이다.

우리는 한참 성장할 때는 과거를 돌이켜 볼 시간과 엄두가 나지 않는다. 어느 정도 성장하여 성숙기에 이르게 되면 지나간 과거가 그리워지고 그때의 추억이 가장 값진 것처럼 느끼게 된다. 이것이 우리의 마음이며, 삶 그 자체다. 이 같은 우리의 과거 지향적 마음을 이해하고, 이를 도와주는 것이 바로 레트로 마케팅이다. 우리들은 전통이나 과거, 향수에 대해 비교적 민감한 편이다. 이러한 향수 신드롬은 여러 군데에서 찾아볼 수 있다. 특히 우리나라 사람들만큼 회귀본능이 강한 민족도 없다. 그만큼 전통과 과거에 대한 향수에 있어서 풍부한 감수성을 가지고 있다는 것이다. 그래서 그런지 첨단의 모던풍이 지나가고 복고풍으로의 회귀 현상이 나타날 때에도 다른 나라에 비해 빠르며, 기간도 오래 지속되는 편이다.

우리의 추억에는 여러 가지 소재가 있다. 고향 시냇가, 신작로길, 원두막, 허수아비, 물레방아 등의 실물적인 것도 있고, 흘러간 노래, 각종 CM송, 군가 등 청각적인 것도 있다. 그리고 성춘향, 이도령, 변강쇠, 흥부와 놀부 등 회자적 인물도 있다. 레트로 마케팅은 이러한 복고적 물건이나 노래, 인물 등을 소재로 하여 고객의 마음을 과거로 돌려놓으려는 것이다. 영화관에서 들려오는 '야야야, 야야야, 차차차!' 소주 CM송의 재등장이나 지방자치 단체들의 지역 인물의 브랜드화 운동 등이 그렇다. 특히 사는 것이 힘들어지고 사회가 각박해질수록 나이가 조금 있는 사람들은 누구나 추억을 미화하게 된다. 무언가의 매개를 찾으려고 노력하게 되고, 그러한 매개를 통해서 자신만의 추억을 찾으려고 한다. 이러한 추억 찾기는 동시대를 살았던 사람들과의 공유를 통해서 더욱 확산된다. 추억의 범위는 무궁무진하다.

레트로 마케팅은 이러한 무궁무진한 아이템 중에서 특화된 상품을 선택하여 고객들의 추억을 자극하는 마케팅 기법이다. 인기가 시들해지면서 자취를 감춘 제품이 재등장하는가 하면, 옛 명성을 회복하기 위한 인기몰이 전략도 다양해지고 있다. 레트로 마케팅은 이미 브랜드 인지도가 높은 덕분에 고객들의 향수를 자극할 수 있어 마케팅 비용도 절감할 수 있다. 그래서 기업들은 기억 속에서나 아련하게 남아 있던 추억의 상품들을 속속 재등장시키고 있다. 이른바 '노스탤지어', '추억' 등으로 불리는 레트로 마케팅에 따른 것이다. 이 기법은 기업이 불황을 극복하는 또 하나의 키워드로 자리를 잡아 가고 있다.

향수와 새로움으로 동시에 자극하라

추억 속으로 사라졌던 제품들이 중장년층의 향수를 자극하며 잇따라 컴백하고 있다. 이러한 레트로 제품은 과거 명성에 힘입어 판촉비용을 적게 들이고도 매출증대에 효자 노릇을 톡톡히 해 불황극복의 대안이 되기 때문이다. 특히 식품 및 생활용품 업계를 중심으로 레트로 마케팅이 확산되고 있다.

지나간 사례로 농심은 '농심라면'을 재출시하면서 레트로 마케팅을 활용했다. 농심라면은 1975년 당시 최고 인기스타였던 코미디언 구봉서와 곽규석이 황금콤비로 '형님 먼저 아우 먼저'라며 CF에서 선보여 유명해진 제품이다. 농심은 이 라면이 고객 이벤트에서 1960~1980년대 출시한 라면 가운데 다시 판매되길 원하는 제품에 꼽혀 내놓게 됐다고 설명했다.

농심라면은 1975년 출시돼 우지사건으로 생산이 중단되기까지 15년간 6억 개가 팔렸다. 농심라면은 '왈순마'(1968), '시락면'(1974), '브이라면'(1981), '까만소라면'(1985), '느타리라면'(1989) 등 1960~1980년대에 시판됐던 6개의 제품 중 소비자들이 다시 먹고 싶어 하는 라면 인기투표에서 전체 43만 표 중에 16만 표를 얻어 1위를 차지한 라면이다. 창립 40

주년을 맞아 '그 라면을 돌려주마'라는 주제로 열린 라면 대축제를 통해서였다. 농심은 이 행사는 중장년층에게는 향수를 불러일으키고, 청소년층에게는 호기심을 유발시켜 위축된 라면시장의 소비를 진작시킨다는 레트로 마케팅 전략이다.

롯데칠성도 1990년대 유행했던 광고카피 '따봉'을 딴 '따봉주스'를 재출시하기도 했다. 따봉은 브라질 말로 '매우 좋다'라는 뜻으로 델몬트 주스 광고 브라질편에 소개돼 유행어가 됐었다. 오렌지 품질 검사관이 엄지를 치켜세우며 "따봉!"이라고 외치는 광고장면이 소비자들에게 '델몬트 오렌지 주스'보다 더 크게 각인돼 인기를 끌었다. 이 '따봉'의 인기를 다시 판매로 연결 짓기 위해 내 놓은 상품이다. 롯데칠성은 당시 CF의 인기에 힘입어 '델몬트 따봉 주스'를 출시했으나 기대 이하의 판매로 1993년에 생산을 중단했다. 하지만 재출시된 '따봉 주스'는 저가 제품 소비경향에 발맞춰 초저가인 저과즙 콘셉트로 나왔다. 그 내용물이야 어떻든 엄지손가락을 들고 '따봉'을 외쳐 본 추억을 간직하고 있는 사람들에게 지갑을 열게 했다.

추억의 생활용품도 있다. 태평양의 'ABC포마드'가 대표적이다. ABC포마드는 1951년 1월 옛 태평양화학공업사가 처음 출시한 야심작이다. 태평양은 외국산 광물성 포마드가 판치던 때 업계 최초로 향료를 섞은 순식물성 포마드를 선보였다. 2대8 가르마의 유행을 창조한 ABC포마드는 선수금을 맡기고 줄을 서 받아갈 정도로 대박을 터뜨렸었다. ABC포마드는 1970년대 들어 생산이 중단됐다가 1995년 재출시됐다. 태평양은 창립 60주년을 맞아 ABC포마드의 가치를 재조명하기 위한 공모전을 통해 현대판 ABC포마드를 내놓았다.

레트로 마케팅은 자동차업계에서도 활용되고 있다. 기아자동차의 프라이드가 하나의 사례다. 리오의 후속으로 개발됐지만, 서울 올림픽이 시작되기 전에 출시돼 13년 동안 150여만 대가 팔리며 '잔고장이 없는 차', '경제적인 차', '안전한 차' 등 국민의 자동차로 인기를 끌었던 프라이드의 이름을 달고 출시됐다. 옛 프라이드보다 배기량과 실내공간이 모두 커진 1,400cc와 1,600cc 2개 모델로 나오는 완전히 새로운 차지만 프라이드는 이름으로 프라이드 신화를 재현하겠다는 계산이 깔렸다. 이 역시 옛 차의 명성을 통해 소비자들로부터 신뢰를 더 받을 수 있고, 마케팅 비용을 절감할 수 있기 때문이다.

또 다른 사례로 '이름만 빼고 다 바꿨다'는 신형 '마티즈'에서도 찾아볼 수 있다. 1998년 4월 출시 이후 전 세계에 130만 대 이상이 판매된 마티즈의 옛 명성을 그대로 이어가겠다는 전략이었다. 실제로 GM 대우차 관계자는 '이번 마티즈는 전혀 다른 신차지만, 그 동안 축적해 온 마티즈의 명성과 영예를 잇기 위해 이름을 계속 사용키로 했다'고 밝힌 바 있다. 1985년 첫 출시된 이후 쏘나타, 쏘나타II, 쏘나타III, EF쏘나타 등으로 생산해 온 현대자동차의 경우도 마찬가지다. 완전히 새롭게 개발된 자동차지만, 그 이름만큼은 다시 쏘나타를 붙여 출시했다.

외국 자동차 시장에서도 레트로 마케팅을 많이 활용한다. 하나의 사례로 '뉴비틀'을 들 수 있다. 잘 알고 있듯이 '뉴비틀'은 독일의 국민차였던 폭스바겐의 재탄생이다. 폭스바겐은 세계 제2차 대전 때 히틀러가 국민차 개발을 지시해 만들어진 차종이다. 그래서 국민차라는 의미의 '폭스바겐(Volkswagen)' 이름이 붙여진 것이다. 이 차가 세계적으로 팔리면서 미국 사람들이 딱정벌레처럼 생겼다하여 붙인 별명이 '비틀

(Beetle)'이다. '뉴비틀'은 지금은 자동차 회사가 된 폭스바겐이 새로움을 부가해 재출시한 것이다. 뉴비틀은 지난날의 명성과 향수를 느끼게 하면서 새롭게 재해석한 디자인과 성능은 구매자들에게 자부심을 느낀다.

특히 눈부신 IT기술의 발전 속도로 인하여 신제품도 구입하는 순간부터 구닥다리가 되어 버린다. 그래서 요즈음 20~30년 전의 모양을 한 상품이나 당시의 이름을 딴 상품이 인기를 끄는 것은 모순으로 비칠 수도 있다. 그러나 급속도로 변하는 세상에서 옛 모습, 밋, 이름을 가진 제품들이 추억을 생각하게 한다. 또한 이야기 거리들을 제공하는 제품들이 눈길을 끄는 것은 어쩌면 당연한 일인지도 모른다.

그러나 레트로 제품이라고 해도 품질까지 예전의 수준을 의미하는 것은 아니다. 반드시 우리가 살고 있는 지금에 맞게 새로움을 부가하여 감성을 자극할 수 있어야 한다. 과거에 누렸던 명성만을 너무 의존해서는 절대로 성공할 수 없다. 옛 이름만을 붙여 제품을 재출시하는 것은 좋은 기억으로 남아 있던 이미지까지 해칠 수 있다. 레트로는 현재의 부족함을 채워 주면서도 차별화하는 기호다. 그리고 거기에는 우리의 감성이 존재한다. 하이테크와 초스피드 시대에도 레트로가 존재할 수 있는 것이 바로 시대를 초월할 수 있는 힘을 지니고 있기 때문이다.

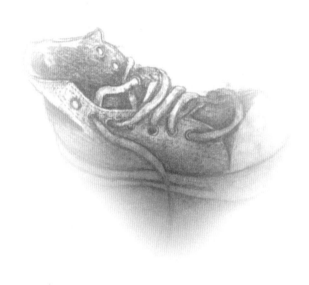

제3부

불편 즐기기

1장
과도하게 편리한 시대

불편을 참으라고? 난 그렇게 못 해

우리는 더 이상 불편함을 참지 못한다. 조금만 불편해도 그것을 해결해 주는 발명품이 곧바로 나온다. 그래서 불편이 발명의 원천이라고 말한다. 발명은 사실 불편함이라는 본능적인 욕구에서 나온다. 인류의 역사를 살펴보면 바로 알 수 있다. 석기시대에는 생활을 하면서 손으로 하는 것이 불편해 돌이나 나무 등을 도구로 만들어 사용하기 시작했다. 먼 곳으로 이동하면서 걸어 다니는 것이 불편해 이동수단을 만들었다. 처음에는 동물을 사용했으나 그것도 불편해 자동차를 발명했고, 점차적으로 기차와 비행기, 우주선까지 만들어 냈다.

내가 어린 시절에 공상과학 만화를 읽으면서 생각했던 세계가 이제는 현실이 되었다. 손으로 작동하는 것이 불편해 말로 작동할 수 있으면 좋겠다고 생각했는데 그러한 기계들이 지금은 많은 분야에서 나왔다. 우리는 편지로 안부를 전하는 것이 불편해 빛의 속도로 메시지를 전파하는 인터넷을 발명했다. 말로만 통화하는 것이 불편해 얼굴을 보면서 통화하는 화상전화 시스템은 이미 현실로 이루어졌다. 우리는 비행기를 만들어 새처럼 하늘을 나는 꿈을 이루었다. 그러나 그것도 불편해 로켓을 만들어 속도를 높였다. 조금 과장해서 말하면 어제 불편하다고 생각했던 일들이 자고 나면 바로 해결될 만큼 점점 더 변화의 속도는 빨라지고 있다. 일상생활 속의 불편함에서 발명의 아이디어가 나오고 있다.

이러한 발명은 우리가 일상에서 겪는 모든 사물을 불편하게 보는 것에서 아이디어가 떠오른다. 우리는 불편을 느끼면 당장 편하게 만들고 싶어진다. 발명가들은 대개 일상 속에서 생활하면서 불편함을 느끼면 왜 불편한가를 먼저 생각해 본다고 한다. 무엇이 문제인가를 발견하게 되면 반은 발명을 한 셈이라고 했다. 무엇이 문제인가를 알면 그 문제를 해결하면 곧 발명이 되기 때문이다.

하나의 사례로 샤프펜슬을 들 수 있다. 나는 초등학교 시절 필기구로 연필만 사용했다. 아마 그 당시에는 대부분이 그러했을 것이다. 연필이 닳으면 칼로 깎아야 했다. 연필을 깎으면서 손을 베는 경우도 많았다. 또한 연필이 계속 닳아 몽당연필이 되면 그것도 아까워했다. 물론 이제는 연필깎이가 발명되어 척척 돌려만 주면 되어 편리해졌다. 그런데 그것도 불편하다고 생각한 사람이 샤프펜슬을 발명했다. 그는 연필을 깎지 않고 사용할 수는 없을까라는 생각을 했다. 가난한 대장장이 아버지를 도우면서 발명에도 관심이 많았다고 한다. 그는 항상 연필과 종이를 가지고 다니면서 아이디어가 떠오를 때마다 기록하거나 그림을 그리는 것이 습관이었다고 한다. 그래서 그는 연필을 아주 많이 사용했다. 연필을 깎을 때마다 불편하다는 것을 느꼈다. 그는 연필심을 카트리지에 끼우고, 그것을 속이 빈 플라스틱 파이프에 여러 개 넣었다. 그런 후 연필심이 다 닳으면 파이프 꽁무니를 눌러 다른 심이 또 나오도록 만들었다. 샤프펜슬은 이렇게 발명된 것이다. 샤프펜슬의 발명은 바로 연필을 깎는 것의 불편함이 원천이 되었다.

우리 주변에서 주부들이 일상생활의 불편함을 덜려다 대박을 터뜨린 사례도 많다. 어느 주부는 음식물 쓰레기 처리의 불편을 해소해 주는 가정용 건조기를 발명했다. 국내는 물론 캐나다, 스위스 등에도 수십만 대를 팔았다. 어느 맞벌이 부부는 밥할 때마다 쌀 씻는 것이 불편해 소포장 세척 쌀을 만들었다. 그는 라면처럼 봉지를 뜯고 물만 부어 해먹을 수 있는 방법을 생각한 것이다. 300g짜리를 밥통에 쏟아 물만 부으면 두세 사람이 먹을 수 있는 분량의 소포장 세척 쌀을 만들어 대박을 터뜨렸다. 또한 자주 거론되는 가장 성공한 엄마 발명왕이 있다. 한경희스팀청소의 대표이다. 그녀는 기존 청소기의 불편함을 해소해 주는 걸레질 효과를 내는 스팀청소기를 발명했다. 이렇게 우리 주변에서 엄마 발명왕이 속출하고 있다. 살림살이에서 느낀 불편함을 발명으로 이어 대박을 터뜨리는 것이다. 연간 매출로 수백억 원을 올리고 특허권을 팔아 큰 수입을 얻기도 한다. 이들은 불편함이 발명의 원동력이라고 말한다.

이외에도 일상생활 속에서 겪게 되는 아주 작은 불편함을 편리함으로 바꾼 발명품에는 여러 가지가 있다. 휴지를 버릴 때 우리는 손으로 휴지통 뚜껑을 여는 것을 싫어한다. 이 불편을 해결해 주는 발명품이 발로 여는 휴지통이다. 휴지통 뚜껑을 발로 열 수 있도록 휴지통 아래에 페달을 만들어 놓아 발로 페달을 밟아 휴지통 뚜껑을 열 수 있다. 또 다른 사례로 꺾이는 빨대를 들 수 있다. 상반신을 일으킬 수 없는 환자가 누워서 우유를 마시려면 불편하다. 컵에 빨대를 끼웠는데도 불구하고 이 환자는 몸을 옆으로 움직여 아주 힘들게 먹어야 한다. 이 발명품은 빨대에 주름을 넣어 빨대가 옆으로 꺾이게 하여 누워서도 아주 쉽게 우유를 마실 수 있도록 만들었다.

이렇게 우리는 불편을 조금도 참지 못하는 사회풍토 속에서 살고 있다. 조금만 불편해도 그것을 반드시 해결하지 않고는 못 참는다. 이제는 편리한 것들과 단절하고 살 수는 없게 되었다. '자동차 대신 자전거를 이용한다. 여름에 에어컨 대신에 부채를 사용한다. 엘리베이터를 타시 않고 걸어올라 간다. 이메일 대신에 편지를 쓴다.' 나 자신도 이것들을 실천하기는 아주 어렵다고 본다. 이는 이미 우리는 지나친 편리함 속에 함몰되어 헤어날 수 없기 때문이다. 우리들의 생활은 앞으로도 더없이 편리해질 것이다. 그러나 그 편리함 속에서 정말 우리가 행복하게 살고 있다고 말할 수 있을까?

편리한 생활은 정말 행복한가?

하이테크는 우리의 생활을 편리하게 만들고 풍요로운 일상을 영위할 수 있게 해 주었다. 아무리 길치라도 멀리 모르는 곳을 찾아가는 것은 이제 걱정이 없다. 차에 조그마한 내비게이션 장치 하나만 달면 모르는 길도 척척 알려 주고 일정도 관리해 주는 개인비서의 역할을 한다. 또 가사일도 청소로봇이 청소를 해 주고, 빨래는 인공지능세탁기가 알아서 해 준다. 가스레인지 불을 깜박 잊고 끄지 않고 집을 나와도 걱정할 필요가 없다. 집밖에서 핸드폰을 통해 끌 수 있다. 아주 편리한 세상이다.

가정에서뿐만이 아니다. 공장에서도 로봇이 우리를 대신하여 부품을 조립하고 있다. 굴뚝 청소 등의 어려운 일은 이제 사람 대신 기계가 다 해 준다. 공장뿐만이 아니라 사무실도 마찬가지다. 사무자동화의 지속적인 추진으로 많은 일을 기계가 해 주고 있다. 계절을 느끼기 힘들 정도로 사무실 온도를 자동으로 조절한다. 팩스, 복사기, 컴퓨터는 우리의 노고를 덜어 주었다. 하이테크 덕분에 우리는 편리해졌다.

이처럼 우리는 과도하게 편리한 시대에 살고 있다. 일상생활에서 뿐만 아니라 일터인 회사에서도 과도한 편리를 누리고 있다. 특히 회사에서의 편리는 시간절약과 효율증대라는 의미를 내포하고 있다. 그 대표적인 목적은 일의 생산성 향상이라는 목표를 달성하려는 것이다. 그것은 일정의 아웃풋 및 생산을 수행하는 데에 얼마만큼 시간을 단축할 수 있는가가 열쇠다. 사무자동화의 진전은 편리함을 확보하는 것이 필수조건이다. 놀랄 정도의 시간절약과 업무상의 편리가 실현된 것이다. 그러나 동시에 잊어서는 안 되는 것도 있다. 우리의 사고 속도를 초월한 기계의 사용이라는 도식을 만들어 냈다.

경영의 합리화라는 명목으로 수많은 시스템이 구축되고 있다. 그것도 그만큼 우리를 바쁘게 만들고 있다. 또한 편리는 시간절약과 고밀도라는 도식을 만들었다. 그런데 우리 사회를 둘러싼 이 언어들에는 공통된 진실이 있다. 회사라는 조직에서 일하는 우리는 매일 시간을 세분화하여 일벌과 같이 주위를 돌면서 보내야 하는 숙명에 빠지게 되었다. 시간에 따라 관리되는 존재가 된 것이다. 노동의 밀도를 높여야 하는 스트레스도 가중되고 있다.

최근에는 하이테크가 준 편리함 때문에 우리 주변에 실업자와 백수가 늘어나고 있기도 하다. 특히 회사의 사무자동화는 스텝 부문의 인원감축에 박차를 가하는 결과를 초래했다. 그래서 하이테크의 편리는 그것을 수행하는 사람에게는 결코 편리해서 좋다고만 말을 할 수 없는 이유다. 이 시점에서 우리는 다시 한번 우리가 누리고 있는 편리한 생활이 정말 편리한가를 곰곰이 생각해 보아야 할 것 같다.

이러한 상황 속에서 생활하는 회사원의 시간활용에 관한 여러 가지 문헌을 찾아보았다. 여기에서 놀릴만한 사실을 알 수 있었다. 대부분의 자료가 회의와 전화, 그리고 자료작성에 시간을 어떻게 절약할 것인가와 쓸데없는 요소를 없애고, 밀도를 어떻게 올릴 것인가가 대부분이었다. 회사원에게 그것이 반드시 필요하다고 정의하는 논조다.

그러나 나는 그것이 정말 맞는가라는 의문이 생겼다. 자료들을 보면서 마음이 답답했다. 회사원은 기계가 아니라 살아 있는 사람이다. 회사에서 쌓인 스트레스나 피로를 해소하지 못하면 살아가기가 어려운 실정이다. 그래서 휴식이 필요하다. 바로 에너지 충전을 위한 시간이 오프타임이다. 그래서 '오프타임을 잘 보내기 위한 콘셉트는 무엇일까?'라는 것을 생각해 보았다. 한마디로 말하면 그것은 회사에서 생긴 스트레스를 해소하고 발산하는 것으로 생각했다. '시간의 구속' 대 '시간의 자유 활용', '행동의 제약' 대 '자유분방한 행동', '장소의 구속' 대 '좋아하는 장소 여행' 등의 행위가 필요하다.

그 이유는 '업무에서의 편리와 시간절약' 대 '사생활에서의 불편과 불필요한 시간소비'라는 의식을 의도적으로 갖도록 행동하게 하는 것이다. 이것이 회사를 벗어난 후의 생활에서 없어서는 안 될 테마일지도 모른다. 바꾸어 말하면 편리함 속에서 고밀도의 일을 해야 하는 회사를 벗어난 후는 불편을 만끽할 수 있는 여유가 있는 자유 시간을 갖는 것이 필요하다.

편리한 시대, 여성은 오히려 불편하다

요즈음 직장에서의 여성 불평등이란 말이 많지만, 18세기 중엽까지는 남성이나 여성이 모두 동등하게 일했다고 한다. 그 당시에 농사에 종사했던 여성의 임금은 남성과 같았다고 전해지고 있다. 대전환을 하게 한 것이 산업혁명이다. 산업혁명은 1750년에 시작하여 1850년까지 약 100년간에 걸쳐 진전되었다. 이로 인해 수만 년에 걸쳐 만들어진 남녀평등이 붕괴가 되었다.

바로 가정과 일의 분리는 바로 산업혁명에 그 뿌리가 있다. 가정과 일의 분리는 필연적으로 가정 내의 역할 분담을 동반한다. 여성은 취업을 하지 않고 남성에 의존하는 주부가 된다. 남성은 임금 노동자로서 노동으로 주부와 자녀를 부양해야 하는 역할을 담당한다. 여기에서 남성에게 의존해야 하는 주부라는 여성의 불편이 시작된다.

주부는 가정 내에서 분명히 프로다. 그런데 가정에서의 일은 회사의 일과는 큰 차이가 있다. 그 이유는 다음과 같다. 첫째로 가사는 밀실의 행위다. 하나의 가정에는 한사람의 주부가 있다. 가사는 이 한사람의 주부의 재량에 맡겨진다. 얼마 전까지는 대가족제에 근거한 동거가 주류를 이루었다. 시어머니와 며느리의 갈등이 있지만 생활의 지혜는 전승되었다. 요즈음은 핵가족을 이루고 있어 시어머니의 살림 노하우를 습득할 기회가 적어진 상태로 주부업을 하고 있다. 가사에 익숙하지 않은 여성이 자녀를 기르는 가사의 노하우가 점차 전달되기 어려워지고 있다.

둘째는 가사는 회사 일과 달리 평가되지 않은 일이다. 아무리 맛이 있는 요리도 매일 먹으면 맛이 있다는 것을 알지 못하게 된다. 결혼 후 3개월 정도는 '맛이 있다'라고 칭찬하는 남편이 있을지 모르지만, 3년이 지나면 그 칭찬은 사라질 것이다. 집안을 아무리 깨끗하게 청소를 해도 깨끗한 것은 당연한 것이다. 세탁도 마찬가지다. 옷을 계속해서 벗고 청결한 옷으로 갈아입는 것은 당연하다고 생각한다. 즉 가사는 평가되지 않는 일이다.

셋째로 자기규제가 어려운 일이다. 회사에는 단기목표, 중기목표, 장기목표가 있다. 이 목표의 달성률은 숫자로 나타낼 수 있다. 고객과의 계약은 언제, 무엇을, 어떻게 할 것인가로 목표와 도달점을 나타낼 수 있다. 회사와의 계약, 사람과의 약속이라면 철야를 해서라도 기일 내에 내용대로 질이 높은 일을 처리해 낼 것이다. 그런데 가사는 자신과의 약속이다. 주부가 매일 노력을 해도 자기와의 약속을 지키기는 어려운 것이 특성이다. 이상과 현실이 일치하기는 어렵기 때문이다. '해야 한다'라고 정신적으로 쫓기면서 매일을 보내고 있다. 여성은 가정 내의 프로로 기술을 아무리 연마해도 비즈니스와 가사와의 특성의 차이가 존재하므로 여성의 불편은 높아지고 있다.

생활기술이 전달되기 어려운 주부를 위해 누구에게나 균질한 가사가 될 수 있도록 가전업계는 생활에 편리한 상품을 가정에 보내고 있다. 그로 인해 생활은 편리해졌다. 가사를 위해 할애하는 시간과 노력도 압도적으로 합리화되었다. 이 때문에 '산업'과 '가정'의 혼동이 일어났다. '사는 사람의 의견을 존중하는 경영이 중요하다'라고 하여 여성이 사회에 끌어들여지게 된다. '소비자는 왕이다', '여성을 고용하지 않으면 시대에 뒤떨어진다'라는 사실 때문에 기업은 여성을 받아들이기 시작한다.

가정은 적은 사람 수의 육친이 모여서 만들어진다. 여기에서 조직은 필요가 없다. 이러한 가정에서 조직의 규칙을 몸에 익힐 필요가 없었던 여성은 좀처럼 사회의 규칙을 이해하기 어려웠다. 조직이 있으면 정치가 따르기 마련이다. 정치에는 반드시 진심만이 필요한 것이 아니다. '여성은 사회성이 없다'라는 말도 바로 여기에 그 이유가 있다. 그러나 '사회성이 없다'라는 말은 옳지 않다. 산업계의 시스템은 여성이 역사적으로 쌓아 온 가정의 시스템과 차이가 있기 때문이다. 그러나 평가를 받아야 하는 비즈니스에 뛰어든 것 자체로 여성은 산업과 가정이 혼동된 속에서 일해야 하는 불편을 받아들여야 했다.

사회진출을 하게 된 여성들은 점차 사회에 참여를 하게 된다. 어떤 여성은 결혼을 포기하고, 어떤 여성은 출산을 미루고, 어떤 여성은 육아를 하면서 일을 계속했다. 가정을 지키면서 일을 계속해야 하는 불편도 '자신의 인생은 자기가 선택한다'라는 자부심을 갖고 이겨 낸다. 사회에 참여한 여성들의 개인적인 노력이 가정이나 사회를 지탱하게 된다.

점점 가사는 가전제품으로 합리화되었다. 남성의 가사 참여도 증가하게 되었다. 그렇다고 해도 가사의 주체는 언제나 여성이다. 이해심이 있는 남성은 '내가 도와줄까?'라고 하면서 가사에 협력한다. 그 '도움', '~줄까?'라는 말에서 알 수 있듯이 여성이 주체이고 남편은 보좌역이라는 사실이다. 전자레인지나 전기밥솥은 편리하기는 하다. 그러나 메뉴를 생각하고 기기를 조작하는 수고는 줄어들지 않는다. 이러한 속에서 여성은 가사와 육아를 동시에 하면서 일을 하고 있다.

기업도 그러한 여성을 도우려고 한다. 그보다는 오히려 거기서 비즈니스 기회를 발견하여 새로운 서비스를 개발해 낸다. 육아는 종일반, 또는 저녁까지 돌봐주는 유아원 등이 생겨나고 있다. 교육제도의 폐해라고 말하는 학원도 관점을 바꾸어 생각하면 일하는 여성을 지원하는 하나의 서비스다. 그 외에도 세탁이나 집안 청소도 돈만 지불하면 대행을 해 준다. 야채나 도시락, 가공식품, 냉동식품도 일하는 여성을 지원하는 서비스 중 하나다. 그리고 편의점이나 대형할인점 혁명도 마찬가지다. 이러한 매장의 등장으로 남성들을 '이제 혼자서도 할 수 있게 되었다'라고 생각하게 했다. 여성들은 '요리의 수고를 덜 수 있게 되었다'라고 환영했다. 그렇다고 해도 생활의 주체인 여성의 불편은 벗을 수 없다. 그래서 지금도 '어! 이렇게 편리하게 되었네'라고 말하면서도 '조금 더'라는 여성의 편리욕구는 확대되고 있다.

가전제품 구입이 여성의 취미였던 시절이 있었다. 계속 개발되어 쏟아져 나오는 상품에 흥미를 지니고 그것을 사면 '가사가 합리화될지도 모른다', '가족에게 즐거움을 제공할지도 모른다'라고 생각하여 나오는 족족 사들이는 시기가 있었다. 식기 건조기, 자동 제빵기, 런닝머신, 초음파 미용기기 등을 사들여 이 기기들이 거주 공간을 좁게 만드는 주범이 되었다. 이러한 학습은 편리라는 이름으로 개발된 상품을 더 이상 집에 들여놓고 싶지 않도록 생각하게 만들었다. 사들인 가전제품들이 주거 공간을 좁게 만들어 편리는 하지만 문제가 있다는 것을 깨닫기 시작했다. 바로 심플한 생활이 정신적인 기쁨을 준다는 것을 알게 된 것이다.

또 한편으로는 편리를 지향하여 편리를 누려 온 여성에게 남은 것은 허무함이다. 자기가 없어도 되도록 조작이 가능한 가전제품의 버튼을 계속 누르는 것에서 불안을 느끼기 시작했다. 주부가 없으면 아무것도 할 수 없었던 가족들이 이제는 주문을 하여 식사를 하는 것도 알 게 되었다. 속옷을 정리해 둔 곳이 어디인가도 알게 되었다. 자기가 없어도 생활을 할 수 있게 된 가족들 앞에서 주부들은 주체성을 상실할 수도 있다. 자유를 위해 편리를 추구해온 여성들은 마음 한 켠으로는 가족들이 꼼짝 못 하는 불편을 원하고 있지는 않는가라는 생각이 든다.

편리함은 수단에 불과

얼마 전 신문에서 우리나라의 성장산업 중의 하나로 로봇이 선정되었다는 내용을 읽었다. 이 기사에 의하면 조금만 기다리면 가정용 로봇이 보급된다고 한다. 이 로봇이 가사노동의 많은 부분을 해결해 준다고 하니 특히 주부들에게는 희소식이다. 우리의 가정에 가사로봇의 등장은 힘든 청소나 빨래 등의 집안일을 알아서 해 주는 편리함을 가져다줄 것이다. 이로 인해 주부들은 가사에서 해방되어 시간적으로 여유가 그만큼 여유가 생길 것이다.

주부들에게 시간적 여유가 생기면 그동안 가사에 얽매여 하지 못했던 취미생활 등을 할 수 있게 된다. 물론 대부분의 주부들이 더 생긴 시간을 효율적으로 사용할 것이지만, 한편으로는 부작용도 우려된다. 로봇이 단축시켜 준 시간을 우리가 어디에 쓰는가가 중요하다. 다른 더 많은 일

느림의 반격

을 하는 데 유용하게 쓴다면 발전적일 수 있다. 그러나 지금까지 보면 기계의 편리함이 만들어 준 시간은 우리를 정신적으로 황폐하게 하는 사례를 많이 볼 수 있었다.

우리 생활 속에서 기계화에 의한 편리함이 우리 사회를 발전시키는 것 같지만 사실 그것을 통해서 우리 사회는 정신적으로 좀 더 뒤로 후퇴하는 것이 아닌가 하는 생각도 든다. 다른 사람보다 내가 더 빨리 가야 하고, 누구보다 내가 더 먼저 해야 한다는 강박관념이 우리를 사로잡고 있다. 이러한 사회 분위기는 이제 점점 불편함을 참지 못하는 시간들이 점점 짧아지는 것 같다. 이로 인해 시간의 개념과 공간의 개념이 달라지고 있는 것이다.

우리 주변의 모든 것들이 빨라지고 있다. 이제는 정이 넘치는 완행열차인 비둘기호는 사라지고 고속으로 달리는 KTX가 대세다. 횡단보도를 건널 때도 째깍째깍 줄어드는 초수를 계산하면서 건너는 것이 습관화되었다. 이 표시는 우리에게 빨리 건너도록 재촉한다. 또한 어른이고 어린이고 리모콘에 익숙해졌다. 편하게 드러누운 자세로 리모컨으로 에어컨 온도를 조절하고, 커튼도 열고 닫고 한다. 리모컨은 우리 몸이 덜 움직이게 만들어 주었고, TV 시청 시에는 프로그램 사이 광고시간을 참지 못해 이곳저곳 돌리게 했다. 바로 기계화가 준 편리함이 우리를 점점 더 조급하게 만들고 있다.

컴퓨터가 나오기 전까지는 나는 원고를 펜으로 원고지에 써서 출판사에 넘겼다. 사실 그리 오래되지 않은 일이다. 그런데 요즈음은 더 이상 펜으로 글을 쓰지 않는다. 수첩이나 포스트잇에 간단히 메모하는 것을 제외하고는 손으로 쓰지 않고 컴퓨터로 쓴다. 이제는 원고도 컴퓨터로 써서 출판사에 이메일로 보내면 끝난다. 서로 대면할 필요가 없어졌다. 원고지에 써서 직접 들고 가 만나서 전달하는 것에 비하면 아주 편리해졌다.

또한 손으로 써서 편지를 보낸 기억도 언제인지 희미하다. 지금은 전화나 이메일 등으로 소식을 전하고 있다. 일반적으로 편리한 것이 나오면 이전의 방식은 사라지는 것이 당연하다. 글을 쓰는 도구도 선조들은 붓으로 썼다. 만년필과 볼펜, 연필이 등장하면서 붓은 점차 사라졌다. 연필은 샤프펜슬이 나오면서 사용이 줄어들었다. 이제는 이러한 필기구로 쓰는 것보다 컴퓨터를 이용해 글을 쓰는 사람이 많아졌다. 곧 컴퓨터 키보드로 입력하는 것도 귀찮아 말하면 바로 글자로의 입력이 대세가 될 것이다. 핸드폰도 이제는 전화번호 숫자를 누르지 않고 말하면 걸린다. 이렇게 하이테크에 의해 편리함을 추구하는 쪽으로 바뀌고 있다. 편리함을 추구하는 우리의 욕망이 사라지지 않는 한 기술의 발전은 계속될 것이다. 요즈음 그 발전 속도는 우리의 상상을 초월할 정도다.

이렇게 기술이 아무리 발전한다고 해도 단지 우리 생활을 편리하게 해 주는 수단에 불과하다. 우리는 컴퓨터나 로봇이 없어도 살 수 있다. 이것들은 우리 생활을 단지 편리하게 해 줄 뿐이지 우리의 삶을 근본적으로 바꾸지는 못한다. 우리는 어떤 곳에 가든 적응할 수 있는 능력을 지니고 있다. 그래서 최첨단 기술 속에서 살고 있는 우리가 컴퓨터나 리모컨이 없는 무인도에 가도 불편하지만 조금만 지나면 적응하여 살게 된다.

얼마 전에 모임에서 친구가 한 말이 생각난다. 친구는 딸을 파리에 유학을 보냈다. 자신도 젊은 시절에 파리에 유학을 다녀왔다. 지금은 그때와는 소식을 전하는 방법이 아주 많이 다르다고 했다. 현재는 서울과 파리 간에 간단하게 인터넷 화상전화로 연결이 된다. 그래서 커뮤니케이션의 빈도도 아주 높아져서 아무 때나 연락을 할 수 있어 아빠의 입장에서는 안심이 된다고 한다. 그런데 딸은 아빠와 달리 무덤덤한 표정이어서 서운하다고 했다.

딸이 유학 간 초기에는 일반전화의 빈도수가 높아 전화요금도 많이 지불했다. 그런데 언제나 연락이 가능하기 때문에 안심감이 생겨 점차 줄어들게 되었다고 했다. 이제는 걱정이 되어 전화를 걸어도 긴단히 용건만 말하고 끊는다고 한다. 그 친구가 유학을 할 당시에는 직통전화가 없었다. 국제전화 요금도 아주 비싸서 자주 하기 힘들었다. 그래서 그는 1주일에 1통의 편지를 썼다고 했다. 근황 및 파리의 사계절의 정경, 영화를 본 후의 느낌, 친구들 이야기까지 편지지에 여백이 없을 정도로 써서 보냈고, 집에서도 장문의 항공우편이 왔다고 한다. 불편했을지도 모르지만 거기에는 확실한 가족 간의 정이 넘치는 커뮤니케이션이 있었다고 그는 말했다.

이 친구의 말에서 알 수 있듯이 통신 분야의 기술혁신은 리얼타임에 세계의 정보를 전달해 주지만, 우리에게 명암을 만들어 주었다. 즉 세계의 주요 도시 어디든 인터넷으로 연결되어 소식을 전하는 것이 편리해졌지만, 손으로 쓴 편지에 우표를 붙여 보낸 항공우편이 가족 간의 정은 더 있었다는 점을 간과해서는 안 될 것 같다. 최근에는 자녀를 해외에 유학을 보내는 가정이 아주 많아졌다. 그리고 고령화 사회의 빛과 그림자의 양면을 느끼는 사람도 많다. 이러한 때에 친구의 의미심장한 말을 '옛날이 좋았다'라고 단순하게 회고하는 것으로 끝낼 수만은 없는 것 같다.

편리함이 가져온 그림자

하이테크는 우리에게 많은 편리함을 가져다주었다. 비행기는 지구 곳곳을 짧은 시간에 갈 수 있게 해 주었고, 인터넷은 빛의 속도로 우리의 메시지를 실시간에 전 세계 어느 곳이든 망만 설치하면 전달할 수 있게 해 주었다. 이뿐만 아니라 농업생산의 향상으로 기아에서 해방될 수 있게 했다. 우리의 결혼생활에서도 약으로 임신을 조절하기 시작했다. 사회적으로 윤리문제가 대두되어 시끄럽기는 하지만 의사들은 시험관 아이를 만들었다. 각 나라에서는 과학자들이 동물을 복제하기 위해 서로 경쟁하고 있다. 반도체를 이용해서 컴퓨터를 만들었고, 통신망이 컴퓨터들을 연결하고 있다. 아주 편리한 시대다.

반면에 하이테크는 새로운 사회문제를 야기했다. 원자를 쪼갠 대가로 우리는 지금 북한의 핵무기 개발에 촉각을 세우며 저지를 위해 국력이 낭비되고 있다. 핵무기는 우리 민족을 전멸시킬 수도 있는 무기가 될 수 있기 때문이다. 원자력 발전은 그린에너지로 각광을 받아 왔지만, 일본 지진사태에서 볼 수 있듯이 방사능 누출이라는 공포의 대상이 되고 있다. 또한 우리는 지금 자동차 없이는 살기 힘들지만, 그 편리함을 위해 대기와 수질 오염은 물론 오존층 파괴와 지구 온난화 현상이라는 대가를 치르고 있다. 유전자 조작은 식량증산에는 도움이 되었지만, 변형된 식품을 우리 식탁에 올리는 결과를 가져왔다. 유전자 복제는 인간 복제라는 미증유의 도덕적 문제를 제기하고 있다. 그리고 정보기술은 우리의 삶을 편리하게 하지만, 예상치 못한 방법으로 프라이버시 침해와 사람들 간의 정을 빼앗아 가고 있다.

이와 같이 하이테크가 만들어 준 편리함이 우리 사회를 앞서가게 하지만, 우리는 그 부작용도 감수해야 한다. 편리함을 누리고 살면서도 불편함 혹은 느림이라는 단어를 포함한 책 제목들이 많이 나오고, 웰빙이나 슬로우라는 단어도 유행하고 있는 것만 보아도 우리가 무엇을 원하고 있는가를 알 수 있다. 이렇게 생활 속에서는 느림을 원하면서도 한편으로는 빠른 속도 경쟁이 더욱 치열하다. 이런 불균형의 상태가 우리를 더욱 혼란스럽게 만들고 있다.

그래서 하이테크가 가져다준 편리함만이 능사는 아닌 것 같다. 지금 전 세계가 한 목소리로 그린 캠페인으로 지구를 살리자고 외치고 있다. 하이테크화로 우리가 추구하는 생활의 편리함은 우리가 사는 자연의 급속한 파괴를 불러오고 있다. 또한 편리함은 우리를 조급하게 만들어 마음의 여유를 빼앗아 가고 있다. 사람과 사람의 관계도 불편하게 만들고 있다.

모든 사물에는 안과 밖이 있듯이 이렇게 하이테크에도 빛과 그림자가 있다. 부작용을 가져온 것은 물론 환경파괴다. 그러나 환경파괴 외에도 하이테크의 그림자는 사람과 사물과의 관계에서도 미묘한 영향을 미치기 시작했다. 테크놀로지는 편리하고 효율적이며 시간절약 측면에서 확실하게 생활문화를 향상시켰다. 그러나 속도를 높이기 위한 기술혁신은 모든 것을 유용성이라는 합리적 구조 속으로 끌어들여 버렸다. 앞의 사례에서 알 수 있는 것 같이 테크놀로지가 파놓은 함정 속으로 빠져들고 있다.

이렇게 테크놀로지의 부작용이 현저하게 나타나게 되면 당연히 반동이 일어나기 마련이다. 기술만능에 대한 반성이다. 이때가 돼서야 '불편', '시간이 걸린다', '도움이 안 된다'라는 시대에 역행하는 것으로 보이는 콘셉트가 지지를 받기 시작한다. 이 콘셉트가 매력으로 인식되어 시장을 형성하고 상품과 서비스를 만들어 낸다. 이 현상은 일시적인 것이 아니다. 이유도 없이 일부러 먼 길로 돌아가려는 사람은 없다. 돌아가는 길에도 자기 나름대로의 좌표축을 발견해 내는 사람이 많아 진 것이다. 기술 일변도의 생활문화에서 땅의 냄새를 맡으며 사는 생활문화로 바꾸려는 것이다. 그리고 임차의 문화에서 자신의 문화로 바꾸고, 이식의 문화에서 경작의 문화로 바꾸려는 것이다. 약간은 다르다고 생각할지 모르지만 이러한 문화가 싹트기 시작했다고 생각한다.

느림의 반격

2장
불편이 더 따뜻한 수동의 하이터치

점보기에도 필요한 인공 감각장치

하이테크를 다 모아 놓은 거대한 점보기에는 'Artifical Feeling Device'라는 장치가 되어 있다고 한다. 이를 번역해 보면 '인공 감각장치'라고할 수 있다. 점보기는 날개에 걸리는 공기의 저항이 커서 조작부분과 가동부분의 사이에 유압장치가 들어 있다고 한다. 그래서 소형 비행기와같은 와이어 케이블로 전달하는 조종의 실감이 전혀 없다. 인공 감각장치는 '지금 이 거대한 비행기를 조종하고 있다'라는 실감을 인공적으로만들어 낸 유사장치다. 말하자면 인간의 감각을 떠나서 혼자서 걷는 하이테크놀로지를 다시 한번 인간의 감각영역에 끌어들이는 조작이다.

이렇게 아무리 첨단기술을 도입해도 그것을 사용하는 인간의 감각은동물적인 소박함을 지니고 있다. 인간의 오감과 기계와의 일체감이 필요하다. 우리는 그것을 '하이테크'와 '하이터치'의 결합이라고 한다. 아무리 우수한 하이테크 장치가 있어도 비행기는 추락한다. 비행기의 정비잘못으로 비행 도중에 산속으로 추락한 사고도 일어났다. 추락하는 비행기 속에서 고장이 난 기계와 그것을 인간의 감각영역으로 되돌리려는 비행사의 사투는 짧은 순간에도 일어난다. 대개는 회수된 음성기록 장치에서 그 사실을 알게 된다. 여기에는 더 이상 인간과 기계와의 일체감은 없다. 오히려 존재하고 있는 것은 적대감뿐이다. 여기에서 알 수 있듯이 우리는 지금 인간과 하이테크의 균형과 조화가 절실히 요구되고 있다.

미래학의 석학으로 불리는 존 나이스빗(John Naisebitt)은 그의 명저 메가트랜드에서 '하이테크는 하이터치를 동반한다'면서 '21세기는 감성이 지배하는 하이터치의 시대가 될 것'이라고 예견한 바 있다. 단순히 첨단기술만이 아니라 감성이 가미된 상품과 서비스가 각광받을 것이라는 내용이다. 그는 텔레비전, 컴퓨터, 팩스, 인터넷, 이메일, 사이버스페이스, 가상현실, 유전 공학, 네트워크, 시뮬레이션, 음성인식, 소프트웨어 등 하이테크는 우리 생활 속으로 빛의 속도로 급속히 파고들고 있다고 했다. 하이테크가 우리의 삶을 빠르고 편리하게 만드는 데 큰 기여를 하고 있는 것은 사실이다. 그러나 이 하이테크가 우리 삶을 더 풍성하게 만들어 준 것만은 아니다. 테크놀로지의 활용이 아니라 테크놀로지에 우리가 취해 버렸다. 나이스빗은 하이테크를 지나치게 추구한 결과로 기술에 의존하지 않고서는 살아갈 수 없는 기술중독지대(technologically intoxicated zone)로 변해 버렸다고 했다

그래서 나이스빗은 "당신의 어린 자녀와 함께 장난을 치는 기쁨, 석양을 바라보며 조용히 마시는 차의 향기, 힘없고 가난한 이웃들에게 주는 사랑의 손길, 사랑하는 사람들과 모닥불 앞에서 밤새 나누는 대화, 친구와 몸을 부딪치며 땀을 흘리는 힘찬 운동, 시원한 바닷바람을 쐬며 읽는

느림의 반격

좋은 책 등, 인간을 참으로 인간 되게 하는 영혼의 터치인 바로 하이터치가 중요하다."라고 강조했다. 하이터치는 풍부한 감성의 렌즈를 통해 하이테크를 재조명하고 정화시켜 주기 때문이다. 그는 인간성을 중시하는 하이터치 개념을 도입하여 최첨단 기술문명에 대한 균형감각을 제시하였다. 그것은 인간성을 지키는 기술을 수용하고, 인간성을 저해하는 기술을 거부해야 한다는 것이다.

"하이테크의 영향력은 인간의 생명을 치유하는 의류업계의 풍토까지 바꾸고 있다."라고 한탄한 어느 의사의 말이 떠오른다. 그는 "의사라는 직업은 기본적으로 사람을 다루는 직업이다. 그래서 묻고, 듣고, 만지고, 소통하는 방법이 가장 중요한 기술이다. 그런데 지금은 정작 중요한 본질적인 이러한 소통과 관련한 부분보다는 지나치게 기술과 과학을 중심으로 생각하는 풍토가 일반화되어 버렸다."라고 개탄했다. 이러한 분위기는 교육현장에서도 그다지 다르지 않는 것 같다. 인문사회적인 소양과 감성, 그리고 다른 사람들과의 공감과 교감이라는 정말 중요한 요소들은 소홀히 하고 있다. 오로지 의과학적인 요소만 중시하는 태도를 교수들과 학생들까지도 가지게 된 것 같다. 이는 다시 생각하고 기본으로 돌아가야 할 것이다.

부활하고 있는 하이터치

《누구를 위한 디자인인가?》라는 유니크한 책을 쓴 도널드 A 노먼이 《Things That Us Smart》라는 재미있는 책을 썼다. 그는 책에서 이렇게 말했다. 현재의 많은 전자기기는 기계 중심의 설계로 되어 있기 때문에 사람이 무리를 해서 그것이 맞추지 않으면 안 된다. 지금까지의 테크놀로지는 사람의 신체에 맞도록 했다. 그 결과로 심리적으로 과대한 부담을 사람에게 주고 있다. 그러나 앞으로의 테크놀로지는 사람의 마음에 맞게 설계되어야 한다고 했다. 요약해 보면 하이터치라는 것이다. 별로 새로운 것이 없지만 그가 지적한 것과 같이 현재의 전자기기는 말로만 하이터치지 사람을 배려하지 않고 있다. 표면적인 촉감과 디자인에만 주위를 집중하고 있다. 여기서 말하는 하이터치는 조작이 쉬워야 한다는 것은 아니다. 그가 말하는 마음에 맞는 테크놀로지가 되어야 한다.

손으로 태엽을 감는 손목시계, AF기능이 없는 수동 카메라, 만년필, 기름 라이터 등의 상품군이 다시 부상하고 있다. 그것들은 하이테크화가 진전되는 중에 불편이라는 콘셉트로 잃어버렸던 위치를 바꾸어 놓았을 뿐이다. 그것이 부활하고 있는 것은 여기에 하이터치의 원점이 있기 때문이다. 세이코 그룹은 다른 부문에 분산해 있는 기계식 숙련된 기술자를 다시 한곳으로 불러 모은 적이 있다고 한다. 부상하고 있는 하이터치에 편승해 재기를 하기 위해서다. 잘 알고 있는 것과 같이 스와치 시계도 젊은 계층에서의 인기가 점차 떨어지고 있다. 카메라도 수동 카메라가 점차 다시 인기를 회복하고 있다. 만년필도 기계적인 문자의 몰개성화의 반기로 워드프로세스와 결별하고 다시 돌아온 사람들에게 인기가 있다.

이들 상품의 공통점은 사람이 테크놀로지에 주체적으로 관련을 갖는 것이다. 바꾸어 말하면 사람과 물건과의 일체감이 있다는 점이다. 불편하기 때문에 개성을 만들어 낸다. 맛이 나오고, 인간미가 나온다. 이러한 불편은 정신 위생상 우리의 생활 속에서 큰 역할을 하고 있을지도 모른다.

세계의 명품 바이올린 중 붕어빵 찍어 내듯 공장에서 대량으로 생산한 것은 없다. 오랜 세월 기술을 연마한 기술자에 의해 아주 불편한 수작업으로 제조되어 명성을 쌓아 온 것이 명품으로 된 것이다. 또한 미국은 모터사이클이 어디에서 제조된 것인지도 모를 정도로 종류가 매우 다양하다. 이렇게 불편하게 만들어진 것 중에는 인류 상품으로 분류될 정도의 고급 제품들로 가득하다. 최고 기량의 기술자들이 조그만 숍을 운영하면서 브레이크와 엔진과 체인, 각종 부품과 철제 등을 구입하여 나름대로 용접도 하고, 샌딩과 도장작업도 하면서 고급 모터사이클을 제조 판매하는 곳도 많다. 이들 제품이 고급품으로 인정을 받고 있는 것은 천편일률적인 몰개성보다 인간미를 느낄 수 있는 일체감이 있기 때문이다.

자동화에 의한 대량생산의 공장견학은 계속하여 제품이 만들어 나오는 과정을 직접 보는 것이다. 이것과는 다른 개념이 손으로 만드는 수공품이다. 때로는 탄성이 저절로 나오는 기술을 보여 준다. 이 양쪽을 본다면 어느 쪽이 더 재미가 있을까? 당연히 수공에 쪽일 것이다. 첨단 기술에 의한 무인화 생산은 처음에는 놀랄지 모르지만 곧 재미가 없어지게 된다. 그러나 수공예품 쪽은 그렇지 않다. 생산 공정에 따스함이 배어 있다. 만들어진 상품에 사람 냄새가 배어 있다.

최근에 수공품을 선호하는 소비자가 증가하고 있다. 수공으로 만드는 제품의 범위도 다채로워졌다. 비누, 케익, 액세서리, 의복, 반찬 등 계속 확대되고 있다. 집에서 직접 만들어 쓰는 사람도 많아지고 있다. 수공품을 동경하여 직접 만들어 보는 것이다. 이러한 현상의 내면에는 절약 심리도 작용하고 있다고 볼 수 있다. 그러나 그 범위가 넓게 확대되고 있는 것을 보면 반드시 그렇다고 말할 수는 없다. 제품에 따라서는 만들어 쓰는 것이 비용이 더 들기 때문이다.

수공을 선호하는 이유 중의 하나는 현대의 일들이 개성을 잃어 가고, 항상 똑같은 일을 해야 하는 점 때문이다. 테크놀로지는 일도 상품도 사회생활도 모두 균일화, 평균화, 통속화시켜 버렸다. 그래서 우리는 시간의 농도나 압축도가 높은 것을 하고 싶어 한다. 불편하게 만들어진 수공품은 이러한 심리를 움직이고 있다.

로테크에는 응축된 문화가 있다

'뻥' 소리에 귀를 막은 아이들 사이로 하얀 수증기가 퍼져나간다. 우리에 갇힌 가축들이 울어 대고, 싸움에 가까운 흥정소리가 장터를 달군다. 막걸리 한 사발에 절로 나오는 할아버지의 육자배기와 어깨춤이 흥겹다. 시골 5일장의 풍경들이다. 오늘날 대형마트처럼 편리함은 없지만 어린 시절 시골장터에는 만남이 있었다. 5일에 한 번씩 열리는 장날에는 집에서 생산한 물품을 시장에 가져다 팔기도 하고 그 돈으로 필요한 생필품을 사오기도 했다. 더 중요한 것은 5일 만에 열리는 장터에서 이 동네 저 동네 사람들을 만나서 정보를 소통하고 반가운 소식을 전하는 만남의 장이었다. 또한 장사꾼들을 통해 바깥세상의 소식을 듣는 통로가 되기도 했다.

이러한 전통시장이 1970~1980년대까지만 해도 우리나라 유통시장의 중심축이었다. 소매시장의 대부분이 전통시장을 통해 유통되었다. 그런데 우리의 유통구조의 대변혁이 일어났다. 대기업이 운영하는 대형마트의 등장이다. 대형마트는 급속도로 발전해 그간 소매유통시장의 중심축이었던 전통시장을 넘어섰다. 대형마트뿐만 아니라 백화점과 인터넷 쇼핑몰, 홈쇼핑 그리고 동네 안에 편의점까지 상권이 대기업의 손아귀에 넘어가고 있다. 이제 우리의 유통시장은 대기업 중심의 대형 유통업체인 백화점, 할인마트, 인터넷 쇼핑몰, 편의점이 거의 점령하고 있다. 최근에는 대기업의 대형슈퍼마켓(SSM)이 동네까지 파고들어 기존 상인들과의 마찰로 시끄럽다. 국회에서 이를 제한하는 법까지 제정하게 되었다.

물론 기업형 대형 할인마트는 우리가 온갖 상품을 아주 편하게 구입할 수 있도록 해 주고 있다. 전통시장과는 달리 생활에 필요한 제품을 한곳에서 살 수 있다. 진열도 아주 잘되어 있어 구입하기도 편리하다. 그러나 동글동글 바구니에 담은 싱싱한 야채를 볼 수가 없다. "요즘 도통 입맛이 없어서…."라고 말씀하시면서 할머니가 쌈짓돈을 꺼내 굴비를 사시는 모습을 볼 수가 없다. 좌판을 차리고 앉아 손님을 기다리며 마늘을 까는 할머니의 투박한 손을 볼 수가 없다. "장이야!" "멍이야!"를 외치며 한 치도 물러설 수 없는 내기 장기를 두시는 동네 어르신들의 모습을 볼 수가 없다. 그뿐 아니라 사당패와 같은 다양한 공연문화도 볼 수도 없다. 바로 그것이다. 대형마트는 편리는 하지만 우리의 마음을 편안하게 해 주는 문화가 없다. 내가 어린 시절 자주 찾던 전통시장은 불편은 하지만 다양한 문화가 있었다. 그래서 요즈음 이러한 문화를 체험하기 위해 시골의 전통시장을 찾는 사람들이 늘어나고 있다.

최근에는 한 세대 전의 불편한 전통제품이 다시 돌아오고 있다. 백화점에서도 불편한 전통제품을 팔기 시작하고 있다. 이 전통제품은 수공예와 여유, 마음 등의 콘셉트와 연동시키고 있다. 풍요로움의 재발견, 수작업에 의한 마음의 안정 등이다. 보자기와 부채 등은 젊은이들 사이에서 패션으로 확산되고 있기도 하다. 숯불, 화로 등도 나이가 든 사람에게는 레트로 상품일지 모르지만 젊은 층에게는 참신한 소도구다. 옛날 것이라는 이미지가 없다. 이것도 다시 부상하게 하는 하나의 요인이다.

전자레인지나 에어컨을 사용하는 생활을 문화라고 부르기는 좀 어색하지만 화로, 숯불에서는 확실히 문화를 느낄 수 있다. 문화는 사람이 손으로 경작하는 냄새가 필요하다. 그것은 얼핏 불편하게 보이는 전통제품도 서양제품과는 다른 하나의 합리성을 지니고 있다. 보자기는 단순한 한 장의 천에 지나지 않지만 여러 가지 용도로 대응할 수 있다. 쌀 것에 따라서 크게도 하고 작게도 한다. 해시계는 계절에 따라 시간의 길이가 다르다. 서양시계와는 다른 부정시법의 시계이지만 이렇게 하는 것이 사계절 변화가 있는 우리의 생활과 맞다. 음력은 해에 따라서 큰 달과 작은 달이 달라 불편하지만, 자연의 흐름에 맞게 살아가려는 우리 선인들에게는 더 합리적이다. 양력은 전 세계의 시간의 통일을 가져왔지만, 우리 민족의 시(時)의 문화를 상실하게 했다. 이러한 사실을 고려해 보면 우리가 지금 불편하다고 생각하고 있는 음력이나 해시계로 생활하려는 사람이 나올지도 모른다.

로테크의 전통상품이 우리의 서브 컬처다. 그리고 우리에게는 다도와 화도도 있다. 향도도 있지만 우리에게 친숙한 예도는 아니다. 그러나 최근에는 이 향도까지 주목을 받기 시작하고 있다. 다도는 결과로서는 차를 마신다. 그러나 차를 마시는 것이 목적은 아니다. 화도는 꽃을 꽂는 것이지만 꽂는 것이 아니다. 서도는 글자를 쓰는 것이지만 글자는 쓰는 것이 아니다.

중요한 것은 결과에 이르기까지의 과정이라고 하지만, 그렇다고 과정이 목적이라고 할 수는 없다. 선(禪)도 똑같이 최초부터 목표가 없다. 유용성을 추구하는 과학의 눈으로 보면 아주 비합리적이고 비논리적인 기호문화다. 그래도 인간은 도움이 되지 않을 것 같은 이것에 시간을 들인다. 평온, 따스함, 마음, 무(無), 시간의 정지 등이 이것에는 들어 있다. 전통문화에는 하이테크가 잊고 있는 많은 것이 응축되어 있다.

우리의 다도교실에 이를 배우려고 외국인들도 참석하여 그 깊이에 감탄하고, 우리도 이해하기 어려운 선(禪) 수련에 외국인들도 관심을 갖고 참여하고 있다. 우리의 전통문화에 관심을 갖는 외국인들은 선진국의 지식계층이다. 이들은 서구의 근대과학에 대한 불신이나 반성을 해야 한다는 생각을 지닌 사람들이다. 새로운 과학에서도 동양철학을 중시하는 경향이 나타나고 있다. 이러한 움직임에서 알 수 있듯이 로테크에는 우리의 문화가 있다.

3장

불편함에서 생활의 지혜 터득

불편이 만들어 낸 '살아 있는 시간'의 중요성

불편한 오프 생활에서 그 나름대로 만족하고 능숙하게 활용하고 있는 사람들이 젊은 층일지도 모른다. 예를 들면 일요일에 드라이브가 그렇다. 그들은 자주 휴일에 가까운 유원지에 가는 것을 즐거워한다. 휴일에 유원지 가는 길은 하루 종일 정체가 심해 차가 거의 움직이지 못하는 경우도 많다. 평일에는 1시간에 도착할 수 있는 곳도 휴일에는 3시간 이상 걸리기도 한다. 이러한 불편은 항상 있는 일로 출발하기 전부터 누구나 잘 알고 있는 사실이다. 그러면서도 그들은 왜 그러한 우를 계속 범하고 있는 것인가라는 의문이 생긴다.

어느 날 젊은 회사 동료로부터 하나의 답을 듣고 납득할 수 있었다. 연인과 단둘이 같이 시간을 보낼 수 있기 때문이라고 했다. 목적지에 도착한다고 해도 레스토랑이나 수족관 등을 이용하면서 하루를 보내는 데는 많은 돈이 필요하다. 교통정체는 도로를 무료 주차장으로 활용하면서 시간을 보낸다는 논리였다. 이는 따분하게 시간을 보내는 것이 아닌가

하는 생각이 들어 물어보았다. 그 젊은 직원은 자동차라는 개실공간 속에서 애인과 음악을 같이 듣거나 둘이서 서로 대화를 나누면서 즐거운 시간을 보낼 수 있기 때문에 데이트 목적에 어긋나지 않는다고 했다. 즉 이들은 관광지를 돌아보는 것보다 둘이서 단란하게 시간을 보낼 수 있어 좋은 것이다. 이렇게 둘이서 단란하게 보내는 것에 가치를 둔다면 불편은 결코 불편하지 않게 된다. 이 사실은 하나의 중요한 것을 가르쳐 주었다. 바로 가치축의 역전환 발상이 중요함이다.

예를 들면 '집이 역에서 멀다'라는 것은 일반적으로 생각하면 '불편하다' 쪽이다. 그러나 역전환 발상을 하면 매일 걷는 거리가 늘어나 '자연스럽게 걸을 수 있다'라고 생각할 수 있다. 바로 현대인에게 가장 부족한 것 중의 하나인 '걷기'를 해결해 준다는 점이다. 따라서 어떤 노력을 별도로 하지 않고서도 걸을 수 있는 환경이 만들어진 것이다. 건강 유지에는 도움이 된다고 생각하면 아주 즐겁게 걸을 수 있다.

회사의 출장에서도 마찬가지다. 일반적으로 사내규정에 따라 어느 정도의 직급 이상이면 비행기를 탈 수 있다. 비행기 여행은 시간적으로는 빠르고 편리하지만 꼭 그렇지만은 않다. 이륙 30분 전까지는 공항에 도착해야 하고, 공항로비에서 시간을 낭비해야 한다. 도착해서도 도심까지 차를 이용하여 이동하는 데 시간이 걸린다. 그래서 요즈음은 차라리 철도를 이용한 출장이 여유 있고 편안할지도 모른다. 문고판의 책을 한 권 읽을 수도 있고, 맥주를 마시는 등의 다채로운 여행을 즐길 수 있어 좋을 것이다.

출장에서 비행기를 활용한 편리한 시간은 '죽은 시간'이다. 반면에 철도여행의 불편한 시간은 '살아 있는 시간'이다. 역에서 가까운 편리한 곳에 사는 사람은 운동부족을 보충하기 위해 일부러 반일 이상을 스포츠 센터에 다녀야 하는 수고를 들여야 한다. 이는 보는 각도에 따라 이것은 시간낭비일 수도 있다.

어느 쪽이 좋은가는 별도로 하드라도 하나의 진리는 있다. '죽은 편리' 보다도 '살아 있는 불편'이 중요하다는 사실이다. 앞으로는 이 점을 다시 생각해야 할 것이다. 생각해 보면 편리라는 말은 생산성을 기본으로 한 기능 중심 사회에만 의의를 둔 것일지도 모른다. 일을 떠난 한 개인의 입장에서 보면 그 어느 것이 진부하고, 반대의 의미에서 불편이 어떤 것인지는 다시 생각해 보아야 한다. 비즈니스맨에게 있어서는 일의 성과나 효율도 중요하지만, 그것 이상으로 중요한 것은 '자기 자신의 인생을 어떻게 즐기는가'다.

고도 정보화 사회의 상징인 회사의 사무실에는 여러 가지 편리를 구사하여 시간을 줄이고 있다. 그러나 오프타임은 여유 있게 사용하는 라이프디자인 구축과 실행이 앞으로는 아주 중요하다. 불편은 무엇인가? 그 것은 우리 모두가 사회적 틀을 버리고, 진실로 인간답게 되려는 절대 불가결한 요소라고 확신한다. 지금은 우리가 편리함을 만능으로 생각하는 사회에 살고 있어 더욱 불편을 사랑해야 할지도 모른다.

불편함으로 생활의 균형을 취한다

최근에 해외 크루즈 여행이 증가하고 있다. 해외 크루즈 여행은 단지 하나의 점에서 하나의 점으로 이동하는 여행은 아니다. 이동 과정이 중요한 시간 소비여행이다. 한곳에서 장기간 체류하는 여행도 증가하고 있다. 얼마 전까지 우리는 시간소비를 능숙하게 하지 못했지만, 이제는 낭비의 시간가치를 알기 시작했다.

우리의 비즈니스 세계에서는 수첩에 일정을 분까지 나누어 기록하여 생활하는 바쁜 사람을 존경했다. 이 감각은 개인시간까지 희생하는 것이 체질화하게 한 것이다. 그래서 3일간의 여행도 시간을 내기가 어려웠고, 단기간의 여행을 가더라도 그 여행에 조금이라도 헛된 시간이 없도록 빽빽한 일정이 되어야만 안심이 되었다. 그래서 여행사의 단체 패키지를 선호하게 된 것이다. 이 패키지여행은 깃발을 앞세우고 수박 겉핥기식으로 많은 곳을 보기 위해 아주 급하게 움직이며 기념사진 찍기 바쁘다. 여행을 다녀와서 많은 곳을 가 본 것에 만족하지만, 아주 피곤한 여행이다. 그래서 서서히 패키지여행을 회피하는 경향이 높아졌다. 해외여행의 횟수도 많아져서 그 눈높이도 높아져 이제는 자유로운 시간이 많은 여행을 선호하게 된 것이다.

이는 생각해 보면 기술혁신이 대세인 시간절약에 대한 도전이다. 이러한 도전은 앞으로 계속될 것이 분명하다. 그러나 이전과 다른 점은 시간절약에 의해 잊혀져 가는 여유의 의식개혁도 동시에 진행되고 있다는 사실이다. 불편이 매력이라고 하는 것은 편리라는 테크놀로지가 실제로 존재해야 비로소 성립된다는 점이다. 각 역에 정차하는 기차여행이 여유가 있어 즐겁다고 느끼는 것은 KTX나 새마을호가 존재하기 때문이다. 제트기가 있기 때문에 해상여행이 부상하고, 자동차가 있어서 자전거 여행의 즐거움을 재확인할 수가 있는 것이다. 따라서 테크놀로지가 진전하면 할수록 불편의 매력도 높아질 것이다.

대도시의 생활 템포는 너무 빠르다. 비즈니스 세계도 하이테크에 동반하여 아주 빠르게 변화고 있다. 수도권 집중현상도 해소하기 어렵게 되었다. 도시인은 피로 신드롬에 빠져 있다. 그래서 조용했던 농촌의 리조트가 주목을 받고 있다. 농촌에서 농가에 머무르면서 벼를 베고, 채소를 재배하는 등의 농촌체험을 하면서 리조트 기분을 즐기고 있다. 일부러 불편을 체험하기 위해 시간을 내 오고 있다.

체험형 투어가 인기가 높다. 심지어는 훈련이 심해 가기를 기피하는 해병대 훈련을 체험하려고 남녀 학생들은 물론이고, 기업에서도 신청이 쇄도한다고 한다. 그 외에도 단식을 하면서 좌선을 하는 곳, 절에서 수행을 하는 사찰체험 등 불편함을 파는 이벤트에도 도시인들의 신청이 계속하여 증가하고 있다. 그리고 정년퇴직 후에 생활이 도시보다 불편하드라도 도회지를 탈출하여 전원에서 생활하려는 사람들이 많다.

모든 것이 편리한 세상이다. 이러한 세상에서는 역으로 직접 몸으로 움직여야 하는 일을 해야 생활균형을 유지할 수 있다. 어느 주부는 이렇게 말한다. "전에는 다듬지 않은 파나 크지 않은 감자, 못생긴 무 등을 농촌에 사는 친구로부터 받으면 솔직히 말해 귀찮게 생각했다. 왜냐하면 가까운 마트에 가면 잘 다듬어서 조리만 하면 되게 하여 팔기 때문이다. 그러나 이제는 달라졌다. 그런 것을 받으면 직접 친구가 재배하여 수고를 들인 것을 생각하면서 어릴 때 느꼈던 농촌의 그 냄새를 느낄 수 있어 기분이 좋다. 그래서 다듬는 데 약간의 불편을 감수하드라도 기쁜 마음으로 한다." 이와 같이 불편의 매력은 하이테크 분야뿐만 아니라 파나 무와 같은 채소에서도 느끼기 시작한 것이다.

절약병의 특효약 '불편'

요즈음 불편을 콘셉트로 하는 상품이나 서비스가 있지만 시장규모에서 보면 아직은 너무 작다. 예를 들면 우리나라에 해외 크루즈 여행 인구가 증가하였다고 해도 절대 수로는 몇 명되지 않는다. 서구에 비하면 우리나라는 아직 아주 적은 숫자다. 개인의 정신적인 여유 면에서도 서구와는 차이가 있다. 이것은 기술의 템포, 마음의 템포, 생활의 템포가 균형을 이루지 못하였기 때문이다. 우리는 불과 몇 년 사이에 서구가 수백년에 걸쳐 이룩한 과학과 기술을 배워 축적했다. 이는 수배 빠른 속도로 비디오를 보는 것과 같다.

우리의 속담 중에 '우물에서 숭늉 찾는다'라는 말이 있다. 이 속담 같이 우리는 결론을 급히 내리려고 한다. 그래서 마음과 행동도 급하게 된다. 이 성급함은 서구문명을 도입하면서 생긴 것 같다. 이로 인해 기술혁신의 템포가 빨라진 것 같다. 서구의 기술을 따라 잡기 위해서다. 우리는 계속해서 앞만 보고 달려왔다. 뒤를 돌아다 볼 여유가 없었다. 그래서 불편의 매력을 느낄 수 있는 마음의 여유가 전혀 없었던 것이다.

태국은 불교국가다. 종교와 생활이 아주 밀착해 있어서인지 시간에 여유가 있다. 이 나라에는 '독 새우는 급하지 않다'라는 속담이 있다고 한다. 여기서 독은 사람에게 해를 주는 나쁜 의미가 아니다. 바로 능력, 자신감이다. 따라서 능력이 있는 사람은 대범하고, 또한 자신이 있는 사람일수록 여유가 있다는 말이다. 자신이 없기 때문에 급하다. 결과를 성급하게 얻으려고 한다. 우리는 급한 편이다. 그래서 마음의 여유가 없는 편이다.

여유가 없는 우리 사회에서 불편의 콘셉트에 매력을 느끼는 사람은 아직은 많지 않은 것 같다. 그러나 점차 여러 분야에서 그 움직임이 일고 있는 것을 느낄 수 있다. 이 현상을 보면 우리도 이제 자신을 갖기 시작한 것으로 생각된다. 물질의 원점을 다시 보고, 자기 나름대로의 문화가치를 찾아내고 있다. 디지털 노동, 아날로그 휴식이다. 이 2가지를 병존시키는 여유가 있는 개인주의가 싹트고 있다. 여유가 없이 바쁜 개미에서 자신이 있는 독 새우로 변신하고 있다. 그러나 이 변신의 속도는 느릴지는 모른다. 당연히 느릴 것이다. 하이테크의 벽은 간단하게 파괴될 정도로 약하지는 않다. 울트라맨처럼 순간적으로 변신하는 것은 일시적인 붐에 지나지 않는 것이다.

이제 뒤로 돌아갈 수 없는 테크놀로지도 아주 많다. 세탁기를 사용하지 않고 냇가에 나가서 빨래를 할 주부는 없을 것이다. 냉장고 대신에 얼음 보관고를 사용하려는 사람도 없을 것이다. 아무리 불편의 매력을 강조해도 한계가 있다. 모든 것을 이전으로 돌릴 수는 없다. 그렇게 하면 아마 폭동이 일어날 것이다. 그러나 불편의 매력을 느낄 수 있는 것도 첨단 기술제품을 사용하고 있기 때문이다. 가난한 개발도상국의 사람들 입장에서 보면 돈 많은 선진국의 절약병이다. 그러나 이 절약병 환자는 세계적으로 계속하여 증가하는 추세다. 이 환자를 치료하기 위한 특효약으로는 불편이라는 약밖에 없지만, 다행이도 이 약은 환경파괴라는 병을 치료하는 성분을 포함하고 있다. 자연과의 조화라는 성분이다. 이 이중효과로 불편은 예상 이상의 시장규모로 성장할 가능성도 크다.

4장

불편의 매력

불편은 즐거운 것으로 통한다

나는 직원교육 시간에 자가용을 타지 말고 가끔씩 걷기를 권장하기도 했다. 자가용을 타던 사람들이 걸으면 시간도 많이 걸리고, 다리도 아플 것이다. 그리고 아주 불편하다고 느낄 것이다. 그러나 이는 생각하기 나름이다. 자가용을 타고 다니는 것은 편리는 하지만 걷는 것만큼 즐겁지는 않을 수도 있다. 걷는 것은 불편은 하지만 여러 가지 즐거움을 느낄 수 있다. 자기용만 타고 다니면서는 보지 못했던 것이 보이게 된다. 느끼지 못했던 것도 느끼게 된다.

거리를 여유 있게 걸으면서 여러 가지 이벤트에 즐겁게 참여해 볼 수도 있다. 시끌벅적한 시장에 들러서 사람 사는 맛을 느끼는 재미는 마음을 푸근하게 해 준다. 걸으면서 상점의 진열 상품을 보면서 지나다 보면 눈이 즐겁다. 하루 종일 회사에서 받았던 스트레스를 풀 수 있어 마음이 저절로 밝아진다. 좁은 길을 걸으면서 사람들과 부딪히는 불편함은 오히려 '아~, 세상은 정말 다양한 사람들이 사는구나!'라고 느끼게 해 준다.

그들 속에서 나의 삶을 한번 뒤돌아보면서 삶의 가치를 생각하게 한다.

요즈음 볼펜이나 플러스펜, 사인펜도 많지만 나는 주로 연필을 많이 쓴다. 연필이 닳으면 연필깎이가 아닌 칼로 연필을 깎는다. 물론 아주 불편하다. 어떨 때는 손을 베기도 한다. 그러나 연필을 깎으면서 느끼는 즐거움 때문이다. 어린 시절의 순수했던 시절로 되돌아갈 수 있다. 아내도 클래식 음악을 불편한 턴테이블로 듣는다. 고품질의 오디오 기기가 나오고, mp3가 음질이 뛰어나지만 턴테이블을 고집한다. LP 판을 턴테이블에 올리면서 추억을 회상하는 즐거움을 느낀다고 한다. 이렇게 불편함은 즐거움을 준다. 편리함이 우리에게 주는 즐거움도 있지만, 마음 먹기에 따라 불편함이 주는 즐거움이 더 클 수도 있다.

추운 날씨에도 하루도 쉬지 않고 새벽마다 잠을 더 자지 않고 산에 오르는 이유는 무엇일까? 우리가 일상생활에서 더 편리한 일회용품이나 합성세제를 사용하지 않는 불편을 감수한다면 이는 무엇 때문일까? 바로 그 이유는 가치 있는 삶을 위해 불편을 기꺼이 감수했을 때 더 큰 만족감을 얻을 수 있기 때문이다. 불편함이 없는 즐거움이란 말 그대로 쾌락에 지나지 않는다. 이러한 쾌락은 순식간에 사라져 버린다는 것은 누구나 다 알고 있는 진리다. 반면에 진정한 만족감은 늘 불편이나 고통을 요구한다. 그러나 그 만큼 깊이가 있고 가치가 높아 우리 마음속에 오랫동안 남는다.

후배로부터 들은 얘기가 있다. 서울의 도심에 살다가 전철로 약 50분 정도 걸리는 변두리로 이사를 갔다. 처음에는 불편했지만 쾌적한 점이 마음에 들었다고 한다. 서울에 살 때는 시간적으로 편리했지만 돈도 많이 들고, 건강에도 그다지 좋지 않았다고 했다. 저녁에 퇴근 후에도 집이

가깝기 때문에 늦게까지 술자리를 하고, 끝나고도 택시를 타는 경우가 많았다. 그러나 이사 후에는 마지막 전철 시간이 되면 술자리에서 일어 나야 하고, 2차를 가는 일이 없어졌다. 또 동료들도 모두 이해를 해 주었 다. 특히 택시를 타는 일이 없어졌다. 거리가 너무 멀기 때문에 택시를 타는 일은 생각조차 할 수 없다. 그리고 전철 안에서 좋아하는 책을 읽을 수 있어 아주 좋았다. 따라서 도심에서 떨어진 변두리에 사는 불편함이 건강과 절약과 취미의 시간을 확보해 준다는 하나의 사례다.

다른 후배는 의도적으로 불편한 생활을 한 사례를 얘기했다. 회사에 서 지방에 설립하는 복합문화 시설 프로젝트의 팀장이 되었다. 그래서 1 년에 반 이상은 그곳에 파견되어 근무를 해야 했다. 대부분은 현지 사무 소에 가까운 호텔에 숙박을 하는 경우가 많다. 업무가 끝나면 회사 옆에 서 식사나 동료들과 한잔하고, 바로 걸어서 숙소까지 가는 것이 편리하 기 때문이다. 특히 파견근무의 경우는 현지의 사원과 거래처로부터 한 잔하자는 요청이 항상 많을 수밖에 없다. 그래서 회사 근처에 있는 호텔 이 편리하다고 생각해 숙박을 결정한다.

그 친구는 회사에서 좀 떨어져 대중교통을 이용하는 조그마한 민박을 이용했다고 한다. 얼핏 생각하기에는 불편하다고 생각한다. 그러나 앞 에서 말한 것처럼 차 시간을 핑계로 술자리를 줄일 수 있고, 약속이 없는 날에는 일찍 집에 돌아와 주변의 산책을 여유롭게 할 수도 있다. 콘크리 트의 도심을 벗어나 업무로부터 해방감을 맛볼 수 있다. 문제는 식사다. 그러나 이것도 불편의 매력이 있다. 번화가와 떨어진 주택가에 있기 때 문에 오피스 근처에는 없는 식당이 있다. 그리고 도심의 호텔에 묵을 때 는 식사도 비싼 것이 대부분이지만 이곳은 값이 싸다. 또한 가까운 슈퍼에서 식재료 몇 가지와 맥주 몇 병을 사서 방에서 TV 보면서 여유 있게 먹을 수도 있어 편하다. 시간이 남으면 책도 읽는 등의 혼자서 누릴 수 있는 편한 시간을 확보할 수 있어서 좋다. 불편함이 역으로 쾌적하고 여유 있는 자유스러운 분위기를 만들어 준 것이다.

불편은 진짜 평온함으로도 통한다

불편한 민박의 쾌적함은 파견근무에 한하지 않는다. 오프타임을 가장 편안하게 보내는 바캉스는 그것을 몸으로 느끼는 순간이다. 예를 들면 세계적으로 유명한 지중해 클럽의 바캉스 촌이 그렇다. 여기의 특색은 호텔방에 반드시 있어야 할 2가지가 없다. 그것은 시계와 전화다. 물론, 전화는 휴대전화를 켜 놓고 있으면 규정이 소용이 없을 것이다. 시계가 없으면 아침에 시간을 알 수 없다. 당연히 자명종도 없다. 이것을 불편하다고 느끼는 것은 시간에 관리되고 있는 현대인의 숙명이다. 그러한 일상의 착각에서 벗어나야 한다는 것이 이곳의 이념이다. 아침에 식사를 하지 못해 손해를 보는 것이 아닌가 하는 것은 기우다. 어느 시간에 일어나도 토스트나 커피를 먹을 수 있게 되어 있다.

휴대전화도 소지하고 있지 않을 경우에 전화기가 없는 것은 불편하다고 보이지만 생각에 따라서는 이것만큼 마음의 휴식을 취할 수 있게 하는 것도 없다. 휴가 중에 갑자기 회사로부터 전화를 받고 기분을 망친 경험을 한 사람이 적지 않다. 만약 전화를 걸어야 할 상황이 생긴다면 호텔이나 정원에 가면 전화박스가 있어 문제가 없다. 방을 나와 아름다운 자연 풍경을 보면 무엇인지 말할 수 없는 우아한 기분을 맛볼 수 있다. 도회지에서 느낄 수 없는 쾌적함이다. 불편이 그 그늘에 있는 편안함이란 본질을 알게 해 준 사례라고 볼 수 있다.

　나는 마음의 안정이 필요할 때 찾아가는 곳이 있었다. 도시생활이 싫다고 일찍이 강원도 산속으로 들어간 친구의 집이다. 이곳을 찾아가려면 열차를 타고 가다 다시 버스를 두 번 갈아타야 갈 수 있는 산골 오지다. 우리가 편리하다고 말하는 하이테크의 혜택을 전혀 받지 못하는 곳이다. 이렇게 불편한 곳이지만 그곳에만 가면 마음이 아주 평온해진다. 한번 들어가면 나오기가 싫어진다. 나만이 느끼는 감정은 아닐 것이다. 도회지에서 여건과 처지에 맞추어 바쁜 하루하루를 살아가는 사람들의 공통된 느낌일 것이다. 오히려 편리함이 주는 고달픈 일상에서 벗어나 불편함 속에서 평온함을 원하고 있다. 또 하루하루 부대끼며 살아오면서 흘러간 세월이 아쉽고 덧없게만 느껴질 때는 조용하고 평온한 곳을 찾고 싶어 한다.

　우리는 편리함을 추구하며 달려왔는데 그게 피안이 아니었다. 문제는 더 복잡해지고 어려워지고 심각해지고 위험해졌다. 우리는 자기 한계에 봉착했다는 생각까지 든다. 그래서 요즈음 우리의 지친 마음을 의탁하고 혼란한 머리를 재충전시켜 주기 위한 각종 상품과 프로그램이 넘쳐난다. 지방자치단체 중에 강원도는 도내 전역을 대상으로 '공기 좋은 계곡 99선'과 '고요한 농·산촌 50선'을 선정하여 지도를 제작했다고 한다. 우리나라도 도시화와 산업화로 고요하고 평온한 곳을 찾기 힘들게 되었기 때문이다. 소음과 빛의 공해에서 벗어나 숲의 평온하고 고요함을 가치화하여 한적하고 고요한 농산촌을 관광자원화하기 위해서다. 역으로 보면 자연휴양림과 산촌생태마을 등의 불편이 오히려 관광자원이 된 것이다.

깊은 산속의 불편한 생활은 세파와 일에 시달려 온 우리에게 한 템포 쉬어 갈 수 있는 여유와 휴식을 만들어 준다. 또한 우리는 복잡한 도시의 거리를 걷는 것보다 한가로운 시골길을 여유롭게 거닐 때 마음이 편안하다. 편리하지만 소음과 매연을 뿜어 대는 차를 타고 가는 것 보다는 구불구불한 산골길을 불편하게 걸을 때 마음이 편안하다. 편리함의 대표 주자인 스마트 폰과 노트북, 테블릿 등의 최첨단 기기로 무장한 비즈니스맨보다는 기기의 혜택을 받지 못하고 사는 산골의 촌부가 마음은 평온하다. 이러한 우리의 마음을 읽고, 충족시켜 주는 상품과 비즈니스가 지속적으로 나올 것이다.

불편은 마음의 따스함을 전달한다

내가 어린 시절에는 대부분 도넛 모양의 다이얼이 붙은 기계식 전화를 썼다. 다이얼은 라디오의 주파수를 맞추는 일이나 TV채널을 돌리는 데도 쓰였다. 오래 전에 어느 기업이 내놓은 휴대용 멀티미디어 플레이어(PMP)는 다이얼과 유사한 느낌의 스핀휠을 채택했다. 휠을 돌려 조작한다. 바로 구식 아날로그 라디오에서 아이디어를 얻은 것 같다. 휠을 돌릴 때의 독특한 느낌과 딸깍거리는 소리는 시각과 청각과 촉각을 통해 다양한 감성을 자극한다. 다이얼 방식은 터치 방식보다 불편하지만 따스한 정이 깃들어 있다.

또한 연필로 공책이나 스케치북에 필기하던 느낌도 아련하다. 지금은 컴퓨터나 휴대전화의 자판을 두드려 글씨를 쓴다. 그렇지만 희미한 등불 아래서 사각사각 연필 소리를 내며 일기를 쓰거나 숙제를 하던 시절의 향수는 나이가 조금 든 시골 출신은 누구나 갖고 있을 것이다. 컴퓨터 자판을 두드리는 것보다는 불편하지만 우리는 그때의 따스한 정을 잊지 못한다.

우리의 정과 마음을 전달하던 우체통이 점점 사라지고 있다. 하루 평균 우체통 한 개에서 수거하는 편지의 양이 줄어들고 있다고 한다. 그래서 우체통과 집배원의 숫자도 줄어들었다. 대부분의 사람들이 이메일이나 핸드폰 문자를 통해서 메시지를 보내고 있다. 아파트의 우편함에도 핸드폰 요금, 제품 서비스 편지, 백화점쿠폰이 담긴 편지, 광고 편지 등이 많이 꽂힌다. 그러나 누군가 아는 사람으로부터 온 우표가 붙어 있는 자필의 편지는 전혀 없다. 요즈음 우편함에 손으로 써서 우체통을 거쳐 집배원의 손에 의해 배달된 편지는 찾아볼 수 없게 되었다.

이렇게 글을 써서 봉투에 넣어, 주소를 쓰고, 우체국에 가서 우표를 사서 붙여야 하는 편지는 이제 불편의 상징이 되었다. 그래서 최근에는 편지가 업무적으로나 개인적으로도 인기가 없다. 그러나 편지에는 전화로는 절대로 얻을 수 없는 매력이 들어 있다. 보내는 사람의 생각이나 마음을 그대로 받는 사람에게 전달할 수 있다. 전화로는 듣고 잊어버리는 말 한마디가 편지에서는 몇 번이고 반복해서 읽을 수 있다. 수화기에서 흐르는 '사랑한다'는 말은 시간과 함께 사라지지만 파란 잉크로 쓴 '사랑한다'는 언제 읽어도 신선한 감동을 읽는 사람에게 준다.

비즈니스맨이 쓰는 대표적인 편지가 연하장일 것이다. 그러나 그것도 최근에는 편리함이 마음을 전하는 의사소통을 상실하고 있다. 직접 펜으로 쓴 것이 점차 줄어들어 찾아보기 힘들 정도다. 보내는 사람의 입장에서는 인쇄되어 있거나 컴퓨터로 쓰는 것이 손으로 직접 쓰는 것보다 편리하고 시간이 절약되기 때문이다. 거기에 주소인쇄 기능까지 사용하면 몇백 장의 엽서도 단시간에 쓸 수 있다. 특히 업무와 개인용도로 교제범위가 폭넓은 사람은 막대한 수의 연하장을 보내야 한다. 매년 가장 바쁜 연말에 편리하게 시간을 아끼려는 심정은 충분히 이해가 된다. 그나마도 이제는 이메일이나 핸드폰 문자 메시지로 대신하고 있는 실정이다.

그런데 정말 그대로가 좋은 것인가? 받는 사람의 이름만 다를 뿐이고 문장이나 모든 것이 동일한 기계에 의해 만들어진 것이 읽는 사람의 마음을 움직일 수 있을지 의문이다. 아마 인간미를 전혀 느끼지 못할 것이다. 이런 속에서 만약 조금은 불편하다고 해도 직접 쓴다면 한 장의 엽서가 당신의 마음을 전달할 수 있을 것이다.

불편은 생활의 지혜를 터득하게 한다

얼마 전에 우연히 친구를 만났는데 서울 생활을 정리하고 경상도 산골로 이사를 갔다고 했다. 처음에는 생활하는 데 어려움이 많아 적응하기가 힘들었다고 한다. 너무 마을에서 떨어져 있어 전기가 들어오지 않아 가전제품이 무용지물이 되었다고 한다.

퇴근하면 집에 돌아와 채널을 돌리면서 보았던 TV를 볼 수도 없고, 냉장고에 넣어 놓고 시원하게 마시던 맥주도 마실 수가 없다. 그동안 누려왔던 하이테크의 혜택을 누릴 수 가 없게 된 불편은 말로 표현하기 어려웠을 것이다. 이러한 일들은 예상을 했고, 산골생활을 하기로 결심하면서 각오는 했지만 처음에는 적응하기가 힘들었다고 한다.

시간이 약이란 말처럼 점차로 산중생활의 불편을 극복하는 지혜가 생겼다고 했다. 새벽에 동이 트면 일어나서 일하고, 해가져 캄캄해지면 집에 들어와 잠을 자는 습관으로 바꾸니 전등불의 불편함이 사라졌다고 했다. 냉장고 대신에 흐르는 개울물에 웅덩이를 만들어 담가 두면 해결이 되었다고 한다. 헬스센터에 못가도 산등성이를 몇 번 오르내리면 운동도 끝난다고 했다. 먹거리도 백화점이나 마트의 잘 손질된 것은 없어도 조금만 몸을 움직이는 불편을 감수하면 싱싱한 것으로 먹을 수가 있게 되었다고 한다. 이 친구의 산중생활에서 알 수 있듯이 궁하면 통한다고 불편은 우리에게 그것을 해결하게 하는 지혜를 터득하게 해 주는 하나의 사례인 것 같다.

또 다른 사례로 도시에 살다 산골마을로 이사를 간 회사원의 기사를 읽은 적이 있다. 그 기사에서도 도시에서 습관적으로 누리던 여러 가지 혜택을 누릴 수 없는 불편이 지혜를 터득하게 해 적응해 나갈 수 있게 만든다고 했다. 그는 먼저 아침마다 집에 앉아서 배달된 우유를 마실 수 없는 불편함을 들었다. 도시의 아파트에는 현관문을 열 필요도 없이 우유 투입구를 통해서 들어오나 산골마을에서는 읍내까지 나가야 살 수 있다. 그리고 신문을 구독할 수 없다. 또 인터넷도 할 수 없다.

자기가 원해서 시골살이를 하고 있다 해도 막상 이런 문제에 부딪히게 되면 그 불편함에 짜증나고 어떤 때는 시골로 내려 온 것에 대한 후회와 화까지 치민다고 했다. 그러는 한편 시간이 흐르면서 시골살이의 이런 불편함을 넘어서려는 지혜가 생기게 된다. 예를 들면 신문은 배달이 안 되어 새벽에 볼 수 없으므로 어차피 직장에 가서 보고 퇴근길에 남들이 다 본 걸 갖고 집에 오면 아내는 조간신문이 아닌 석간신문을 보는 셈이 된다고 했다. 그러나 인터넷은 집에 설치를 할 수 없기 때문에 해결 방법이 없다. 그래도 꼭 필요한 일은 직장에 가 있는 시간 안에 해결하면 된다고 한다. 그는 "가만 생각해 보니 직장에서야 대부분 일과 관련된 건설적인 면으로 이용했으나 전에 집에서 이용할 때면 그런 면보다 인터넷 고스톱 등의 오락에 더 시간을 허비했다. 이제 그 시간에 읽고 싶은 책과 듣고 싶은 음악과 벗하게 됐으니 참으로 다행이다."라고 했다.

그리고 그는 불편을 겪으면서 나름의 생활의 지혜를 터득했다고 한다. 전에는 물건을 살 때 별 생각 없이 슈퍼 등에서 주는 비닐봉투에 넣어 왔는데, 이제는 반드시 장바구니 등의 가방을 꼭 들고 간다고 했다. 만약 갖고 가지 않았을 때라도 비닐봉지에 넣지 않고 그냥 손에 들고 오게 되어 폐비닐이 거의 생기지 않는다고 한다.

음식 찌꺼기도 도시에 살 때는 아파트 경비실 앞에 있는 음식물 수거통에 넣어 두면 구청에서 차가 와서 싣고 가기 때문에 해결되었다. 그런데 시골생활에서는 수거해 가는 사람이 없다. 그러나 조금만 불편을 감수하면 해결이 된다. 그는 땅 위에 며칠 놓아둔 뒤 마르면 채소밭에 묻는다고 했다. 그러면 훌륭한 거름이 되어 채소를 잘 자라게 해 주기 때문에 일거양득이라고 말했다.

그는 시골생활을 하면서 도시에 살 때보다 버리는 게 훨씬 적어졌다고 했다. 처리하기 곤란한 것은 가능한 갖고 오지 않게 되고, 어쩔 수 없이

느림의 반격

갖고 온 것들은 재활용하거나 거름 등으로 만들어 쓸 궁리를 하게 된다고 한다. 여기에서 알 수 있듯이 시골생활을 하면서 확실히 도시생활보다 환경 보전에 대해서 열심히 생각하는 것 같다. 특히 불편은 이를 벗어나게 하는 지혜를 터득하게 하는 듯하다.

생활 속의 작은 불편이 우리 미래를 바꾼다

덴마크 코펜하겐에서 열리는 유엔기후변화협약에 전 세계가 시끄러웠다. 언론은 시시각각으로 총회 소식을 전해 주었다. 그 당시 우리나라 대통령이 총회 기조연설에서 우리는 온실가스 배출량을 줄이겠다는 목표를 공표하기도 했다. 또한 이 회의에 참가한 주요국 정상들은 지구기온 상승폭을 산업화 시기 이전인 100년 전을 기준으로 2도 이내로 묶기로 합의하기도 했다.

지구의 평균 대기온도가 1도만 상승해도 미국 대평원을 비롯한 곡창지대가 황폐화되고, 산호초가 붕괴된다고 한다. 또한 남극과 북극 등의 영구 동토층이 녹아 해수면이 상승하게 되어 물에 잠기는 곳이 많을 것이다. 정부간기후변화위원회(IPCC)가 발간한 보고서도 지구 기온이 1도만 올라도 전 세계 인구 중 최소 4억 명, 최대 17억 명이 물 부족에 시달릴 것으로 예상했다. 물 부족에 기온 상승까지 겹치면서 1,000만 ~3,000만 명이 굶어 죽는 사태도 발생할 수 있다고 했다. 또한 아시아 대륙에서도 전체 농경지의 30%가 사막으로 바뀔 것으로 예상했다.

온도 상승 외에 오존층 파괴도 지구온난화에 따른 부작용 가운데 하나다. 자외선 량이 증가하면 피부암 발병률이 높아진다. 늘어난 자외선은 대기 중 오존 발생을 촉진하는 효과가 있기 때문에 오존 농도도 높아진다. 호흡기 질환이나 알레르기 발병률도 높아진다. 생물종도 크게 변한다. 산소는 차가운 물에 잘 녹는데 기온 상승으로 물 온도가 함께 오를 경우 물속에 녹는 산소의 양이 부족해진다. 지구가 1도만 더워져도 기온 상승과 물속 산소량 부족이 겹치면서 체온을 일정하게 유지하지 못하는 양서류는 멸종된다. 2도가 올라가면 전 지구상의 생물종 중 20%가 자취를 감출 것으로 보인다. IPCC는 지구온난화를 팔짱 끼고 관전만 할 경우 이런 사태들이 늦어도 2050년에는 현실이 되어 들이닥칠 것이라고 경고했다.

우리가 생활 속에서 온실가스를 줄이기 위해서는 불편이 따르게 된다. 작은 생활습관 하나가 바로 저탄소 녹색사회 구현의 밑거름이 되어 지구의 재앙을 막는 데 도움이 된다. 다소 불편하지만 우리가 걷고, 자전거를 타고, 대중교통을 이용하여 승용차 이용을 일주일에 하루만 줄여도 연간 445kg의 CO_2를 줄일 수 있다. 요즈음 BMW 이용으로 온실가스를 줄이자는 운동이 한창이다. 여기서 BMW란 버스와 자전거(Bus & Bike), 도시철도(Metro), 도보(Walking)의 머리글자를 딴 신조어로 탄소 배출이 없거나 매우 적은 수단이라 할 수 있다.

여름에 더위를 조금만 참고 실내 온도를 28도로 유지하고, 겨울에 추위를 조금만 참고 실내 온도를 20도로 유지하는 불편을 감수하는 생활습관이 지구를 살리는 데 도움을 준다. 냉난방 온도를 $1℃$ 조정할 경우 연간 110kg의 CO_2를 줄일 수 있다. 가전제품 플러그를 뽑아 주는 조그만 불편을 감수해도 온실가스를 줄일 수 있다. 대기전력이 에너지 사용기기 전체 이용 전력의 약 10%를 차지한다. 따라서 멀티탭을 잘 보이는 곳에 두어 플러그만 뽑아도 손쉽게 대기전력을 차단할 수 있다.

시장을 보러 갈 때에 장바구니를 들고 가는 불편을 감수하면 지구 온도를 낮추는 데 기여한다. 지금 우리가 사용하고 있는 1회용 비닐봉지를 만드는 데 CO_2가 발생하고, 분해가 되는 데도 100년 이상 걸린다고 한다. 또한 조금만 신경을 써서 가정 쓰레기를 철저히 분리만 하여도 연간 188kg의 CO_2를 줄일 수 있다. 샤워 시간은 줄이고 빨래를 모아서 해도 온실가스를 줄이는 데 기여한다. 샤워 시간을 1분 줄이면 가구당 연간 4.3kg의 CO_2를 줄일 수 있다. 빨래를 모아서 하면 가구당 연간 14kg의 CO_2를 줄일 수 있고, 설거지통을 10분만 이용해도 약 80ℓ의 물을 절약할 수 있다.

이렇게 우리 일상생활에서 작은 실천과 불편함에 습관을 들이면 우리 자손에게 보다 나은 지구를 물려줄 수 있다. 물론 이는 우리가 다소간의 불편과 수고를 감수해야 한다. 지금 우리가 누리고 있는 편안함과 여유로움, 안락함은 후손들이 받아야 할 것들을 앞당겨 쓰는 것일 뿐이다. 잠시 빌려 쓰고 있는 것에 지나지 않는다. 우리 생활 속의 작은 수고와 불편이 우리 미래를 구할 수 있어 후손들에게 즐거움을 줄 수 있을 것이다.

제4부
느리게 살기

1장
속도 증후군

동남아 관광지에서의 유행어 '빨리빨리'

어린 시절에 많이 들었던 단군신화는 '우리 민족은 참을성이 많다'라는 사실을 암시한다. 모두가 다 알고 있는 신화이지만 기억을 더듬어 동심으로 돌아가 다시 한번 살펴보자. 이 신화는 옥황상제의 아들인 환웅이 태백산으로 우사와 운사와 풍백과 하늘에서 그 무리 3,000명을 대리고 내려왔다. 인간들에게 농사를 가리치고 태평성대로 살고 있는데 곰과 호랑이가 나타나 인간이 되게 해 달라고 했다. 환웅은 쑥과 마늘을 주며 동굴에 들어가 100일 동안 지내라고 했는데 호랑이는 참지 못해 도망가고 곰만이 남아 인간이 되었다. 환웅과 인간이 된 곰이 결혼하여 낳은 단군이 고조선을 세워 우리의 조상이 되었다는 신화다.

이 신화에서 쑥과 마늘만으로 100일을 견딘 곰에서 알 수 있듯이 우리 조상은 참을성이 많은 후손이라고 강조한다. 그래서 어린 시절 학교에서도 우리 민족은 인내심이 강한 민족이라고 배웠다. 그러나 지금 나를 비롯하여 주변을 살펴보면 전혀 그렇지 않다. 학창 시절에 자주 들었던

'은근과 끈기'의 민족이라는 말이 무색해진다.

우리는 밥을 먹어도, 일을 해도, 물건을 사도, 심지어 여행을 해도 빨리빨리 해야 한다. 빨리빨리는 우리의 일상생활에서 생활패턴을 대변하는 듯하다. 특히 거리로 나가서 운전자들의 운전습관을 관찰해 보면 너무 잘 알 수 있다. 조금 빨리 가려고 새치기 하는 것은 다반사고, 앞차와 약간만 거리가 벌어져도 곧바로 빵빵거린다. 오죽했으면 '5분 빨리 가려다 50년 빨리 간다'라는 표어가 거리에 걸릴 정도이니 말이다

광고대행사에 다닐 때 프랑스 지중해 연안에 있는 휴양 도시인 칸느의 광고제에 참석한 적이 있다. 칸느 영화제로 유명해 우리에게 잘 알려진 도시다. 행사가 없는 시간에는 주변의 니스와 모나코를 둘러보기도 했다. 아주 한가롭고 여유가 있는 관광지였다. 이렇게 한가로운 시간을 보내면서도 거리를 거닐다 횡단보도를 건널 때 서울에서 평상시와 똑같이 나도 모르게 뛰는 습관이 그대로 나타났다. 신호가 깜박이면 전혀 바쁘지도 않으면서 반사적으로 뛰어 건넜다. 이러한 행동은 나만이 아니었다. 동행했던 한국인은 거의 비슷했다. 나는 속으로 '빨리빨리 습관은 어쩔 수 없구나'라고 생각하면서 저절로 웃음이 나왔다. 이 습관은 영국 런던에서나 도쿄에서나 횡단보도를 건널 때는 거의 반사적으로 나왔다. 나와 함께한 아내도 동시에 뛴다.

식당에 가면 더하다. 칸느의 광고제가 끝나고 우리 일행은 버스를 대절해서 이탈리아 관광에 나섰다. 중간중간에 내려 관광을 한 후에 다시 모여 버스를 타는 전형적인 '빨리빨리 관광' 형태다. 특히 식당에 가면 우리의 인내심을 시험한다. 여행을 해 보신 분들은 잘 아시겠지만, 유럽 식당은 한국처럼 거의 주문과 동시에 재빠르게 음식을 가져다주지 않기

때문이다. 음식은 늦는데다가 한 개씩 찔끔찔끔 가져오는 통에 한국의 어르신들은 좌불안석이다. 식당에 들어가 15분이 지나면 얼굴에 초조한 기색이 보이고 다리는 들썩들썩한다. 조금만 더 경과하면 빨리 주라고 큰소리가 나오기 시작한다. 그래서 한국 사람을 몇 번 겪어 본 눈치 빠른 레스토랑은 몇 번의 시행착오 끝에 한국인들이 원하는 것을 알고 한국식으로 응수하는 경우도 생기고 있다고 한다. 예를 들면 한국 여행객들이 오기 전에 음식을 다 준비해 놓고 도착하면 음식을 재빨리 내놓는다. 미리 만들어 놓은 음식은 아무래도 맛은 덜하겠지만 최소한 식당에서 고함을 지르는 한국 사람을 미리 예방할 수 있기 때문이다. 이와 같이 유럽에서도 우리의 빨리빨리 문화에 대응할 정도다.

단체관광으로 여행을 할 때에 비행기가 착륙하면 완전히 멈추기 전에 자주 일어나 스튜어디스로부터 경고를 받기도 한다. 씁쓸한 표정으로 다시 착석하지만 여전히 엉덩이는 들썩거린다. 다른 승객들보다 먼저 나가서 딱히 할 일이 있는 것도 아니다. 그런데 괜히 마음이 급하다. 무의식 속에 남들보다 빨리 서둘러서 먼저 내리고 싶다는 욕구가 잠재되어 있기 때문인 것 같다. 그 욕구가 이성적으로 제어되지 못하는 것이다. 이러한 비행기에서의 빨리빨리 욕구는 나만이 아니라 한국인의 공통적인 욕구인 것 같다.

지인들과 단체로 동남아관광을 한 적이 있다. 한국인이 많이 가는 관광지에서 버스를 타려고 하는데 현지인들이 한국말로 "빨리빨리!"라고 외치는 것을 보고 새삼 놀랐다. 또한 음식점에서도 종업원이 '빨리빨리'라고 떠들었다. 우리가 지나가면 손을 흔들며 '빨리빨리'라고 소리치기도 한다. 얼마나 우리가 휴가까지 와서도 '빨리빨리'라는 말을 많이 했으면 그들이 흉내를 내고 있겠는가를 생각하니 웃음이 나왔다. 그만큼 우리는 무의식중에 그 말을 많이 하고 있다. 일상생활에서 탈출하여 여행을 와서도 마음은 항상 빨리빨리에 억눌려 있기 때문이다.

약보다는 주사를 놓아 주세요!

신문에서 직장인 2명 중 1명이 속도 중독증이라는 조사결과를 읽은 적이 있다. 이 기사에 의하면 '당신은 속도 중독증이라고 생각하는가'라고 설문한 결과 55.8%가 '예'라고 답했다고 했다. 속도 중독증 직장인 대부분은 자신을 그렇게 생각하는 이유에 대해 '항상 시간이 부족하기 때문에'(36.6%), '빨리 하지 않으면 못 참기 때문에'(30.2%)라고 밝혔으며, '일을 천천히 하면 불안하기 때문에'(13.6%), '철저하게 시간 계획을 세우기 때문에'(9.9%)라고 답한 사람도 있다고 한다.

또한 속도 중독증이 생긴 원인으로 '과도한 업무량'(27.0%)과 '과다한 경쟁'(22.6%), '급한 성격'(21.3%) 등이 주로 꼽혔다. 직장인 63.6%가 속도 중독증을 부정적으로 여기는 가운데 그 이유로 '스트레스가 심하기 때문에'(77.1%)라는 답변이 압도적으로 많았다. 이밖에 '주변 사람에게 피해를 주기 때문에'(7.1%), '건강이 나빠지기 때문에'(5.2%), '업무의욕을 감소시키기 때문에'(5.2%)라는 응답도 있었다.

이러한 속도 중독증은 우리 생활 속에 널리 퍼져 있다. 밥 먹는 습관도 그렇다. 직원들과 점심시간에 식사를 하러 가면 10분이면 끝난다. 조금이라도 천천히 먹는 직원은 마치 죄인인 양 덩달아 허겁지겁 먹는다.

특히 여직원들이 점심시간에 남자 직원과 같은 속도를 먹으려다 곤혹을 치른다. 그나마 회사생활에 길들어진 경력 여사원은 조금 낫지만, 신입 여사원들은 어느 정도 익숙해질 때까지 점심시간에 밥 먹기 전쟁을 해야 한다. 급한 일이 있는 것도 아니고, 누가 쫓아오는 것도 아닌데 그냥 바쁘다. 이는 직장에서뿐만이 아니다. 가정에서도 아빠가 빨리 먹으니 부인과 애들까지 빨리 먹는 습관이 생기게 된다. 나도 소화제를 달고 살면서도 이 습관을 고치지 못하고 있다가 최근에야 노력하고 있다. 이러한 밥 빨리 먹는 습관 때문에 약국에서 소화제까지 많이 팔린다고 한다.

주사제 남용도 우리의 속도 증후군 때문이다. 주사제가 약을 복용하는 것보다 효과가 빠르다는 우리의 터무니없는 주사신봉 의식 때문이다. 의사인 친구는 "어느 환자나 병원을 찾아오면 당연히 주사제를 요구한다."고 말했다. 그는 소아과를 개업했을 때 환자들의 주사제 사용 요구를 거절하며 불필요성을 설명했다고 한다. 이로 인해 오히려 무능하고 인색한 의사로 소문나 주민들한테 외면당하는 등 적지 않은 고생을 했다고 털어놨다. 그래서 의사들도 환자를 끌기 위해 속도 증후군에 동조하여 주사제를 남용하고 있다고 한다. 우리의 속도 증후군이 초래한 전형적인 부작용 중의 하나다.

이전보다는 아주 많이 나아졌지만, 농가에서 농약 남용도 우리의 속도 증후군과 관련이 있다. 농촌에 가서 보면 농작물에 피해를 주는 해충을 잡기 위해 농약을 사용하는 것은 어쩔 수 없다. 그러나 먹거리에 농약을 남용하는 것이 문제다. 해충을 빨리 없애기 위해 적정량을 초과하여 뿌리고 있다. 천천히 없애기 보다는 급히 없애야 직성이 풀리는 습성 때문이다. 이로 인해 잔류 농약이 기준치를 넘어 우리의 건강을 해치는 일을 자주 발생하고 있다. 이 문제도 기다리지 못하는 우리의 속도 증후군이 가져온 것이다.

과거를 되돌아볼 때 우리의 속도 증후군은 대단한 성과를 이룩했다. 1970년대에 이룩한 연평균 8% 성장에는 모든 것을 빨리빨리 정확하게 해내는 국민성이 크게 기여했다. 그러나 지금도 우리의 삶속에는 '정확하게'를 배제한 채 속도 증후군만이 남아 있다. 빠르고 정확하게 하는 것이 힘들 경우 먼저 해야 할 것은 정화성이다. 그러나 현재 우리는 매일 속도와의 전쟁 속에서 살아가고 있다. 이제는 '좀 쉬어 가라'고 '조금만 천천히 가라'고 외치는 소리에 우리는 잠시 귀를 기울여 보면 좋을 것 같다.

나도 쿼터리즘에 걸렸나?

이제는 컴퓨터와 휴대전화가 없으면 일을 할 수가 없다. 디지털 기기에 너무 의존하면서 정신건강이 심각하게 위협받고 있는 것도 사실이다. 휴대전화가 없으면 불안감에 휩싸이고, 사이버 공간에 중독돼 컴퓨터 앞을 떠나기가 두렵다. 나이가 든 나 역시 그러하니 젊음 이들은 오죽하겠는가? 특히 속도를 중시하는 디지털 환경에 익숙해지면서 조급증도 심해졌다. 회사에서는 물론이고, 편히 쉬어야 할 집에서조차 인터넷이 속도가 느리면 짜증이 난다.

요즈음 휴대전화 메시지 때문에 스트레스를 받는다고 말하는 사람이 많다. 친구들에게 보낸 휴대전화 메시지에 즉각적인 답변이 없으면 왠지 불안해진다고 한다. 그래서 보낸 메시지에 즉각 반응이 없으면 내 메시지를 받지 못한 것처럼 생각돼 기다리지 못하고 결국은 전화로 확인하게 된다고 한다. 이래서 '퀵백(Quick Back)'이라는 신조어까지 등장했다. 자신의 행동이 가져올 즉각적인 반응을 보고 싶어 하는 디지털 세대들의 모습에서 따온 용어다.

회사 직원들도 이메일보다 메신저를 더 많이 활용하고 있다. 이는 조급증 때문이다. 퀵백이 없으면 불안해져 메신저로 주로 이동하고 있는 것이다. 이메일은 이제 문서 수발용으로 사용하고 있다. 또한 이메일보다 휴대폰 메시지를 더 선호한다. 이들은 메신저나 문자 메시지의 몇 초안 되는 시간도 너무나 긴 시간처럼 느껴진다고 말한다.

인터넷에서는 '버퍼링 증후군'도 있는 것이 사실이다. 버퍼링증후군은 마우스를 클릭할 때마다 넘어가야지 시간을 끌면 안절부절못하는 증상이다. 조금만 느리게 전송되면 참지 못하고 안절부절못하는 불안증후군이다. 이러한 정신적 현상에 대해 한 신경정신과의사는 "조급증이 하나의 병명으로 정해져 있지는 않지만, 현대인만이 가지고 있는 현상"이라고 진단한다.

신문에서 디지털 환경에 길들여질수록 문화 조급증도 더 심화될 수밖에 없다는 문화평론가의 칼럼을 읽은 적이 있다. 그 칼럼에서 영국의 심리학 교수팀이 발표한 실험 결과를 인용해 놓았다. 세계 32개 도시인들의 보행속도였다. 약 18m를 가는 데 평균 12.49초 걸렸다고 밝혔다. 실험이 이번에 처음은 아니어서 이전보다 10%가량 빨라졌다는 결론을 내렸다. 이는 1초에 2보씩 큰 걸음으로 성큼성큼 걷는 행진 속도와 엇비슷하다고 한다. 이 연구팀은 보행속도가 빨라진 이유를 인터넷이나 휴대전화 같은 기술의 발달이라고 했다. 사람들의 조급증을 더 키웠기 때문이라고 한다. 우리가 한국전쟁과 경제개발 과정이라는 사회적 환경에 따라 조급증이 늘었듯이 디지털 기술의 발달이 더욱 조급증을 키웠다고 칼럼 기고가는 말했다.

나도 이 칼럼 기고자가 말한 것처럼 15분 이상 집중하기 어렵다는 '쿼터리즘' 세대가 되어 가고 있는 것 같다. 이전에 비해 집중력이 떨어지고 조급증이 생겼다. 신문도 전에는 본문까지 자세히 읽었는데 지금은 헤드라인만 대충 읽는다. TV를 보면서도 조금만 지루하면 바로 채널을 돌린다. 이전에 다른 사람이 그렇게 하면 못마땅하게 생각하곤 했는데 이제는 나도 그렇게 하고 있다. 영화도 이제는 대충 줄거리만 보거나 TV의 영화 프로그램에서 간략하게 보여 주는 것에 만족한다. 점차 쿼터리즘에 물들어가고 있다.

쿼터리즘은 젊은 세대를 향해 기성세대가 비아냥거리기 위해 만든 말이라고 한다. 복잡한 것보다는 쉬운 것만 찾으려 하고, 한 분야에 대해 15분도 채 대화하지 못할 정도의 빈약한 지식을 가진 젊은 세대들이 늘고 있다고 걱정하는 데서 나온 말이다. 그런데 이제는 젊은 세대만이 아니다. 나를 포함한 기성세대들도 쿼터리즘에 빠지고 있다.

템포바이러스

내 주위를 살펴보면 속도가 곧 경쟁력이라는 사실이 실감난다. 얼마 전까지 회사에서 서류의 원본을 보내려면 급할 경우에는 택시를 타고 직접 찾아가서 전달했다. 이제는 퀵서비스라는 오토바이 부대가 있다. 전화만 하면 도로를 종횡무진 질주하는 배송 오토바이가 해결해 준다. 모든 업무처리 속도도 가파르게 상승하고 있다. "많이 바쁘시죠?"는 자연스러운 인사가 됐다. '조금 더 빠르게'라는 요구는 급기야 바둑세계에까지 영향을 주고 있다. 최근 우리나라에서 10~20분에 한 게임을 끝내는 이른바 '속기(速棋)'가 일반화되었다.

우리의 시간 감각은 미디어 발달과 함께 가속화되고 있다. 사랑하는 사람에게 안부를 주로 편지로 주고받던 시절에는 편지를 보내고 일주일은 기다려야 답장을 받을 수 있었다. 라디오 방송에 애인의 생일을 축하하는 음악신청을 하려면 최소 열흘 전 엽서를 띄워야 했다. 친구들과 여행을 가서 찍은 사진을 현상소에 맡기면 며칠이 지나야 볼 수 있었다. 그런데 지금은 방송 진행 중에도 인터넷이나 문자 메시지로 즉시 신청을 할 수 있다. 디지털카메라는 셔터를 누르자마자 그 결과를 보여 준다. 얼마 전까지는 상상하기 어려울 정도로 생활의 속도가 빨라졌다.

이제는 다이어트까지 '빨리빨리' 하려고 한다. 학생들 사이에서 TV에 나오는 탤런트처럼 되겠다고 다이어트 하는 사람들이 많다. 미디어 영향으로 다이어트 하려는 연령층도 빨라져 초등학생들 사이에서도 유행이라고 한다. 덕분에 다이어트를 빠르게 해 준다는 약이나 기구가 덩달아 판을 친다. 또한 학생들이 빨리 살을 빼기 위해 무조건 굶기부터 한다. 무조건적으로 절식하면 처음에는 체중이 잘 빠질지 몰라도 점점 기초 대사량이 떨어진다. 또한 비타민이나 무기질 섭취가 줄어들어 신진대사가 원활히 이뤄지지 않아 건강이 악화된다. 그러다 한 번이라도 폭식을 하게 되면 오히려 체중이 갑자기 증가하는 요요현상이 나타나기도

느림의 반격

한다. 이러한 과정이 되풀이 되면 컨디션 저하와 물만 먹어도 살이 찌는 증상이 생기게 된다. 결국 운동을 해도 살은 빠지지 않고 탄력만 없어지는 악순환으로 몸은 점점 망가지게 된다. 빨리빨리 하려다 부작용까지 생기고 있다.

젊은 층 사이에서는 커뮤니케이션 속도가 빨라졌다. 편지를 주고받는 사람은 거의 없어졌다. 문자 메시지는 약어와 속어가 넘쳐 난다. 즉흥적으로 주고받는 소통에서 우리의 고운 언어조차 변질시키고 있다. 이들은 일상생활의 커뮤니케이션에서 사용하는 언어도 자신들 사이에서만 소통되는 압축된 속어를 쓰고 있다. 이들은 메신저나 문자 메시지의 짧막하고 압축된 언어에 익숙하여 작문을 하는 것조차 어렵게 될지도 모른다. 모바일과 디지털로 인한 템포바이러스는 우리 자녀들이 사용하는 언어에도 중대한 문제를 야기시키고 있다.

템포바이러스는 우리 사회에 급속도로 파급되고 있다. 우리는 코로나19 바이러스를 걱정하고 예방을 위해 온 나라가 떠들썩하다. 그러나 템포바이러스에 대한 대책은 없고 더욱 분위기를 조장하고 있다. 템포바이러스는 우리를 일찍이 겪어 본 적이 없는 엄청난 변화의 속도 속에서 살아가게 한다. 우리 모두는 급속히 전파되고 있는 템포바이러스에 감염되어 경쟁사회에서 탈락하지는 않을까 하는 생각에 초조하고 불안한 생활을 하고 있습니다. 그래서 우리는 낙오하지 않고 살아남으려면 남보다 '더 빨리', '더 잘해야 한다'는 생각을 갖게 된다. 이런 생각이 반복되고 지속되어 결국 우리가 무의식적으로 감염의 악순환을 반복하게 만든다.

우리에게 느림의 미학은 이제 지나간 과거의 사치스런 추억으로 남아 있을 뿐이다. 템포가 빠른 것이 경쟁력이 된 세상에서 느긋한 사람은 뒤떨어지고 만다. 심지어는 우리들 사이에서 천천히 길을 걷는 사람까지도 사회의 낙오자로 보여 질 위험이 크다. 우리들은 모두 템포바이러스에 감염돼 있는 속도증후군을 앓고 있는 환자나 다름없다.

2장
빠름과 느림의 동거

'한국병'인가? 국가발전의 '원동력'인가?

직장에 다닐 때 나의 '속도 전쟁'은 이른 새벽의 출근길부터 시작되었다. 지하철역은 마치 육상 경기장을 방불케 한다. 모두가 앞만 보고 뛴다. 뛰다 부딪치기 일쑤지만 서로 사과 한마디 없이 뛰는 것도 보편화되었다. 움직이는 에스컬레이터에서는 그냥 서 있지 못하고 걷는다. 혼자 서 있으면 이상하게 여긴다. 모두가 뛰어야 하는 분위기다. 출근시간에 버스 정류장도 마찬가지다. 버스가 멈추기도 전에 우르르 몰려간다. 자가용을 타고 출근을 해도 바쁘기는 마찬가지다. 앞차가 조금만 늦게 가도 몇 초를 못 참고 바로 클랙슨을 눌러 댄다. 고속도로에서도 차의 흐름이 지체되면 그 사이를 참지 못하고 요리조리 차의 틈새로 끼어들어 곡예운전을 한다. 목숨이 아깝다는 생각을 할 틈조차 없이 바쁘다.

회사 옆에 있는 음식점 중에 점심시간에 5분 안에 음식이 안 나오면 500원에 스테이크를 주겠다는 음식점에 사람들이 붐빈다. 이곳에 식사하러 가면 주문한 후 먹고 나오는 데까지 15분이면 충분하다. 우리는 근성이 점심시간에 식사하러 가서 맛없는 음식은 어느 정도 참을 수 있어도 늦게 나오면 못 참는다. 회사에서 엘리베이터를 타더라도 자동문이 여닫는 몇 초가 아까워 끊임없이 버튼을 누른다. 어떤 빌딩의 엘리베이터에는 닫기 버튼을 누르지 못하도록 막아 놓았다. 오죽했으면 그렇게 했을까.

외국에 나가서도 우리의 '빨리빨리' 습성은 바뀌지 않는다. 과거 미국에 이민 간 한인들이 세탁소 사업에서 성공할 수 있었던 비결은 한마디로 '세탁 후 당일 내 배달'이었다. 그 당시 한국인이 아니면 상상하기도 어려운 속도로 승부를 건 혁신적인 서비스였다. 이와 같이 빠른 일처리로 성공은 미국뿐이 아니다. 영국 런던에서 부동산 중개회사에 다니고 있는 교포를 만난 적이 있었다. 그는 영국에 유학을 와서 대학을 졸업하고, 부동산 중개회사에 취직해 성공한 사람이다. 맨 처음에 이 회사에 입사해 동료들의 일하는 모습을 보고 너무 답답해서 적응에 힘이 들었다고 했다. 우리 같으면 금방 확인해서 알려 줄 수 있는 것을 3일 후에 처리한다고 했다. 자신의 빠른 일 처리를 보고 고객이나 동료들이 놀랐다고 한다. 그의 고속 승진의 비결은 다름이 아닌 우리 누구나 지니고 있는 '빨리빨리' 문화라고 했다.

우리가 인터넷 강국으로 떠오르게 한 것도 '빨리빨리' 문화라고 말한 사람들이 많다. 특히 외국인들이 우리나라에서 인터넷 설치를 신청하면 가설해 주는 데까지 걸리는 시간에 깜작 놀란다. 한 영국인이 한국에 도착해서는 인터넷 설치를 위해서 전화를 하자 정확히 57분 만에 인터넷이 완벽히 작동되었다고 한다. 만약 유럽 국가들에서 같은 상황이었다면 적어도 1주일에서 많게는 한 달을 기다려야만 가능했을 수도 있는 일이라고 한다. 이러한 우리의 '빨리빨리' 문화가 우리나라를 급성장하게한 차별화되는 강점이라고 볼 수 있다. 이렇게 우리의 '빨리빨리' 문화는IT 강국을 만든 밑거름이 되었다. 뿐만 아니라 속도전으로 치닫고 있는기업 경영에 긍정적으로 작용했다. 국내의 많은 기업들도 스피드 경영을 경영방침의 한 축으로 설정하여 실천에 박차를 가해 왔다.

한편으로는 우리의 '빨리빨리' 문화는 각종 부작용의 원흉으로 지탄을받고 있다. 그러나 이를 한번 뒤집어 생각해 보자. 속도가 중요한 정보화 사회에서는 '빨리빨리' 문화가 경쟁력 중의 하나가 될 수 있다. 따라서 우리가 세계 최고의 IT강국, 반도체 시장을 장악한 힘은 이 '빨리빨리'문화라고 볼 수도 있다. 그래서 우리의 '빨리빨리' 문화는 '한국병'이면서도 '국가발전의 원동력'이라고 말한다.

우리도 원래는 조선시대 양반들의 모습에서 알 수 있듯이 느긋한 성품이었다. '압축성장', '고속성장'이라는 산업화 과정을 거치면서 우리의 체질이 바뀐 것이다. 바뀐 체질은 우리나라의 1970년대쯤부터 우리나라국민 개인의 발전 속도 그리고 국가의 발전 속도에 영향을 끼치면서 프로젝트를 운영하는 기본방식이 되어 왔다. 오늘날 G20의 반열에 오르도록 경제적으로 도약하게 만든 원동력이라고 해도 과언이 아니다. 아마도 거기에 이의를 달 사람은 별로 없을 것이다.

하지만 '빨리빨리' 문화 그 이면에는 '삼풍백화점 붕괴'와 '성수대교 붕괴'라는 큰 사고를 겪게 했다. 빨리 완공하려고 무리하게 공사기간을 단축시킨 부실공사나 열악한 노동조건을 내세운 노동력 착취 등의 부정적인 문제가 있어왔던 것도 사실이다. 이는 현재까지 늘 문제가 되어 온 과거사 청산처럼 도덕적인 원죄로 취급받아 왔다.

그래서 이제는 우리도 '속도'와 '정확성'의 두 축으로 바라보아야 한다는 목소리가 높다. 속도에만 너무 치중한 채 정확성을 간과한다면 이른바 '대충대충'으로 오히려 많은 문제를 불러일으킬 수 있기 때문이다. '올바른 것을 빠르게' 하는 스피드 경영의 본질에 충실히 한다면 불황도 뚫을 수 있는 최고의 경쟁력이 될 수 있다. 따라서 지금까지는 스피드가 주요 경쟁력으로 성공적인 성장을 해 왔지만, 최근 샌드위치 위기론, 글로벌 경기 침체 등으로 새로운 도전에 직면해 있다. 이제 우리도 외부 환경 변화에 유연하고 신속하게 대응하는 진정한 속도가 무엇인지 다시금 고려해 봐야 할 시점이다.

개인적으로도 나를 희생하고 나의 가족을 희생시킨 '빨리빨리'는 이제 의미가 없다. 그리고 부실로 이어지는 그런 빨리빨리는 근절해야하는 우리 문화 중의 하나다. 진정한 '빨리빨리'란 모든 것의 빨리빨리, 즉 개인, 사회, 국가의 시스템 모두가 속도 증후군에 허덕이는 것은 아니다. 서두름과 느림의 적절한 동거가 필요하다. 정확한 속도와 진정한 여유를 확보할 수 있어야 한다.

속도경쟁에 매몰된 사회

나는 최근까지 아침에 일어나서부터 밤에 잠자리에 들 때까지 속도는 경쟁력이란 분위기 속에서 불안하고 조급함을 많이 느꼈다. 일어나자마자 급하게 샤워를 하고, 아침 식사는 하는 둥 마는 둥 대충 때우고 회사로 직행한다. 출근하는 차안에서 마음은 오늘 할 일을 생각하며 바쁘다.

회사에서도 오늘하지 않아도 될 일이지만 하던 일을 끝내지 않고 집에
가면 불안해할 필요가 없는 야근을 한다. 퇴근하는 차 속에서도 내일의
일을 생각한다. 마음은 이미 내일이다. 이러한 습성 때문에 시간의 여유
가 아닌 마음의 여유를 이미 상실한 지 오래되었다. 이는 나만의 습성이
아닌 우리들의 습성인지 모른다. 이렇게 우리는 속도는 경쟁력이란 분
위기 속에 매몰되어 하루하루를 불안 속에서 살고 있다.

물론 속도의 중요성을 구호로 외치고 있는 나라는 우리만은 아니다.
세계 각국이 더 빠른 것을 추구하고 있다. 특히 글로벌 체제 속에서 속
도에 뒤지면 결국 경쟁에서 밀리고 생존을 위협받는 상황으로 내몰리기
때문이다. 이제 느림의 미학은 지난날의 추억으로만 생각하고 있을지도
모른다. 빠름이 경쟁력이 된 세상에서 쉬는 자는 녹슬고 만다고 선동한
다. 이러한 환경에서 우리들은 모두 속도 바이러스에 감염돼 있는 속도
병 환자나 다름없다.

독일 마르부르크대 페터 보르샤이트 교수는 그의 저서 《템포 바이러
스》에서 농업사회 사람들은 자연스럽게 흘러가는 시간에 자신을 맞췄
다고 했다. 그들은 자연현상에 순응해서 살았기 때문에 느린 것과 고정
된 것은 위엄이 있었지만 빠르고 유동적인 것은 흠으로 간주됐다고 했
다. 그런데 근대에 접어들면서 분위기가 바뀌어 산업혁명이 일어나 철
강산업과 섬유산업이 발전해 가면서 속도에 대한 변화가 일어났다고 했
다. 진정한 교통혁명과 생산혁명은 증기력을 이용함으로써 정점에 달한
것이다.

그는 이렇게 인류는 점점 속도에 중독돼 갔고, 자동차는 가속도 시대
를 이끌어가는 강력한 엔진이 됐다고 했다. 근로자의 동작 하나하나에

소요되는 시간을 측정해 이를 최소화하는 테일러리즘과 컨베이어시스템으로 표준 규격 제품을 대량생산하는 포드주의는 생산현장을 속도경쟁 속으로 밀어 넣은 것이라고 했다. 그리고 직장은 물론 가정도 가속화의 피난처가 아니어서 수많은 기구들이 사람들의 생활과 마음을 바꿔 놓았다고 했다. 이제 우리는 세탁을 한 후에 자연광으로 옷이 다 마를 때까지 기다리는 일마저 없애 버렸다. 건조는 세탁 건조기가 알아서 해 준다. 가족의 목욕물은 아궁이에서 데울 필요가 없이 순간 전기보일러가 해결해 준다. 주민등록등본을 발급받기 위해 동사무소에서 줄서서 기다릴 필요가 없다. 집에서 국가전산망에 접속하여 바로 발급을 받으면 된다.

이제는 개인과 가족, 사회와 국가의 모든 분야에서 속도가 정착되면서 속도는 성공을 위한 열쇠로 자리 잡았다. 속도 자체가 사회적인 특권층 여부를 구분하는 데도 중요한 척도가 된다고 말한다. 그래서 우리는 속도에서 특권 계층에 속하고 싶어 일상생활에서 더 빠른 자동차, 더 빠른 컴퓨터를 사기 위해 돈을 벌도록 끊임없이 강요당하고 있다.

기업은 상품생산에 걸리는 시간뿐 아니라 신제품을 만들어 내는 시간을 단축하려는 경쟁도 치열하다. 이로 인해 제품의 라이프사이클을 줄이는 결과를 초래했다. 이러한 속도경쟁에서 지면 죽는다는 강박관념으로 기업은 속도를 높이기 위한 비용은 지속적으로 상승할 수밖에 없는 구조가 되었다. 이 구조는 제품의 라이프사이클을 더 줄이는 악순환을 초래했다. 신제품이 나오면 곧 복제품이 나오니 속도경쟁에서 뒤처지지 않기 위해는 또 다른 신제품을 출시하지 않을 수 없게 되었다. 우리의 핸드폰 시장에서 볼 수 있듯이 경쟁이 심해 제품수명이 길 수 있는 제품도 순간적으로 소비되는 것으로 끝나 자원 낭비도 극심하다.

어느 경제신문의 논설위원은 일단 불붙은 가속화의 메커니즘은 엄청난 재앙이 아니고서는 스스로 멈추지 않을 가능성이 크다고 한탄했다. 그는 브레이크가 아예 없거나 있어도 고장이 났다면 속도가 빠를수록 사고의 파장은 더 끔찍할 수밖에 없을 것이라고 말했다. 그는 속도는 좋거나 나쁨을 따질 수 없는 존재라고 했다. 또한 우리는 속도경쟁을 통해 시간을 절약하면 할수록 시간이 더 부족하다고 느끼게 된다고도 한다. 그래서 우리는 지금 속도경쟁에 매몰돼 주변조차 살펴볼 여유 없이 살고 있기 때문에 느림의 미학을 그리워하고 있을지도 모르겠다.

나만의 속도를 찾자

템포바이러스가 분명히 우리 국가발전의 원동력이 되었음은 틀림없다. 템포바이러스가 만연되기 시작한 것은 근대화를 목표로 한 경제성장의 가속화 시점부터다. 모든 국민의 라이프스타일이 이 목표달성에 맞춰진 채 오늘날까지 고착화된 까닭이 크다. 목표달성과 함께 얻어지는 경제성장의 대외적 지표는 어느덧 '근면하고 성실한 코리언'이라는 브랜드를 갖게 했고, 속도 증후군은 하나의 미덕으로 받아들여지기에 이르렀다.

《제3의 물결》저자인 앨빈 토플러도 "한국의 경제성장은 '빨리빨리' 습관에서 비롯됐다."라고 말할 정도다. 이처럼 우리의 속도 증후군은 고쳐야 할 단점이 아니라 세계적 경쟁력으로 추앙되고 있다. 얼마 전에 대통

령까지 나서서 수주에 성공한 UAE의 원자력발전소공사도 납기를 제때에 맞출 수 있는 능력이 한몫했다고 한다. 바로 우리의 속도 증후군을 인정한 것이다. 또한 1980년대 중동의 건설 붐에서나 사막의 기적 두바이에서 최고층 건물 건설 등 모래바람 속에서도 우리의 템포바이러스가 역량을 충분히 발휘했기 때문이다.

앞에서 언급한 것처럼 현재 우리가 세계적인 IT 강국이 된 배경을 한국인의 급한 성질에서 찾기도 한다. 정보화 시대의 경쟁력은 곧 속도이고 이에 적응할 수 있어야 하기 때문이다. 우리의 속도 증후군은 그런 점에서 급변하는 신기술을 거부감이 없이 받아들여 적극적으로 변용해낼 수 있었다. IT 기술의 발달은 양방향성 소통에 대한 폭발적인 잠재력을 분출하기 시작했다. 초고속 정보 통신망 구축을 통하여 인터넷, CATV, 전화, 업무, 오락, 정보제공, 교육 등 모든 정보가 집적된 통신 서비스를 제공하고 있다. 이제는 화상회의가 일상화되었고, 국가에서 발행하는 각종 서류도 이제는 집에서 발급받을 수 있게 되었다. 이러한 국가 경쟁력을 많은 나라들이 우리의 성공사례를 벤치마킹하기 위해 찾아오고 있다.

또한 현대는 속도가 가치를 결정하는 사회임이 틀림없다. 그래서 우리 사회는 우리를 그 속도경쟁에 참여하라고 끊임없이 권유한다. 동대문 시장을 중심으로 우리의 성공산업 중의 하나인 '패스트 패션'도 그러한 속도경쟁이 낳은 산물이다. 이러한 성공사례의 축적은 우리가 G20이라는 선진 강국 대열에 올라서게 했는데 이는 속도경쟁에서 상대적으로 앞섰기 때문이다. 속도 증후군에 의한 빠른 의사결정과 실행력이 우리를 우뚝 서게 한 훌륭한 강점이 된 것이다.

그런데 이렇게 앞만 보고 달려온 우리는 쉽게 지치고 각박해졌다. 속도 증후군에 시달린 우리의 삶에는 여유가 없어졌다. 긴박한 속도에 휩쓸려 우리의 삶의 가치까지 잃고 살아왔다. 항상 조급증에 시달려 왔다. 조급증의 이면에는 현재에 대한 불안감이 담겨 있다. 빠름을 요구하는 사회에 몸이 제동을 거는 것이다. 이렇게 우리의 속도 증후군이 약도 되고 독도 되고 있다. 어느 쪽을 선택할 것인가의 문제는 결국 우리가 자신만의 삶의 속도를 찾을 수 있는가에 달려 있다.

빠름과 느림의 동거가 필요

우리나라가 지금처럼 눈부신 발전을 했고 앞으로도 더 발전할 가능성이 높은 것은 흔히 빨리빨리 문화의 힘이라고 말한다. 우리는 분명히 속도 경쟁력에서 결코 다른 나라에 뒤지지 않았다. 특히 정보화 지식사회에서 우리의 속도 경쟁력은 두각을 나타내고 있다. 핸드폰, 노트북, 테블릿 등의 전자제품의 유행이 다른 나라보다 교체 주기가 빠른 것도 빨리빨리 문화가 주도하는 속도 경쟁력의 산물이다.

이 산물로 우리는 너도 나도 오래 사용해 오던 것을 버리고 새로운 브랜드를 찾아다니며 새로운 것을 소유하려 한다. 휴대폰이 그렇고, 자동차가 그렇고, TV도 그렇다. 기업 역시 마치 경쟁이라도 하듯 한 단계 업그레이드된 제품을 생산하여 자회사 제품이 최고인 양 소비자를 부축이고 있다. 어떤 제품을 개발 하고 나면 조금 더 편하고 진보된 제품을 개발하여도 다시 바꾸도록 유혹의 제스처를 보내온다.

이러한 우리의 빨리빨리 문화는 경쟁에 기반을 두고 있다. 경쟁은 나 아닌 다른 사람과 비교해서 앞서 가려하고 더 높아지려고 한다. 여기서 뒤지면 열등감에 빠지게 된다. 이러한 열등감은 우리를 발전시키기도 하고 파괴시키기도 하는 양면성이 있다. 문제는 이것을 어떻게 받아들이고 대응해 나가느냐 하는 것이 중요하다. 지나친 속도 경쟁은 과욕과 열등감을 불러일으킬 수 있고, 지나친 느슨함은 뒤처질 수 있다.

경쟁은 인간의 근본적 욕망의 추구에 그 기반을 두고 있기 때문에 과열되면 화합이 깨질 수 있다. 그래서 우리도 이제는 속도 경쟁력에 대한 새로운 인식이 필요하다. 즉 속도뿐만이 아니라 방향을 정확하게 인지해야 한다. 내가 얼마나 빨리 일을 잘 처리하고 진행하느냐보다 이 일이 제대로 된 방향으로 진행되고 있느냐를 생각해야 한다. 경쟁에 지친 나뿐만이 아니라 경쟁 상대방까지 이롭게 해야 한다. 이 일이 나만의 행복이 아니라 주위에 있는 모든 사람들에게 행복과 기쁨을 주는 일로 만들어 내야 한다.

그래서 우리는 '속도가 가치를 창조한다'는 속도 경쟁에 매몰되어 살고 있지만, 내면에는 느림에 대한 갈망이 흐르고 있다. 즉, 속도의 경쟁에 지친 우리들의 마음이 느림과 삶의 질을 향해 나아가고 있는 것이다. 느림은 도피와 은둔이 아니다. 나만을 챙기는 빠름이 아니라 너와 우리 사이에 용서와 배려의 덕목을 설정해 주는 지혜의 파워, 그것이 느림의 힘이다.

프랑스 철학자 파스칼은 "인간의 모든 불행은 단 한 가지, 고요한 방에 들어앉아 휴식할 줄 모른다는 데서 비롯한다."고 했다. 그는 빠름에 중독된 우리들에게 느림의 묘미를 일깨워 준 것이다. 이제부터 우리는 속

느림의 반격

도와 방향을 함께 생각해야 된다. 속도도 뒤떨어지지 않으면서 제대로 된 방향으로 가야 한다.

먼저 우리는 속도를 우선하는 삶에 브레이크를 밟아야 할 시점이다. 명상운동가 에크낫 이스워런은 빠름은 악덕이고, 느림이 미덕이라고 역설하기도 했다. 그는 저서 《마음의 속도를 늦추어라》에서 달리지 말고 한가로이 거닐라고 권유하며, 촌음을 쪼개 하루 24시간을 바삐 살지 말고 때로는 낮잠도 자고, 권태도 즐겨보라고 조언했다. 그리고 그는 분망한 세상과 일상생활에서 벗어나려면 먼저 마음의 속도전에서 해방되어야 한다고 주장했다.

우리는 이미 뉴에이지 음악, 자전거, 와인, 명상, 요가, 필라테스, 유기농, 촛불, 아로마 테라피, 대안학교, 도심공원 등 속도전쟁 속에서 느림의 문화에 공감대를 얻어 가고 있기도 하다. 종래에 명상과 참선, 단전호흡 등 주로 정신수련 영역에서 강조되어 온 느림의 문화가 요즘에는 식생활, 취미활동 등 일상생활 곳곳에 파급되어 빠름과 느림의 동거가 눈에 띄게 많아지고 있다.

3장
느림은 속도가 아닌 방향

마음의 속도를 늦춰라

마음에 여유 없이 바쁘게 살아가는 우리에게 행복이란 말이 어쩐지 낯설다. 우리는 성공을 위해서는 1분 1초의 시간도 아껴 써야 한다는 강박관념에 사로잡혀 있다. 다른 사람보다 앞서기 위해서 심지어는 시계를 10분 빠르게 맞춰 생활하기도 한다. 우리가 이렇게 속도와 싸우면 싸울수록 행복과는 그만큼 거리가 멀어지고 있다. 속도와의 전쟁으로 생활이 편리해졌으면 이전보다 마음이 풍요로워져야 하는데 나뿐만이 아니라 주변사람 모두 더욱 각박해지고 있다.

우리가 속도 경쟁을 하면 할수록 우리는 마음의 여유를 점점 잃어 가고 있는지도 모른다. 우리는 이미 빠른 속도가 보장하는 편리함의 단맛에 빠져 잠깐이라도 속도경쟁에서 일탈하면 낙오가 된다는 생각에 사로잡혀 살고 있다. 주위에 있는 사람들이 바쁘게 살아가고 있으니 나도 이유 없이 숨 가쁘게 앞만 보고 달려가고 있다. 우리는 뒤돌아볼 겨를도 없이 쫓기며 살아가고 있다. 항상 무엇인지는 모르지만 남보다 앞서가야 한다는 생각으로 주변의 눈치를 살피며 바쁘게 살아간다.

나이가 들면서 가끔 여유를 갖고 마음의 속도를 조금만 늦추면 마음이 활짝 열릴 수 있을 것 같다는 생각을 자주 하게 된다. 실제로 이렇게 해 보면 나도 모르는 사이 조금씩 마음의 여유가 생기는 것을 발견할 수 있다. 《마음의 속도를 늦추어라》의 저자 에크낫 이스워런도 그의 저서에서 속도 경쟁 속에서 살고 있는 우리들에게 말했다. 그는 "당신은 도대체 왜 사느냐? 그리고 왜 그리 급히 가느냐? 급할 이유가 있다면 이해라도 하지만 대부분은 남들이 그렇게 하고 자신도 습관이 되다보니 덩달아 그러지는 않으냐? 정신없이 달려가지 말고 잠시 멈추어 고속상태에서 놓치기 쉬운 소중한 것들을 챙겨라."라고 권한다. 그의 말은 지금 속도와의 전쟁에 쫓겨 허둥대고 있는 우리에게 중요한 메시지를 전하고 있다. 우리는 이 메시지에 귀를 기우려야 할 시점이다. 이대로 가다가는 우리 모두가 행복과는 거리가 멀어질 것 같다. 지금 우리는 자신의 내적 성찰은 고사하고 어느 누구와도 마음을 터놓고 이야기할 마음의 여유조차 없이 빠르게 살아가고 있기 때문이다.

그는 시간에 쫓기는 삶이란 주제에서 우리의 일상생활을 그대로 대변해 놓았다. "우리는 그날 하루 일과를 늦게 시작해 급하게 서두르며, 물론 그 속도는 집에서 그치지 않는다. 우리는 버스를 향해 돌진하거나 러시아워의 교통 정체와 싸우고 겨우 시간에 맞춰 도착하거나 1~2분 지각한다. 하루가 이런 식일 때, 당신은 종일토록 워낙 빠르게 움직이다 보니 밤이 찾아올 때까지 기어를 바꿀 수 없다. 잠자리에서 일어날 때부터 속도를 내온 당신은 저녁에는 부메랑처럼 잽싸게 집으로 돌아간다. 당신은 속도를 다 잃고 완전히 지쳐 있다. 집 안으로 들어설 때쯤에 당신은 누구에게라도 화풀이를 할 태세가 되어 있다. 당신이 심술궂은 사람이라서 그런 것이 아니다. 그리고 똑같이 중요한 사실이지만, 삶이란 것이 원래 그래서도 아니다. 속도가 우리를 그렇게 만드는 것이다." 이 부분은 마치 우리의 일과를 그대로 써 놓은 것 같아 공감이 갔다.

이스워런은 우리 생활의 **빠름** 자체보다 그 빠름에 길들여져 잠시라도 쉬면 뒤쳐질 것 같다고 생각하는 우리의 마음이 문제라고 했다. 그는 이 바쁜 세상에서 행복한 삶을 만들어 가기 위해서는 마음의 속도를 늦추어야 한다고 했다. 그 이유는 빠른 생활을 피해 느리게 살기 위해 모두 산골로 이사 갈 수는 없기 때문이다. 또한 우리가 시간을 거슬러 과거로 돌아가는 일도 불가능하기 때문이다.

그는 "운전하는 사람이라면 누구나 너무 빨리 달리면 자동차를 통제할 수 없다는 사실을 잘 안다. 그러나 마음이 자동차와 흡사하다는 것을 아는 사람은 거의 없다."라면서 "우리는 운전대를 꼭 잡고 있어야만 우리 행동을 통제할 수 있다. 그것은 우리가 삶의 속도를 늦추어야 함을 의미한다."라고 했다.

이 책을 읽으면서 저자가 자신의 경험과 사례, 비유 등을 적절히 섞어 가며 제시한 **빠름**을 제어하는 방법이 공감이 갔다. 우리도 한번 실천해 보면 좋을 것 같았다. 이스워런이 제시하는 속도 늦추기의 방법은 모두 8가지다. 늦추기, 주의집중, 감각 기르기, 남 먼저 생각하기, 영적 교제, 영적 독서, 만트람 외우기, 명상이 그것이다. 이 방법들은 모두가 우리가 조금만 시간을 내면 실천할 수 있는 것들이다. 지금 무의식중에 템포 바이러스에 감염된 우리가 치유를 위해 한번 시도해 볼만한 방법이라고 생각된다. 속도에 찌든 마음의 속도를 늦추기 위해서 말이다.

느림이 변혁의 힘이다

우리는 지금 속도를 지나치게 숭배하고 있다. 속도가 우리의 생사여탈권을 쥐고 있다고 굳게 믿고 있다. 우리 삶의 풍요도 속도에서 나온다고 생각한다. 지금의 우리의 생활풍토는 빠름은 환영해야 할 미덕이고 느림은 퇴치해야 할 악덕으로 치부한다. 그래서 우리는 하루하루를 속도에 찌들어 허덕거리며 살아간다. 앞뒤 좌우를 살필 겨를도 없이 전속력으로 앞만 보고 달린다. 주변의 사람들이 허우적거려도 눈감고 모른 체하며 나만 잘살면 된다는 사회풍조가 팽배해지고 있다. 속도경쟁에서 이기기 위해 아빠는 새벽부터 눈코 뜰 새 없이 싸워야 하고, 엄마는 아들을 학교에서 1등으로 만들기 위해 하루 종일 치맛바람 날리며 분주하다. 회사 분위기도 예외는 아니다. 같이 입사한 동기가 낙오를 하든 상관없이 자기의 승진만을 위해 수단방법을 가리지 않는다. 이러한 현상은 여기서 지면 생사가 달린 속도전에서의 패자로 될 것 같은 템포바이러스에 감염되어 있기 때문이다.

나는 이러한 우리의 템포바이러스의 치료제가 느림이라고 생각한다. 느림은 우리를 속도전쟁에서 잠시 멈추게 할 수 있다. 그리고 마음의 여유가 생기면 우리의 주위 사람들을 살펴보게 할 수 있다. 느림은 나만이 아닌 우리를 생각하게 해 줄 수 있다. 특히 느림은 삶에는 우리가 지금 매몰되어 있는 빠름만이 아닌 또 다른 방법이 있다는 것을 일깨워 줄 수도 있다. 이렇게 느림은 단순한 우리 삶의 조그만 변화를 주는 것이 아니라 삶에 혁명을 가져다줄 수 있다고 생각한다. 즉 느림은 우리가 힘들면 일시적으로 찾아가는 산골이 아니다. 다시 말하면 우리가 지금까지 생각해 온 단순한 목가적 차원의 의미를 벗어나 사회변혁의 힘이 될 수 있다.

피에르 상소도 그의 저서 《느리게 산다는 것의 의미》에서 "우리에게 다가오는 사건을 기쁘게 받아들일 수 있는 능력을 갖기 위해서 필요한 지혜가 있다. 그것은 갑자기 달려드는 시간에 허를 찔리지 않고 허둥지둥 시간에 쫓겨 다니지도 않겠다는 분명한 의지로 알 수 있는 지혜이다. 우리는 그 능력을 '느림'이라고 부른다."라고 말했다.

우리는 빠름을 이기기 위해서는 그 빠름에 뒤지지 않는 속도의 대응을 먼저 생각하게 된다. 그래서 우리 모두가 속도경쟁에 매몰되게 되는 악순환을 반복한다. 우리가 속도를 이기기 위해 속도로 대응하는 것보다는 이제 방향이라는 역습이 필요한 때다. 인도가 영국의 식민지 시절에 지도자 간디가 물레질을 하거나 바닷물을 손으로 말려 소금을 만드는 방법으로 영국을 이긴 것과 같은 역습이 효과적이다. 또한 마틴 루터 킹 목사가 비폭력을 호소하며 미국 흑인들의 인권을 신장시킨 것도 마찬가지다. 빠름과 싸우기 위해서는 미련하고 느린 방식의 싸움이 빠름의 방식보다 더 효율적일지도 모른다.

이제야 우리가 속도의 거품과 허상을 깨닫기 시작한 것 같다. 그 징후로 느리게 살기가 서서히 각광받고 있고, 패스트푸드보다 슬로푸드에 주목하는 사람이 늘었다. 자동차를 버리고 자전거를 타거나 걸어 다니며, 아예 속도의 소용돌이인 도시를 떠나 느림의 공간인 시골로 거처를 옮겨 가는 이들까지 생겨나고 있다. 우리는 지금 속도의 무한경쟁 속에서는 영원한 승자는 없다는 것을 점차 알아차리고 있다. 모두가 속도에 찌들어 일회일비하다 사라져 갈 뿐이라는 사실도 알게 되었다. 그런데 우리는 아이러니 하게도 지금 그 대책을 찾는 것 자체에도 분주하다. 느림이 필요한 시점이다.

느림이 경쟁력이다

우리가 지금 살고 있는 삶이 다른 나라에 비해 아주 빠른 삶이라는 사실은 모두가 인정한다. 우리의 빠른 삶을 느림으로 전환을 하면 큰 타격을 받을 것이라고 우리는 아직도 그렇게 생각한다. 반면에 이제는 느린 삶을 살기를 원하는 사람들이 급속히 증가하고 있다. 왜냐하면 빠름에 시달려 살다보니 느림의 경쟁력을 점차 깨닫기 시작했기 때문이다. 나역시 이제부터라도 느린 삶을 살기 위해 많은 구상을 하기 시작했다.

먼저 집부터 교통은 불편하지만 산 밑으로 이사를 했다. 문만 열면 바로 산이다. 이사를 한 후부터 자연의 소리를 똑바로 들을 수 있게 되었다. 스치는 바람 소리, 계곡에서 흘러내리는 개울물 소리, 새가 노래하는 소리, 풀벌레 소리 등이다. 사시사철이 바뀌는 소리도 그대로 느낄 수 있게 되었다. 비가 오면 빗소리, 눈이 오면 눈 내리는 소리, 가을이면 단풍 드는 소리, 봄이면 개나리 피는 소리를 그대로 느낄 수 있다. 이런 소리는 나와 우리 가족의 감각을 지배하기 시작했다. 자연의 소리가 담기지 않은 풍경은 세월이 지나면 바래지만, 자연의 소리가 담긴 풍경은 쉽게 잊을 수가 없는 것 같다. 이러한 느낌을 느낄 수 있는 것은 지금까지 빠름 속에 매몰되어 살아왔기 때문에 더욱 실감할 수 있는 것 같다. 나이가 들었지만 지금이라도 느낄 수 있게 된 것에 감사한다.

특히, 자연의 소리는 나의 마음에 여유가 생기게 하고, 속도 경쟁에 찌든 조급증에서 벗어나게 한다. 또한 그 소리에는 마음의 균형을 유지하게 해 주는 힘이 있다. 특히 자연의 소리는 템포바이러스를 치유하는 치유력도 있다. 마음이 울적할 때 새소리나 풀벌레 소리를 가만히 듣고 있으면 해소가 된다. 이처럼 나의 마음을 저절로 움직이게 하는 힘이 자연의 소리에 있다는 것을 알기 시작했다. 자연의 소리가 내가 살아가는 데 생활의 원동력이 되고 있어 교통은 불편하지만 산자락으로 이사한 것에 아주 만족하며 산다.

요즈음은 매일 바로 뒷산에 간다. 높은 산은 아니지만 다행이도 공원으로 지정되어서 인지 나무도 많아 높은 산과 별로 다르지 않다. 등산객도 마을 주민들뿐이라 한적하다. 산에 올라 큰 바위에 걸터앉아 있으면 바람 지나가는 소리가 아주 선명하게 들린다. 나뭇잎 소리를 듣고, 맑은 하늘을 쳐다보고 있으면 속도에 찌든 나의 마음을 아주 편안하게 해 준다. 가만히 누워서 생각해 보면 속도 경쟁은 누가 시킨 것이 아니라 내 자신이 선택하는 것이라는 것을 알게 된다. 바로 내가 선택한 속도에 따라 나의 마음이 달라질 수 있다는 것을 깨달았는지도 모른다. 산에 오르면서 시간에 쫓겨 사는 것에서 해방되는 방법을 알게 된 것이다.

이제 느림은 앞에서 말한 나의 경우와 같은 개인뿐만이 아니라 비즈니스나 도시, 국가적으로도 느림의 경쟁력이 대두되고 있다. 그린 상품 개발, 그린에너지, 녹색성장산업 등이 신문 헤드라인을 장식하고 있다. 정부도 녹색 경쟁력 강화를 위한 금융·재정 지원 방안을 내놓고 있다. 전 세계도 현재 녹색시장 선점을 위해 경쟁을 펼치고 있다. 이는 세계 각국이 녹색산업을 차세대 성장 동력으로 인식을 하고 있기 때문에 나타나는 현상이다. 녹색시장 선점이 그만큼 중요하다는 얘기다. 이는 바꾸어 말하면 전 세계가 빠름보다는 느림이 경쟁력이라는 사실을 인지한 것이다.

또한 비즈니스에서도 느림이 경쟁력으로 대두되고 있다. 한참 전에 인터넷에서 빠름의 상징인 KTX보다는 느림의 비즈니스를 개발해야 철도공사가 성장할 수 있다는 제안내용을 읽은 적이 있었다. '새로운 비즈니스의 공간을 찾아라'라는 제목으로 철도공사의 홍보지에 제안한 글이다. 이 글에서 느림도 비즈니스에서 경쟁력이라는 것을 강조하고 있어 소개한다. 제안자는 KTX와 같은 빠른 수송만이 철도의 경쟁력이 아니고, 여행은 오히려 느림이 경쟁력이라고 주장했다. 그는 누구나 알고 있듯이 분명하게 KTX는 속도가 핵심 경쟁력이라고 했다. 비행기보다 KTX가 속도는 느리지만 도시의 한복판에서 다른 도시의 한 복판으로 이동하게 해 주는 것이 강점이다. 이것이 비행기와의 차별성이다. 또한 속도는 느리지만 접근성이 좋기 때문에 특정한 구간들에서 시간적 이득을 얻을 수 있다. 비행기에 비해 가격 역시 경쟁적이다. 다른 대체제인 버스 운임보다 비싸지만 역시 속도에서 경쟁적이며 늘 정확한 시간을 맞출 수 있고 소요 시간을 예상할 수 있다는 강점을 가지고 있다. 이 점에서 보면 느림의 KTX가 빠름의 비행기보다 강점이 있다.

그러나 그는 빠른 수송만이 경쟁력이 아니라고 했다. 나도 그렇게 생각한다. 철도는 분명히 빠름을 원하는 비즈니스맨의 수송만이 역할은 아니다. 철도는 여행과 관광 그리고 놀이라는 역할도 중요하다. 철도공사는 지금도 봄에는 진해 벚꽃, 가을에는 설악산과 내장산 단풍 등의 관광자원과 연계하고 있다. 또한 부산 국제영화제와 순천만 생태체험 등의 지자체의 이벤트와 연계하기도 한다. 이러한 패키지 관광이 새로운 비즈니스가 되고 있다.

특히 여행은 속성상 시간을 다투는 경우가 별로 없다. 그래서 제안자는 오히려 KTX가 아닌 완행열차가 지닌 특성을 살리면 훌륭한 여행 아이템을 개발할 수 있다고 했다. 다양한 관광 자원과의 연계와 이동과정의 즐거움을 제공할 수 있는 완행열차 여행은 속도에 찌든 우리의 마음을 사로잡기 충분하다. 우리가 출장을 갈 때는 KTX와 같이 속도가 경쟁력이다. 그러나 한가한 여행자는 오히려 완행열차가 경쟁력이다. 그래서 요즈음 철도공사에서 관광지 연계 여행상품을 개발하여 팔고 있다.

이와 같이 모든 트렌드는 역트렌드를 만들어 낸다. 패스트푸드는 슬로푸드를 만들어 내고, 빠름은 느림의 존귀함을 만들어 낸다. 이 제안자처럼 우리가 시각을 조금만 달리하여 살펴보면 느림이 경쟁력인 사례를 많이 찾아볼 수 있다. 이러한 사례는 앞으로 더 많아질 것이다.

느림의 철학은 속도가 아닌 방향이다

느림은 하루 종일 속도 경쟁 속에서 살아가는 우리가 마음속에 간직하고 있는 하나의 소원이다. 우리가 빠름 속에서 살아가면서 스스로 느끼고 깨닫게 되는 행복의 실현이다. 또한 우리가 템포바이러스 감염에서 벗어나고자 하는 소망이다. 느림은 바로 이러한 무의식 속에 간직하고 있는 우리의 마음을 응축해서 표현한 말이다. 즉 느림은 우리가 마음속 깊이 원하고 있는 생각을 그대로 표출한 말이다. 그리고 느림은 우리가 속도와의 싸움에서 벗어나기 위한 힘을 부여해 주는 원점이다.

　우리가 느림과 조화를 이루면서 살아가려면 자신의 방향을 조절할 수 있는 능력이 있어야 한다. 앞쪽만 보고 달려가면 자기가 어느 위치에 있는지 모를 수 있다. 자주 뒤쪽도 돌아보고, 옆쪽도 보면서 자신에 맞는 삶을 살아갈 수 있다. 주위 사람의 속도에 비교해서 자신이 늦다고 너무 조급하게 생각할 필요는 없다. 우리가 조급함을 버리고 약간의 여유를 갖고 자신만의 세상을 감상하면서 살아갈 때 조화와 균형이 생긴다. 시금까지 살아온 방향에서 조금만 다른 각도에서 생각하면 세상 속도와는 거리가 먼 느림과 여유를 느낄 수 있다. 우리가 방향만 조금 바꾸어도 지금까지 살아왔던 삶에서 벗어나 새로운 여유를 만날 수 있다.

　이렇게 느림은 단지 빠름에 대한 반발만이 아니다. 느림이 빠름에 대한 속도전이나 선전포고도 아니다. 우리의 느림에 대한 갈망은 온통 빠름에 매몰되어 있는 우리 삶을 변화시키기 위한 시도다. 그래서 느림은 빠름의 속도만을 늦추는 것이 아니다. 느림을 속도가 아닌 방향에서 접근해야 한다. 이렇게 하는 것이 우리의 삶을 실제적으로 변화시킬 수 있는 시발점이 될 수 있다. 이러한 느림이 앞으로 우리의 새로운 삶과 새로운 비즈니스를 창출해 내는 힘이 될 것이다.

　느림의 방향전환으로 주민들의 행복과 도시의 성장 동력이 된 경우도 많다. 신문에 어느 기자가 직접 유럽현지를 찾아가 연재한 사례가 있어 일부를 소개한다. 유럽의 많은 소도시들이 느림으로 수백 년 살아온 문화와 전통을 지키고 자연환경을 손대지 않고 유지하는 것으로 새로운 성장 동력을 찾았다는 사례를 잘 알려 주었다. 이곳들은 느리고 불편해도 관광객은 오히려 늘어 간다고 한다. 오히려 느리고 불편해서 일부러 찾아오는 관광객이 더 많아졌다고 했다. 급속한 세계화의 물결 속에서 급성장한 대도시들이 인구 밀집, 환경 파괴에 시달릴 때 작은 도시들은 반대로 느린 방향을 택함으로써 활로를 뚫은 사례들이었다.

이탈리아 밀라노 인근의 아비아테 그라소와 로마에서 멀지 않은 몬테 팔코가 좋은 예다. 이들은 미국식 패스트푸드점과 대규모 슈퍼체인을 거부하고, 철저하게 지역적이고 전통적인 농법, 주거, 음식 문화를 되살리는 길을 택했다. 아비아테 그라소는 밀라노에서 겨우 22km 떨어져 있다. 밀라노로 통근하는 주민도 많다. 하지만 마을 풍경은 밀라노와 비교도 안 되리만치 느긋하고 평화롭다. 마을 외곽에 공동 주차장이 있고 마을 광장과 시장 주변은 모두 자전거로 통행한다.

이 도시의 명물은 도서관이다. 1,000년 된 성의 원형을 보존해 마을 도서관으로 사용한다. 보수 공사 중에 13세기 벽화가 드러나기도 했다. 보존 작업을 거쳐 열람실 안에 벽화를 살려냈다. 방학에는 동네 고등학생과 대학생들이 와서 책을 읽는다. 이곳은 2001년 치타슬로 네트워크 참여로 느림을 선택한 뒤 오히려 상주인구가 늘었고 세계적 식품기업 네슬레가 이 지역 치즈를 구매하기로 결정했다. 바로 느림의 경쟁력을 높이 평가한 것이다.

와인이 주력 산업인 몬테팔코는 인구 약 5,000명의 미니 도시다. 이 작은 도시는 규모의 경제로 보면 경쟁력이 없다. 그래서 그들은 와인을 내다 파는 것이 아니라 여행자들이 이곳에 와서 여유 있고 느긋한 삶을 경험하면서 여기 와인을 사가도록 했다. 2002년 치타슬로 네트워크에 참여하고 '느린 도시'를 표방하면서 관광객이 부쩍 늘었다. 이는 느린 도시의 넉넉함과 문화적 이미지가 큰 작용을 한 것이다.

이 사례에서 알 수 있듯이 느림은 다름 아닌 우리의 마음속에 있다. 속도전에 지쳐 있는 우리는 느림을 염원하고 있다. 이 욕구를 충족시켜 줄 수 있는 방향으로 조금만 전환해도 그 효과는 바로 나타난다. 느림에 대한 갈망이 바로 느린 삶을 만들기 시작하는 조그만 시발점이 될 것이다. 그래서 그 느림을 단순히 목가적인 차원에서 접근해서는 안 된다. 또한 빠름의 교체 대상으로만 생각해서도 안 된다. 이러한 느림을 속도가 아닌 방향에서 접근해 보면 더 좋은 생각이 떠오를 것이다.

4장
느림의 반격

아니, 바로 내 생각이네!

나이가 들면서 친구의 소중함을 많이 느낀다. 젊은 시절에는 직장생활에 매여 바쁘게 사느라 친구들과의 만남을 소홀히 한 것 같기도 하다. 그러나 나이가 들면서 친구의 소중함을 더 깨닫게 된다. 세상 살아가면서 삶을 살 만한 가치가 있게 해 주는 것이 여러 가지 있지만, 그중의 하나가 친구라고 생각한다. 고대 석학인 아리스토텔레스도 같이 즐거움을 나누고 서로 돕고 도덕적 귀감이 될 수 있는 친구를 가지는 것이 좋은 삶의 조건이라고 했다.

나에게도 아리스토텔레스가 말한 그러한 소중한 친구들이 있다. 특히, 고등학교 동창들은 특별한 친구들이다. 언제 어디에서 만나도 허물없이 허심탄회하게 마음속의 애기를 나눌 수 있는 친구들이다. 이 친구들이 곁에 있다는 것은 내 인생에 큰 축복이라고 생각한다. 요즈음도 이 친구들과 만나면 마음이 너무 편하고, 시간 가는 줄 모르고 떠들어 댈 수 있는 행복한 시간이 된다. 이 모임에서는 사회적 성공 여부와 지위 고하,

돈의 많고 적음에 관계없이 누구나 발언권도 얻을 필요 없이 떠들어 댈 수 있어 좋다. 이 친구들과 만나 고등학교 학창시절 애기를 하다 보면 어려웠던 시절이었지만, 그때가 많이 그리워진다. 그래서 고등학교 친구들과의 모임은 만사 제쳐 두고 나가게 된다. 이는 나뿐만 아니라 안동, 제천, 대구, 경주, 익산 등 멀리 떨어져 살고 있는 친구들도 몇 시간 동안이지만 얼굴 보면서 학창시절 추억의 서랍을 열기 위해 먼 길을 마다하지 않고 달려온다.

지금은 멀리 떠나 보고 싶은 그리운 친구로부터 어느 날 아침에 전화가 왔다. 친구는 사이트 이름을 불러주면서 회원가입을 하고 한번 들어가 보라고 했다. 그 사이트에 들어가 보니 황토 집 동호회 카페였다. 경상도 산골의 한적한 곳에 황토로 집을 짓고 있는 과정이 사진으로 올라와 있었다. 산속인데도 앞에는 냇물이 흐르고 있었다. 집은 시멘트가 아닌 황토와 나무로 짓고 있었다. 친구와 온 가족이 함께 작업을 하는 모습의 사진도 올라와 있었다. 참 보기 좋았다.

친구에게 전화를 걸었다. 왜 이런 생각을 했느냐고 물었다. 친구는 "얼마 전부터 시멘트 감옥인 도시에서 바쁘게 살아가는 삶이 싫증이 났다. 뒤늦은 감이 없지 않지만, 지금부터라도 자연과 흙을 귀히 여기며 인체와 조화를 이루는 건강한 흙집을 짓고 조용히 산에서 살기로 했다."라고 밝은 목소리로 말했다. 그 친구는 병원 프로그램 개발과 경매 관련 IT업계의 선구자였다. 이 업계에서는 성공한 사람으로 잘 알려져 있다. 그런 그가 갑자기 산골로 살러 들어간다는 말을 듣고 의외라고 생각은 했다. 그러나 다른 한편으로는 생각해 보면, 도시에 살고 있는 사람이면 누구나 마음속에 지니고 있는 생각일 것이다. 아니, 바로 내 생각이기도 하다.

우리는 지금 자연을 옛날이야기 속의 풍경쯤으로 여기며 살고 있다. 다행히 빠른 삶에 대한 반작용으로 웰빙이 인기를 끌면서 최근 삭막한 도심을 탈출해 전원에서 살려는 사람들이 늘어나고 있다. 특히 고향으로 낙향하려는 사람들도 늘고 있다. 가족을 먹여 살리기 위해 도시로 올라왔지만, 나이가 들면 그리운 것이 고향이다. 고향은 어머니 품과도 같다. 비록 배를 굶더라도 각박하지 않은 정이 있기 때문이다. 그래서 고향과도 같은 시골에서 내가 직접 씨를 뿌리고 열매를 거두며 인생의 여정을 정리하고픈 것은 너무도 당연한 것이다.

그래서 요즈음 친구들 모임에 가면 자주 거론되는 것이 낙향이다. 이제 자식들 다 가르쳤고, 나이도 들어가니 늦기 전에 새로운 삶을 살기 위해서다. 어느 날 친구들 모임에서 섬에서 생활을 하고 있는 친구가 말문을 열었다. 친구는 "다들 나이도 들고, 조용한 섬으로 들어와 함께 노년을 보내자. 땅값도 싸고, 세끼 자급자족하면 생활비도 조금 들어 돈 걱정도 없고, 자연 속에서 살면 마음도 편안하다."라고 제안했다. 속도와의 전쟁 속에서 도회지에서 찌든 삶을 살고 있는 우리는 친구의 말에 모두가 공감을 했다. 그 친구는 주로 인천 근교의 외지의 섬인 백령도, 교동도 등에서 근무했다. 그는 뭍에 나오면 우리의 너무 빠른 생활 모습에 머리가 아프다고 했다. 그의 생활은 순박한 섬사람들과 함께 살아오면서 텃밭에서 채소를 기르고, 바다로 고기잡이도 가고, 자연을 거역하지 않고 산다고 했다. 바로 느린 삶, 그 자체다. 친구는 나에게 행복이 무엇인지를 세삼 느끼게 해 주었다.

특히 1970년대 이 땅에 근대화 바람은 우리를 속도 경쟁 속으로 몰아

넣었다. 이때부터 경제는 성장하고 돈은 더 벌고 있지만, 우리의 인생살이는 참 팍팍하게 되었다. 유행어처럼 30대는 삼팔선을 염려하고, 40대는 사오정을 걱정하고, 50대는 오륙도를 근심하고 있다. 이는 우리 모두가 빠른 삶 속에서 생존에 시달리고 있다는 증거다. 우리나라가 아무리 G20에 포함되어 선진국 대열에 들어섰다고 매스컴이 떠들어 대도, 모두가 다 어떻게 먹고살아야 할지를 고민하고 있다. 돈이 많고, 적고를 떠나서 모두가 걱정과 스트레스 속에서 살아가고 있다.

　오래전에 내가 휴가 때 재미있게 읽었던 책이 있다. 조용원이 쓴《방외지사》다. 저자는 이 책에서 고정관념과 경계선 너머의 삶을 찾아야 한다고 했다. 그는 그 삶을 살고 있는 사람을 방외지사라고 했다. 그는 "방외라는 것은 방으로 상징되는 고정관념과 경계선 너머를 가리킨다. 다시 말해 예전에는 산 속에 숨어 사는 도인들을 방외지사라 했지만, 현대에는 고정관념과 경계선 너머의 삶을 추구하는 사람이라면, 그가 바로 방외지사이다."라고 했다. 그러면서 그는 "한국 사회는 그동안 과도하게 방내에만 집중되는 삶을 고집해 왔다. 그러다 보니 모든 분야에서 한 줄로만 서 있다. 서울에서 부산까지 한 줄로 늘어선 단조로운 사회라서 재미도 없고 탈출구도 없다. 한국 사회의 문제는 너무 방내 지향적인 가치에 우리 모두가 매몰되어 있다는 점이다. 인생에는 한 길만이 아니고 여러 길이 있다."라고 주장했다. 나는 이 말에 공감이 갔다. 나에게도 여러 가지 길이 있을 수 있는데 다른 길을 생각할 여유조차 없는 너무 빠른 삶에 얽매여 지금까지 살아온 것 같다. 나이가 들면서 조금씩 느린 삶의 여유와 행복이 보이기 시작한 것 같아 아쉬워하고 있다. 이러한 생각은 나만이 아니라 템포바이러스에 감염되어 생활하고 있는 우리 모두의 갈망일지도 모른다.

신토불이(身土不二)의 반격

얼마 전부터 '신토불이'라는 말이 유행했다. 먹거리는 물론이고, 주거 용품과 주택, 음악이나 연극 등 예술 분야까지 열풍이다. 어린 시절에는 '외제 선호'가 사회적인 문제가 되어 범국가적으로 '국산품 애호' 장려운 동을 벌이는 포스터가 거리에 붙기도 했다. 그러나 지금은 웰빙 등의 이 유로 우리의 옛것, 신토불이 경쟁이 후끈 달아오르고 있다. 이는 빠름에 대한 느림의 반격이라고 볼 수도 있다.

'신토불이'란 말이 본격적으로 쓰이기 시작한 것은 1989년 8월 우루과 이 라운드 타결을 앞두고 농협이 우리 농산물 애용 운동의 캐치프레이 즈로 내걸면서부터다. 그 후 식당 이름이나 음식물 이름 등에 널리 쓰일 정도로 유행어가 됐다. 요즘은 웰빙 트렌드의 강세로 신토불이가 뜨고 있다. 특히 그동안 서양식에 밀려 제대로 된 평가를 받지 못했던 우리 전 통 음식이 각광을 받고 있다. 패스트푸드와는 전혀 색다른 슬로우푸드 이자 웰빙 음식으로 재조명받고 있는 것이다.

신토불이는 '내 몸과 내가 사는 이 땅은 둘이 아닌 하나다.'라는 의미 다. 그래서 우리 조상들은 '이 땅이 건강하면 내 몸이 건강하고 이 땅이 아프면 나도 아프다.'고 생각했다. 또한 '땅이 비옥해야 내가 건강하고, 물이 깨끗해야 내가 깨끗하고, 산이 울창해야 내가 튼튼하고, 들이 창대 해야 내가 든든해진다.'고 주장했다. 이는 요즈음 지구 온난화를 막기 위해 전 세계적으로 벌이고 있는 '그린운동'의 기본사상이다. 개발 붐 속에서 속도 경쟁을 최우선으로 해 온 우리들은 우리 조상들의 선견지명에 놀라지 않을 수 없다.

과거 우리 조상들은 음식을 음과 양이 잘 조화되어 어느 한쪽으로 치우치지 않도록 만들어 먹었다. 지나친 향료나 기름진 음식을 고량진미라 하여 피했다. 바로 요즈음 유행하는 채식주의나 매크로바이오틱스 (Macrobiotics)와 일맥상통하다. 또한 우리의 음식습성도 서구와는 다르다. 우리 음식문화는 삶고, 뜨거운 열로 고고, 증기로 찌고, 효모로 띄우는 느림의 습식문화다. 그런데 서구는 빠르게 굽고, 튀기고, 연기로 씌우고, 태우는 빠름의 건식문화다. 그런데 우리 고유의 습식문화를 버리고 서양의 건식문화를 숭배해 온 우리 가정도 이제야 조상들의 삶을 따라 음식을 만들려고 많은 노력을 하고 있다. 요즈음은 식탁에 올라오는 음식을 신토불이 재료를 사용하려고 주부들이 장을 볼 때 더 신경을 쓰기도 한다. 물론 이러한 심정을 이용해 수입산 재료를 국내산으로 속여서 파는 얄팍한 상혼도 나타나기까지 한다.

특히, 패스트푸드는 그간 바쁘게 살아온 현대인의 대명사로 여겨졌다. 그러나 높은 칼로리를 경계하고, 건강에 대한 관심이 증가하면서 패스트푸드가 철퇴를 맞고 있다. 매스컴에서도 패스트푸드에 대한 특집을 통해 문제를 집중 조명하면서 문제는 확산되고 있다. 이를 기회로 슬로우푸드가 반격을 가하고 있다. 좋은 식재료에 낮은 칼로리, 담백하지만 자극적이지 않은 맛으로 슬로우푸드 프랜차이즈는 연일 호황이다. 좋은 음식을 먹기 위해서라면 기꺼이 기다리고 비용을 지불하는 소비자들이 늘어났기 때문이다.

식품과 외식업계를 중심으로 웰빙 바람이 거세다. 웰빙이라는 느림에 관한 사회적 관심이 커지면서 소비자들이 먹을거리를 고르는 기준이 까다로워졌기 때문이다. 하나의 사례로 우리가 즐겨 먹던 보리밥과 된장, 나물들을 예전 어머니 손맛 그대로 느낄 수 있도록 메뉴를 구성한 전통 한식 전문 보리밥집이 인기다. 이곳에서는 자연 그대로의 맛을 어머니의 솜씨로 고객에게 제공하는 느림이 비결이다. 기업들도 높은 원가 부담에도 불구하고 우리 농산물을 주원료로 하는 슬로우푸드 제품들을 속속 선보이고 있다.

이러한 느림의 운동은 주거에도 나타나고 있다. 1970년대 근대화 운동으로 우리는 전통 흙집을 가난의 상징으로 여기고 허물어 버렸다. 각종 개발이라는 미명 아래 나무를 베고 산을 깎아내는 등 자연을 무차별하게 훼손시켰다. 그 결과 주거환경은 콘크리트 일색이고, 거리는 온통 시멘트와 아스팔트로 뒤덮였다. 이제 도시는 흙 한 줌, 풀 한 포기 찾아볼 수 없을 정도로 삭막해졌다. 모든 생명체의 근원인 흙의 참된 가치를 잊은 채 마구잡이로 개발했던 것이다. 그런데 최근에 이러한 도회지의 빠른 삶에 지친 사람들이 느림 삶을 위해 건물 옥상에 정원을 만들고, 앞에서 소개한 친구처럼 시골에 흙집을 짓기 시작했다.

가구 등에서도 풍수, 젠(zen) 스타일 또는 생태 중시 개념들이 많이 나타나고 있다. 가구, 공간 및 건축 디자인은 영혼, 정신, 육체를 통합하는 하모니 이론이 부각되고 있다. 자연 친화적인 재질, 향기의 사용도 늘고 있다. 생태적인 영역도 건강과 관련하여 증가하고 있다. 태양열, 조력발전, 생태건축 등의 환경에 영향을 최소화하려는 움직임도 많아지고 있다. 이러한 추세는 빠름의 부작용에 대항하는 느림의 반격으로 볼 수 있다.

음악도 느린 우리 가락을 찾기 시작했다. 흔히 우리 음악은 느리다고 말한다. 우리 음악은 호흡을 리듬의 중심으로 하고, 서양음악은 맥박을 리듬의 기본으로 하기 때문이라고 한다. 우리 조상들은 일찍부터 감정을 절제한 느린 음악을 좋아했다. 느리고 한가하면 마음의 여유가 생기고 안정을 찾게 된다. 반대로 움직임이 많고 빠르면 마음이 급해지고 바빠지며 흥분해서 실수를 할 수 있다. 그래서 우리 조상들은 느린 음악에 심취했다. 도회지 속에서 살면서 빠른 음악에 익숙한 우리가 마음의 안정과 치유를 위해 느린 우리 음악을 찾고 있는지도 모른다.

앞의 여러 가지 현상에서 알 수 있듯이 우리는 지금 삶에서 느림을 추구하고 있다. 끝없는 속도전쟁에서 벗어나 우리의 본성인 느림으로 돌아가고자 하는 것이다. 바로 빠름에 대한 느림의 반격이 시작되고 있다. 느린 삶을 영위하면서 빠름을 치유하려는 것이다. 빠름의 보편화를 효율이라고 착각하고 있던 우리가 느림의 중요성을 점차 인식하기 시작하고 있다. 신토불이 열풍도 그 현상 중의 하나다.

슬로우푸드, 입맛을 다시 찾다

나는 군대생활을 양평 근처에서 했다. 훈련장이 용문산에 있어 매년 육체적으로 힘들고 강한 정신력이 필요한 유격훈련과 공수훈련을 받으러 자주 갔었다. 그 당시의 에피소드도 많지만 훈련 도중에 중간중간 시간을 내 깊은 산에서 더덕과 도라지를 캐고, 다래를 따서 먹던 추억이 있다. 그 당시에는 몰랐는데 지금 생각해 보니 청정지역의 보약을 먹었던 것이다. 산 속에서 바로 캐서 물로 씻어 뿌리째 그냥 먹었던 맛을 지금도 잊을 수 없다. 그 시절의 그 맛이 생각나 가끔 용문산을 찾아갔다.

용문산 자락에 둥지를 튼 '보릿고개마을'을 찾아간 적이 있다. 굶주리고 가난했던 1960년대 보릿고개를 테마로 한 슬로우푸드 마을이었다. 이곳에서는 가난했던 시절에 허기를 달래 주던 꽁보리밥과 호박밥, 쑥개떡이나 보리개떡 등 추억의 먹을거리를 직접 맛볼 수 있었다. 그 당시에는 눈물을 삼키며 꾸역꾸역 삼키던 음식이 세월이 흘러 이제는 기름기 없는 담백한 다이어트 건강식으로 거듭나고 있었다. 보릿고개마을의 보릿고개 체험관에서는 전통 음식을 직접 만들어 먹을 수 있고, 말린 쑥을 찹쌀가루와 반죽해 쫄깃한 쑥개떡을 만들어 볼 수 있었다. 또 체험관에서는 보리개떡, 맷돌순두부, 전통강정, 인절미 떡매치기, 전통다식도 체험할 수 있었다. 이곳에서 체험하면서 예전의 입맛을 다시 찾을 수 있어 좋았다.

내가 군대 시절 용문산에서 경험한 식이요법이 '매크로바이오틱스'란 말로 화제가 된 적이 있다. 엣지 열풍을 불러일으킨 드라마에서 남자 주인공인 유명 연예인이 쉐프로 등장해 이 단어를 사용하면서 관심이 높아졌다. 그 드라마에서 쉐프는 제철에 나는 신선한 재료를 통째로 요리해 먹는 친환경 요리법이라고 소개했다. 그리고 그는 유기농법으로 재배한 농산물만 사용했다. 또한 그는 설탕 대신 조청, 꿀, 메이플시럽, 다시마, 표고버섯 등 화학조미료가 아닌 천연 감미료를 이용했다.

매크로바이오틱스(macrobiotics)는 매크로(macro)와 바이오틱(biotic)의 합성어로 질병과 식생활, 환경의 관계를 중요하게 여기는 건강을 위한 장수 식생활법 혹은 식사, 식이요법을 말한다. 이 요법은 4가지를 추구한다. 첫째는 자연의 기운을 통째로 받아들이려고 노력한다. 이 요법은 식품을 통째로 섭취하고 껍질이나 뿌리도 버리지 않고 사용한다. 그 이유는 식재료를 부분적으로 섭취하기보다 전체를 먹어 식재료가 지닌 전체 에너지를 통째로 흡수하기 위해서다. 둘째는 가능한 한 가까운 지역에서 수확한 제철식품을 먹는 것이며, 셋째는 인공적인 것이 아닌 자연산을 먹는 것이다. 넷째는 식재료와 조리법의 음양을 구분해 자신에게 맞는 식품을 적절한 방법으로 조리해 먹는 것이다. 우리 몸이 어느 한쪽으로 편향되지 않도록 만들기 위해서다. 예를 들면 극음성인 설탕, 커피, 술과 극양성인 고기나 유제품은 피하고, 대신 식품 중 가장 중용의 성격을 띠는 현미를 중심으로 식단을 구성한다. 또한 튀김을 먹을 때는 레몬즙으로 중화하는 식으로 균형을 맞춘다.

드라마에서 잘생긴 유명 연예인이 근사하게 매크로바이오틱스라고 말을 하니 얼핏 보면 새로운 훌륭한 식이요법처럼 들린다. 그러나 가만히 살펴보면 예전에 우리가 잘 살지 못할 때 먹고 살았던 식사방식이다. 바로 앞에서 말한 용문산 '보릿고개마을'의 옛날 메뉴다. 그 시절에는 저장방법이 없어 제철에 난 식재료를 싱싱하게 그대로 먹었고, 식재료가 모자라 하나도 버리지 않고 다 먹었던 모습과 일맥상통한다. 그 당시의 엄마들은 우리에게 건강식만 만들어 주었는데 우리는 맛이 없다고 불평만 했다. 그런데 지금 그 시절 엄마가 만들어 준 음식들이 새롭게 인기를 끌면서 우리의 마음을 사로잡고 있다. 가격도 아주 비싸졌다.

우리의 조상은 원래 슬로우푸드를 먹고 살았다. 그러나 점차 기계문명의 스피드 속에서 우리는 패스트푸드를 먹기 시작했고, 속도경쟁의 생활방식은 우리를 패스트푸드의 노예로 만들고 있다. 패스트푸드는 우리의 건강을 손상시킬 뿐만이 아니라 소중한 자연과 환경을 파괴하고 있다. 이에 대항한 반격이 바로 느림을 추구하는 슬로우푸드 운동이다. 바로 앞에서 말한 예전에 엄마가 만들어 주던 전통적 입맛으로의 회귀하지는 운동이다.

이러한 반격이 슬로우푸드 식탁에서 시작되고 있다. 원래 우리의 전통음식은 모두 슬로우푸드였다. 우리는 사철이 분명하여 좋은 식재료가 나오고, 조상들의 뛰어난 지혜로 훌륭한 슬로우푸드가 발전했다. 메주로 담근 된장과 간장, 고추장, 김치, 젓갈 등은 말할 것도 없고 곰탕, 설렁탕, 삼계탕, 각종 떡이나 묵 등은 현재의 과학기준에서 보더라도 완벽한 슬로우푸드다. 특히 해를 지나며 익어 가는 장이나 묵혀야 제 맛이 나는 김치는 시간이 오묘한 맛을 빚어내는 진정한 슬로우푸드다. 뚝배기의 된장이나 얼큰한 김치도 만들어지는 과정만도 몇 개월에서 일 년이 넘게 걸리는 느린 먹거리다. 지금 우리의 이러한 엄마표 전통음식이 서서히 빛을 발하고 있다.

슬로우푸드 운동은 우리나라뿐만이 아니다. 전 세계적으로 일어나고 있다. 이 운동은 1986년에 이탈리아에서 미국계 패스트푸드점의 개점에 반대하는 운동을 계기로 출발했다. 이탈리아 로마의 스페인 광장 옆에 미국의 맥도널드가 진출하자 이탈리아 음식을 사랑하는 사람들이 패스트푸드가 가져올 맛의 획일화를 반대하면서 시작된 것이다. 이 운동은 점차 전 세계로 확산이 되어 패스트푸드의 본 고장인 미국에서도 일고 있다.

이 운동은 초기에는 각 나라의 전통음식을 재발견하고 보전하자는 것

느림의 반격

이었다. 그리고 친환경적인 농산물 사용에 중점을 두었다. 이를 통해 우리의 건강을 해치고 있는 패스트푸드를 퇴출시키자는 운동이었다. 이 물결은 점점 패스트푸드 반대 차원을 넘어 패스트푸드로 상징되는 속도 경쟁주의 사회에 대항하여 비판과 대항, 그리고 행동을 제창하는 운동으로 발전했다.

지금 우리도 슬로우푸드 운동에 적극적인 동참이 필요한 시점이다. 조금만 시간이 지나면 우리의 전통음식이 사라질 수도 있다. 이미 우리의 훌륭한 슬로우푸드들이 일부는 이미 자취를 감추었고, 일부는 사라질 위기를 맞고 있다. 우리의 전통음식을 만드는 방법의 전수도 이루어지지 않고 있다. 집에서 음식을 만들어도 대부분이 상품화된 음식에 의존하고 있기 때문이다. 특히 젊은 층은 패스트푸드의 입맛에 빠져들어 우리의 음식을 외면하고 있다. 이들은 간편하고 편리하다는 이유로 패스트푸드를 선호한다.

이제 우리도 우리의 맛을 지키고, 다시 찾아야 할 때다. 아무리 우리의 전통음식이 건강에 좋고, 맛이 있다고 해도 우리가 외면하면 살아남을 수 없다. 특히 자라는 아이들에게 우리 음식과 음식에 대한 입맛을 느끼게 해 주는 일이 매우 소중하다. 이는 우리의 맛을 지키는 것에서 끝나지 않는다. 앞에서 말했듯이 슬로우푸드 운동은 패스트푸드 반대로 시작되었지만, 음식을 넘어서 느린 삶의 실천이다. 따라서 이 운동이 성공하면 우리에게 감염된 템포바이러스를 치유하는 데 큰 도움이 될 것 같다. 요즈음 우리 전통음식과 식재료의 인기가 높아지고 있고, 그 가치를 인정하려는 사회 분위기는 긍정적이다. 우리 엄마의 손맛, 슬로우푸드로 우리의 입맛을 다시 찾기를 기대한다.

다운시프트, 삶의 가치를 바꾸다

나는 시골태생이다. 마을은 우마차가 돌담길을 따라 느릿느릿 움직이고, 뒤에는 대나무 숲이 병풍처럼 펼쳐져 있고, 앞에는 맑은 냇물이 흐르고 있었다. 이곳을 떠나 학업을 핑계로 서울로 올라왔다. 고향을 떠날 때 주변 어르신들이 "서울에 가면 정신 바짝 차리고, 긴장의 끈을 놓으면 안 된다."라고 하신 말씀이 귓가에 맴돈다. 아마 지금까지도 그 말씀대로 항상 속도와의 경쟁 속에서 긴장의 끈을 놓지 않고 바쁘게만 살아온 것 같다.

주위를 살펴보면 나만이 아니라 모두가 그렇게 살아가고 있다. 우리는 지금 시간이 돈이다. 얼마나 빨리 해결할 수 있는가에 따라 돈벌이가 달라진다고 생각한다. 그래서 모두가 속도와 싸움을 벌이고 있다. 더 빨리 말하고, 더 빨리 생각하고, 더 빨리 행동하고, 더 빨리 먹기를 강요당하고 있다. 뿐만 아니라 돈을 더 빨리 모으려고 집조차도 삶을 즐기는 공간이 아닌 환금성의 투기대상으로 여긴다. 아파트의 호수마다 정확한 분양가가 바코드처럼 매겨지고 있다. 그 속에 살면서 바코드 값이 떨어질까 전전긍긍하며 살고 있다.

직장인 대다수는 내 집 마련이란 목표를 향해 삶을 집중한다. 그렇게 해도 직장 생활을 하는 월급생활자가 서울에서 100㎡(33평형대) 아파트를 마련하려면 약 30년, 강남에서 같은 크기의 아파트를 마련하려면 약 44년을 저축해야 한다는 어느 조사보고서에서 본 적이 있다. 이 조사결과에 의하면 30세부터 내 집 마련을 위해 저축을 시작한다면 60세가 돼야 서울 비강남권의 30평형대 아파트를 겨우 장만할 수 있다. 강남에서

30평형대 아파트를 사려면 70대가 돼야 한다. 조금 과장해서 말하면 인생의 대부분을 집 한 채 마련하는 데 다 보내고 있는 실정이다. 그나마도 최근에 집값 폭등으로 이마저도 어렵게 되어 젊은 층에서는 집 사는 것을 포기한다는 조사결과도 나왔다.

도시에서의 교육의 속도경쟁도 아주 심하다. 걸음마도 못 하는 아기들이 기저귀를 차고 학원에 다니고 있다. 우리말도 제대로 못 하는 아기들에게 엮어와 산수를 가르치고 있다. 그리고 수년 전부터 서울 강남권에서 일기 시작한 '우리 아이 똑똑한 부자 만들기' 열풍까지 확산되고 있다. 선행학습도 선택이 아닌 필수가 되었다. 도시에서의 이러한 조기교육 열풍은 경쟁이 치열해져 입시라는 성공과 실패를 판정하는 시점이 점점 앞당겨지고 있기 때문이다. 이는 부모뿐만이 아니라 자녀들을 어릴 때부터 빠른 삶을 살게 만들고 있다. 이러한 조급증은 도시에 살고 있는 우리 모두에게 스트레스를 주고 있다.

우리도 이런 빠른 삶 속에서 느림의 행복을 추구하는 움직임이 일고 있다. 바로 삶의 속도를 늦추려는 다운시프트족이 늘어나고 있다. 다운시프트(downshift)의 사전적 정의는 '저속 기어로 바꾼다'는 뜻이다. 이는 바쁜 일에 매달려 사는 사람들이 보수는 적더라도 시간적 여유가 있는 일로 전환한다는 의미로 사용하고 있다. 다운시프트는 유럽에서 먼저 일어났다. 특히 산업혁명의 발상지로 일벌레로 소문난 영국에서 활발하다. 그들은 지금 직장이 건강을 해친다고 주장한다. 심지어는 업무 부담 때문에 제대로 섹스를 할 수 없다고 하소연하는 비율이 20%에 달한다는 조사결과도 있다. 그래서 그들은 이제 고소득을 포기하고 여유로운 삶은 즐기기 위한 다운시프트를 선택하고 있다고 했다.

우리도 이제 다운시프트족이 늘어나고 있다. 소득이 다소 낮아지더라도 근무시간이 줄고, 좀 더 여유롭게 생활하기를 원하는 사람이 많아졌다. 어느 취업사이트에서 직장인 대상으로 '고소득보다는 여유시간 증가를 추구하는 다운시프트족에 대해 어떻게 생각하십니까?'라고 물어본 결과, 응답자의 52.5%가 '긍정적으로 생각한다'고 답했다. 실제로 '다운시프트족으로 살아갈 의향이 있다'는 응답자도 44%나 됐다. 다운시프트족으로 살아가고 싶은 이유로 직장인들 69.8%는 '삶의 여유와 자아실현을 위해서'라고 답했다. 이어 '각박한 조직생활이 힘들어서' 14.4%, '불안정한 정년 때문에' 7.8% 등이 뒤를 이었다.

　주변의 후배들과 대화를 해 보면 스트레스를 많이 받는 중산층 전문직일수록 다운시프트를 고려하는 경향이 높다. 예를 들면 증권금융업이나 IT업계 종사자들이 많은 것 같다. 빠른 삶 속에서 많은 스트레스를 받아 느리게 산다는 것의 의미를 피부로 느끼는 탓으로 보인다. 도심 속의 회사라는 틀 속에서 경쟁을 하면서 아웅다웅하며 사는 삶에 너무 지쳤다. 또한 집값 상승과 교육비 부담은 물론 불안한 고용도 다운시프트의 증가를 부추기고 있다. 이들은 나이를 더 먹기 전에 가족과 함께 남는 시간을 비록 소박하지만 여유 있게 즐기는 것이 소망이다.

　나 역시 얼마 전부터 다운시프트를 시도하려고 노력하고 있다. 도회지에서 다람쥐 쳇바퀴 도는 생활을 벗어나 삶의 여유를 즐기기 위해서다. 또한 지금부터는 금전적 수입과 사회적 지위에 연연하지 않고 느긋하게 삶을 즐기고 싶다. 주위에 나와 같은 생각을 하는 사람들이 이전에 비해 많아졌다. 이유는 삶에 대한 가치관이 점차 바뀌고 있기 때문이다. 시간을 아끼면서 열심히 일을 해 돈을 많이 버는 것이 행복이 아니라 여유로운 삶이 필요하다는 것을 알기 시작했다.

그래서 정기적으로 나오는 안정된 급여를 포기하고 재택근무나 마음에 맞는 자영업으로 전환하는 사람들도 늘고 있다. 그들은 1주일에 5일은 새벽 5시에 일어나 밤 12시에 침대로 들어가는 삶에 회의를 느꼈기 때문이다. 이들은 아예 주거지를 도시 외곽이나 화려한 삶과는 거리가 먼 한적한 시골로 옮기기도 한다. 이처럼 지금 우리는 돈을 조금 더 벌어 조금 더 쓸 것인가, 아니면 돈은 조금이지만 가족과 함께 마음의 여유가 있는 삶을 선택할 것인가에 고민하고 있다. 아마 도시에서의 생활이 각박해 질수록 다운시프트의 유혹은 더욱 증가할 것 같다.

치타슬로, 마음을 사로잡다

그동안 찾지 못했던 고향을 오랜만에 들렀다. 너무 많이 바뀌어 어린 시절의 고향과는 전혀 딴판이었다. 마치 도시와 같은 속도로 경쟁하기 위해 도시 따라 하기에 여념이 없는 것처럼 보였다. 어린 시절의 기와집조차 다 사라지고, 논 가운데 아파트가 덜렁 서 있었다. 어릴 때 거닐던 흙길도 시멘트로 말끔하게 포장이 되었다. 소달구지는 자동차로 바뀌어 마을 입구에는 자가용이 즐비했다. 마을 한가운데 슈퍼가 생겨 된장이나 간장도 집에서 만들지 않고 사다 먹는다. 명절마다 모여서 즐기던 전통놀이도 사라졌다. 깨끗했던 냇물도 상류에 공장이 생긴 후부터는 우윳빛으로 변했다. 어린 시절 즐기던 수영이나 고기잡이는 더 이상 할 수 없다. 공기도 매연으로 너무 탁했다. 밤마다 반짝이던 은하수를 보기 힘들다. 생활의 속도와 편리성 추구가 이런 변화를 가져온 것이다. 어린 시절 추억 속의 장소가 다 사라져 고향을 잃은 것처럼 아쉬웠다.

다행히도 최근에 일고 있는 다운시프트와 웰빙 선호 추세는 도시화에 여념이 없던 시골에도 다시 변화를 가져오고 있다. 도시와 똑 같은 속도와 효율과 경쟁이 아닌 느림과 함께 살 수 있도록 보존하고 있다. 이제 시골도 새로운 활로는 도시화가 아니라 오히려 도시가 잃어버린 전통적 삶의 생명력과 문화라는 것을 깨닫기 시작한 것이다. 최대한 전통을 지키고, 도시 간 경쟁이 아닌 연대와 공존을 추구하는 것이다. 우리 시골이 서서히 느림을 다시 회복시키고 있다. 세상 살기를 뒤집어 생각한 것이 바로 우리 마음을 사로잡고 있고 있는 것 같다. 지금까지 살아온 속도와 효율을 거부하고 불편함을 기꺼이 유지하는 느림을 그 해답으로 생각하게 된 것이다.

이러한 운동은 전 세계적으로 네트워크를 갖고 조직적으로 일어나고 있다. 이 운동이 바로 치타슬로다. 치타슬로는 속도 경쟁의 스트레스에서 벗어나 느리게 사는 삶을 지향한다. 각 지역 요리의 맛과 향의 재발견, 생산성 지상주의 탈피, 환경 보전 등을 추구하는 철학에서 출발했다. 1999년 이탈리아의 브라 등 4개 도시가 '고속사회의 피난처'를 자처하면서 시작됐다. 정부가 아닌 민간차원의 세계적인 네트워크를 만들어 추진하고 있다. 치타슬로(Cittaslow)란 슬로시티(slow city), 즉 느린 도시의 이탈리아식 표현이다. 느림보의 대명사인 달팽이를 로고로 사용하고 있다. 슬로시티로 선정되면 이내 관광 명소로 전 세계에 알려진다.

치타슬로 발원지인 오르비에토를 보면 잘 알 수 있다. 1999년에 느리게 살기를 생존 전략으로 선택한 치타슬로 네트워크를 결성할 때에 많은 어려움이 있었다. 먼저 1,000년 된 마을 광장을 주차장으로 만들 것인가, 아니면 자동차는 산 중턱에 세워 두고 케이블카나 에스컬레이터로 들어오게 할 것이냐를 정하는 것부터 주민들 간에 의견이 분분했다. 결국 주민들은 빠르고 편한 길 대신, 느리고 불편한 길을 택했다. 그래서 성벽으로 둘러싸인 오르비에토 도시 내부에서는 차량 통행을 금지했다. 마을을 가로지르는 도로는 수백 년 전 마차가 다니던 시절의 도로 규모 그대로 유지했다. 관광객이나 주민 모두 시내에서는 걸어 다닌다. 주민들은 세계 어디에나 넘쳐 나는 판박이 관광도시 대신, 중세문화를 고스란히 간직한 느린 도시로 승부하기로 했다. 그 판단은 현명했다. 그 결정을 한 후 10년 간 방문객 규모는 3배 가까이 성장했고 치타슬로 본부도시로 세계적 명성을 얻었다.

슬로우시티로 인정받기 위한 자격은 아주 까다롭다. 치타슬로에서 속도와 효율은 사람과 환경을 위협하는 요소로 여긴다. 패스트푸드, 대형마트, 대량 운송 수단도 거부한다. 전통적인 마을풍경을 유지하고 있어야 하며, 풍부한 문화와 그 지역 고유의 조리법이 계승되고 있어야 한다. 또한 장인기술도 전승되고 있어야 한다. 특히 환경을 파괴하는 화려한 네온광고의 금지는 물론이고, 마을 안으로 자동차의 진입이 금지된다. 대신에 자전거 전용도로가 만들어져 있어야 하며, 음식점도 소규모로 운영되어야 한다. 그 외에도 마을에 수목과 공원과 광장을 잘 갖추어야 하며, 소음규제 등 세부적인 사항에 걸쳐서 시장의 선언이 있어야만 슬로우시티로 인정을 받는다.

슬로우시티는 2022년 기준 30개국의 253개 도시가 가입되어 있으며, 우리나라는 12개 도시가 슬로우시티에 가입되어 있다. 전남 신안, 완도,

담양, 장흥과 경남 하동, 전북 전주, 경북 청송과 상주, 충남 예산, 경기 남양주, 강원 영월, 충북 제천 이렇게 총 12개 도시다. 아시아에서는 처음으로 2007년 12월에 전남 담양군 창평면, 장흥군 유치·장평면, 완도군 청산도, 신안군 증도 등의 4개 지역이 슬로우시티로 인증을 받았다. 그리고 2009년 2월에 경남 하동 악양면이 인증을 받았다.

전남 담양군 창평면은 그 당시 인구 약 5,000명의 전형적인 농촌마을이었다. 500년 된 삼지천 돌담길과 옛 집은 아름다움이 그대로 보존되어 있다. 특히 옛날부터 대나무가 유명해 죽염과 죽염 된장, 댓잎 차, 대숲 등 느림의 상징인 우리의 전통음식도 우리의 마음을 사로잡는다. 식당은 마당에 항아리마다 오랜 시간을 통해 만들어진 슬로우푸드가 담겨 있다. 식사에 나오는 젓갈과 나물 반찬은 패스트푸드에 빼앗긴 우리의 입맛을 다시 찾게 한다.

증도는 느림의 철학을 바탕으로 한 슬로우시티다. 바둑판 모양의 드넓은 염전과 일자로 길게 늘어선 소금창고의 행렬이 눈에 띈다. 국내 최대 천일염전이다. 증도에는 요즘 세계적으로 점점 사라져가는 바로 천일염전이 있다. 소금을 만드는 건 바닷물과 햇볕, 그리고 염부의 땀방울이다. 바닷물을 모아 햇볕과 바람의 힘만으로 소금을 만드는 기다림의 미학이다. 해질녘 염전은 시간이 멈춰 선듯하다. 이 증도의 친환경 에코 라이프가 도시의 빠른 삶에 찌든 우리의 마음을 치유해 줄 것만 같다.

TV에서도 〈느림의 맛, 느림의 멋-청산도〉라는 프로그램을 특집으로 방영하기도 했다. 다도해로 향한 청산도는 커다란 바위와 자갈 해변 너머로 에메랄드빛 다도해가 펼쳐진다. 특히 남도 가락이 절절히 흐르던 영화 〈서편제〉의 촬영지로 유명한 곳이다. 섬 자체가 청동기 시대의 고

인돌과 300년 된 청산진성, 돌담길이 고스란히 남아 있는 야외 박물관이다. 마을 방앗간에서는 재래식으로 벼를 찧는다. 시간을 머금은 청산도의 아름답고 단아한 풍경과 전통보존은 슬로우시티로 인증을 충분히 받을 만한 우리 마을의 전형을 간직하고 있는 다정다감한 곳이다.

전남 장흥은 2007년 아시아 최초로 슬로우시티로 인증받았다가 2013년 재인증에서 탈락하는 아픔을 겪었다. 그 후 9년 만인 2022년 3월에 국제 슬로우시티 인증을 다시 받게 됐다. 장흥은 개발되지 않은 마을을 묶어 도시민의 휴식처로 만들었다. 황토 흙집의 장독대에는 된장과 고추장이 맛있게 익어간다. 마을의 야산과 밭두렁의 뽕나무로 오디술을 담아 판매했다. 마을 한가운데에는 '지렁이 생태학교'가 자리를 잡고 있었다. 요가원을 활용해 참선체험도 유도했고, 한방으로 아토피를 치료했다. 황토민박과 유기농 전문식당을 운영해 도시에서 온 관광객을 편히 쉬게 하여 마음을 사로잡았다.

이와 같이 이제 우리의 시골도 조상대대로 내려온 문화와 전통을 계승하고, 자연환경의 보존으로 새로운 성장 동력을 찾고 있다. 시골의 느리고 불편함이 오히려 우리의 마음을 사로잡아 시골을 더 찾게 만들고 있다. 바로 느림의 여유가 빠름을 치유할 수 있어 시골을 찾는 사람이 더 많아진 것이다. 속도 경쟁 속에서 급성장한 도시들이 인구밀집과 환경파괴로 어려움을 겪을 때 시골은 역으로 느림을 제공하여 활로를 모색하고 있다. 슬로우시티는 빠름을 좇다 지친 도시에 사는 우리가 한 번쯤 꾸는 꿈이다. 특히 요즈음 일고 있는 웰빙과 힐링 열풍으로 쾌적한 환경, 건강한 생활에 대한 관심이 높아지면서 느림에 대한 우리의 갈망은 더욱 커지고 있다. 이러한 시점에서 느림은 빠름에 찌든 우리의 마음을 사로잡기에 충분하다.

슬로우비즈니스, 지갑을 열다

요즈음 비즈니스에서도 슬로우(Slow) 콘셉트는 거스를 수 없는 대세다. 빠름에 지친 우리에게 느림이 경쟁력의 원천으로 자리를 회복하고 있다. '슬로우푸드(Slow Food)' '슬로우시티(Slow City)' '슬로우라이프(Slow Life)' '슬로우투어리즘(Slow Tourism)' '슬로우매니즈먼트(Slow Management)' '슬로우마케팅(Slow Marketing)' '슬로우무브먼트(Slow Movement)' '슬로우어답터(Slow Adopter)' 등 다양한 분야에서 널리 사용되고 있다. 특히 웰빙 및 힐링과 맞물려 주목을 받고 있다. 실제로 비즈니스에서도 슬로우 콘셉트로 성공한 사례가 많다.

음식점도 슬로우푸드로 승부를 거는 곳이 많아졌다. 값도 비싸지만 찾는 사람도 많다. 느림으로 오히려 우리의 지갑을 열게 한다. 좁은 골목길 주택가에 자리잡은 선원에서 운영하고 있는 음식점이 있다. 이 음식점은 점심시간이면 몰려든 인근 직장인들로 빈자리를 찾을 수 없을 만큼 붐빈다. 사찰요리 개념을 도입해 인공 조미료를 사용하지 않고, 야채 위주의 식사 메뉴를 선보이는 이른바 '웰빙 음식점'이다. 주문 후 음식이 나오기까지 평균 20분 정도 소요되지만, 한꺼번에 주문이 몰리는 날이면 40분 이상 기다리는 것도 기꺼이 감수해야 한다. 그러나 이처럼 '느린 서빙'에 짜증을 부리는 고객은 없다. 고객들은 흘러나오는 편안한 명상음악을 배경으로 함께 온 동료들과 차분히 담소를 나누며 음식을 기다린다. 패스트푸드에 익숙해진 우리에게 느림의 미덕을 다시 일깨워 주고 있다.

서울 근교에도 슬로우푸드를 비즈니스로 개발한 곳이 많아졌다. 가평 영양 잣마을은 잣국수, 잣두부, 잣김치, 잣죽, 잣전골 등 잣을 이용한 토속 음식을 개발하여 손님을 끌고 있다. 먹을거리 외에도 잣 따기 체험과 잣나무 숲에서 삼림욕 등의 느림을 상품으로 만들었다. 또한 고려시대 때 다섯 명의 대감들이 살았다고 해서 '오감'이 붙은 오감도토리미을은 전통을 계승해온 도토리 음식을 상품화했다. 슬로우푸드인 도토리묵, 도토리국수, 도토리전, 도토리떡 등 도토리를 이용한 음식은 인기가 높다.

나와 같은 도시에 살고 있는 시골출신은 어린 시절을 그리워한다. 흙을 밟고 살고 싶다는 생각도 많이 한다. 봄이면 산에서 나물을 캐고, 개울에서 가재를 잡던 추억을 자주 떠올린다. 또한 자신의 추억을 자녀들에게 체험하게 하려고 한다. 이들을 대상으로 각박한 도시생활에서 벗어나 시골을 찾아 자연과 함께 하는 산나물 캐기, 밤 따기, 농촌체험 등의 프로그램도 지원자가 아주 많다. 그리고 전형적인 느림의 실천인 템플스테이는 도시에 살고 있는 사람들에게 인기 프로그램 중의 하나다. 사찰에서 느리게 사는 며칠이 도시에서 몇 달 동안 활력 있게 살 수 있는 에너지를 충전해 주기 때문이다. 이와 유사한 프로그램으로 '갯벌탐사' '머드체험' '도자기 만들기' '전통놀이 학교' 등이 지속적으로 개발되고 있다.

건강과 환경을 생각하는 느린 삶인 로하스(LOHAS) 열풍이 우리에게도 서서히 영향을 미치고 있다. 이들은 친환경 용품을 사용하고 유기농 식재료를 선호하며 자연과 가까이 하고 싶은 갈증을 해소하기도 한다.

각 기업들은 이런 소비자들의 선호도를 간파하고 친자연주의를 표방한 제품을 속속 출시하고 있다. 예를 들면, 대나무로 만든 아웃도어 패션을 출시했고, 유기농 면으로 만든 의류를 내놓아 호평을 얻었다. 그리고 전통의류 업체에서는 화학물감을 대체하는 대안소재인 천연섬유소재를 사용한 슬로우 패션도 인기를 끌고 있다. 이들은 느림의 상징인 감, 쪽, 오배자 등의 천연염색을 이용하여 세상의 단 한 벌뿐인 의류, 가방, 모자를 만들어 브랜드화하고 있다.

어린 시절 창호지 문을 손가락에 침을 묻혀 뚫어 할머니에게 혼나던 기억이 생생하다. 지금 아파트에는 창호지 문이 없어 애들도 그런 추억도 만들 수 없게 되었다. 그때 창호지로 쓰던 한지의 수요가 요즈음 늘고 있다. 이전에는 한지를 창호지와 벽지용으로 많이 사갔다. 전쟁 후에는 문서 복원용으로 한지는 무섭게 팔렸다. 그러나 새마을운동을 통한 주택개량 사업으로 한지 수요가 끊겼다. 바로 빠른 삶으로의 변화가 요인이었다. 예술가들도 1970~1980년대 수입 펄프로 만들거나 화학염료를 섞어 만든 종이로 작품을 했다. 그때의 작품들이 시간이 지나면서 변질되는 것을 알게 되었다. 빠름과 느림의 차이가 거기에서도 나타났다.

닥나무로 만든 한지는 보존성이 뛰어나다. 원래 재래 한지는 닥나무와 풀 역할을 하는 식물 외에 인공적인 것은 아무것도 섞지 않는다. 그러나 외국에서 편리한 화학재료가 쏟아져 들어왔고, 한지를 만드는 사람들이 빠르게 만들기 위해 이 새로운 재료를 사용했다. 전통 방식대로 떠낸 한지는 거의 사라졌다. 그래서 전통방식의 우수한 한지는 그 자체로 희귀상품이 되었다. 한지를 만드는 과정은 느림 그 자체다. 한지는 닥나무를 기르고, 잿물을 내려 닥나무 껍질을 삶고, 닥나무 섬유를 물에 풀어 종이를 떠내고 말리는 일을 반복해야 완성된다. 기다림이 필요하다. 이러한 한지가 지금 수요증가로 돈을 벌고 있다. 비용을 들여 마케팅 활동을 하지도 않았다. 그저 그 사이 일어난 일이라곤 세월이 흐른 것뿐이다. 그런데도 수요는 자연스럽게 늘었다. 이유는 단지 느림의 전통방식 그대로 만든 한지의 장점을 지니고 있기 때문이다.

우리는 도시에 살면서 멀리 떠나고 싶다는 생각을 자주 한다. 그러나 우리를 가로막는 회사 일, 자녀 교육 등의 장애가 많다. 그래서 우리는 막상 일상을 훌훌 털어 버리고 어디론가 떠나기란 쉽지 않은 것이 현실이다. 이런 심정을 이해하고, 이를 비즈니스화하여 도심 곳곳에 도시를 떠나지 않고도 자연을 물씬 느낄 수 있는 공간들이 마련되고 있다. 그중의 하나가 주말농장이다. 주말농장은 1년 단위로 분양받아 전원생활을 만끽할 수 있는 도시 근교의 소규모 농지로 최근 주말이나 휴일 가족나들이 장소로 각광받고 있다. 가족들이 직접 봄철에는 상추, 치커리, 열무, 배추, 쑥갓, 근대, 겨자, 고추, 가지, 토마토 등을 키우고 가을철에는 배추, 무, 총각무, 갓 등을 심는다. 직접 가꾸는 즐거움과 자연 속의 하루 생활은 활력을 주고 있다. 또한 도심 속에서 자연을 배경 삼아 즐거운 식사를 할 수 있는 곳들이 속속 생겨나고 있다. 이들 음식점은 도심 한가운데 야외 정원을 갖추고, 자연이 그리운 사람들에게 정원에서 고구마도 구워 주면서 유혹하여 지갑을 열게 한다.

정부차원에서도 각 지역의 특산품과 특화산업을 지정하여 슬로우 비즈니스를 육성하고 있다. 양송이특구로 지정하여 축적된 재배노하우 등을 지원하고 있고, 장구한 역사를 가진 대표적 전통주를 지역경제의 활력을 제고할 수 있는 성장 동력으로 활용하고 있는 지역도 있다. 이를 위해 향토 문화자원과 연계한 테마관광을 활성화하고 있다. 완도는 전복의 전통적 브랜드와 기존 생산시설을 바탕으로 전복 생산·품질혁신 및 고부가가치화, 기능성 전복 제품개발 등을 통해 부가가치 및 브랜드 이미지를 강화하고 있다. 또한 문화와 관광축제 개최 등으로 슬로우투어리즘 사업을 강화하고 있다. 예천은 곤충연구소의 연구기반을 바탕으로 곤충생태 관찰, 체험지구 조성, 곤충 관광산업 등을 추진해 신성장 동력 산업으로 육성하고 있다. 약용곤충, 정서곤충, 화분매개곤충을 활용해 국민의 건강증진, 정서함양, 농산물 품질 향상과 아울러 곤충을 매개로 한 테마 관광객을 불러 모으고 있다.

이와 같이 비즈니스에서도 느림은 이제 새로운 경쟁력으로 떠오르고 있다. 그러나 일각에서는 이런 추세에 대한 우려도 적지 않다. 슬로우가 지나치게 마케팅 용어로 변질되어 인기를 끈 웰빙처럼 본래의 의미를 잃게 되지 않을까 하는 우려다. 《슬로우라이프》의 저자인 쓰지 신이치도 "원래 슬로우라이프에는 '친환경적이고 지속 가능한 자원의 사랑'과 '글로벌에 맞서 로컬을 살리는' 의미가 담겨 있다. 그러나 최근 원뜻에 녹아 있는 '뺄셈'의 발상은 빠지고 어느새 다양한 물건과 서비스를 팔기 위한 '덧셈의 상술'로 전락하고 있어서 걱정이다."라고 말했다. 물론, 느림에 대한 지나친 상술은 여러 가지 문제점을 야기할 수도 있다. 그러나 느림은 우리의 본래의 모습과 본성을 찾아가는 것이므로 우리의 삶에 지속적으로 영향을 미칠 것이다. 오히려 우리의 삶이 속도와 효율 경쟁이 심화될수록 느림의 영향력은 더욱 더 저변으로 확대될 것이다.

느림의 반격

ⓒ 장영렬, 2023

초판 1쇄 발행 2023년 1월 27일

지은이   장영렬
펴낸이   이기봉
편집   좋은땅 편집팀
펴낸곳   도서출판 좋은땅
주소   서울특별시 마포구 양화로12길 26 지월드빌딩 (서교동 395-7)
전화   02)374-8616~7
팩스   02)374-8614
이메일   gworldbook@naver.com
홈페이지   www.g-world.co.kr

ISBN   979-11-388-1598-7 (03190)